继续
教育

继续（网络）教育系列规划教材

荣获全国高校现代远程教育协作组评比“网络教育教材建设金奖”

财务会计

（第三版）

JIXU JIAOYU

CAIWU KUAIJI

余海宗 主编

西南财经大学出版社
Southwestern University of Finance & Economics Press
中国·成都

总序

随着全民终身学习型社会的逐渐建立和完善，业余继续（网络）学历教育学生对教材的质量要求越来越高。为了进一步提高继续（网络）教育的人才培养质量，帮助学生更好地学习，依据西南财经大学继续（网络）教育人才培养目标、成人学习的特点及规律，西南财经大学继续（网络）教育学院和西南财经大学出版社共同规划，依托学校各专业学院的骨干教师资源，致力于开发适合继续（网络）学历教育学生的高质量优秀系列规划教材。

西南财经大学继续（网络）教育学院和西南财经大学出版社按照继续（网络）教育人才培养方案，编写了专科及专升本公共基础课、专业基础课、专业主干课和部分选修课教材，以完善继续（网络）教育教材体系。

本系列教材的读者主要是在职人员，他们具有一定的社会实践经验和理论知识，个性化学习诉求突出，学习针对性强，学习目的明确。因此，本系列教材的编写突出了基础性、职业性、实践性及综合性。教材体系和内容结构具有新颖、实用、简明、易懂等特点，对重点、难点问题的阐述深入浅出、形象直观，对定理和概念的论述简明扼要。

为了编好本套系列规划教材，在学校领导、出版社和各学院的大力支持下，成立了由学校副校长、博士生导师杨丹教授任主任，出版社社长、博士生导师冯建教授以及继续（网络）教育学院陈顺刚院长和唐旭辉研究员任副主任，其他部分学院领导参加的编审委员会。在编审委员会的协调、组织下，经过广泛深入的调查研究，制定了我校继续（网络）教育教材建设规划，明确了建设目标。

在编审委员会的协调下，组织各学院具有丰富继续（网络）教育教学经验并有教授或副教授职称的教师担任主编，由各书主编组织成立教材编写团队，确定教材编写大纲、实施计划及人员分工等，经编审委员会审核每门教材的编写大纲后再进行编写。自2009年启动以来，经几年的打造，现已出版了七十余种教材。该系列教材出版后，社会反响较好，获得了教育部网络教育教材建设评比金奖。

下一步根据教学需要，我们还将做两件事：一是结合转变教学与学习范式，按照理念先进、特色鲜明、立体化建设、模块新颖的要求，引进先进的教材编写模块来修订、完善已出版的教材；二是补充部分新教材。

希望经多方努力，力争将此系列教材打造成适应教学范式转变的高水平教材。在此，我们对各学院领导的大力支持、各位作者的辛勤劳动以及西南财经大学出版社的鼎力相助表示衷心的感谢！在今后教材的使用过程中，我们将听取各方面的意见，不断修订、完善教材，使之发挥更大的作用。

西南财经大学继续（网络）教育学院

2014 年 12 月

第三版前言

本书为国家级（网络）精品资源课程配套教材。近年来，我国会计改革和会计实践均发生了显著的变化，尤其是2014年颁布了《企业会计准则第39号——公允价值计量》等3项具体准则，同时修改了《企业会计准则第2号——长期股权投资》《企业会计准则第9号——职工薪酬》《企业会计准则第30号——财务报告列报》等5个具体准则。为了更好地适应会计教学的需要，更好地反映我国会计改革的新成果，我们对教材进行了修订。本次修订仍然保留了第一、二版教材的基本框架，系统阐述财务会计要素的确认、计量、记录与报告以及财务会计的基本概念、基本理论和基本技能。本次修订除了订正、补漏之外，主要修订了第一、三、四、五、七，八、九、十章。

本次修订主要由余海宗（第一章）、吴艳玲（第二、三、四、五章）、何雅洁（第六、七、八、九、十章）执笔，最后由主编西南财经大学余海宗教授负责全书的总纂、修改和定稿。

由于编者水平有限，本书难免存在疏漏之处，恳请读者和各位同仁不吝指正，以便我们进一步补充和修订。

编者

2017年4月

第二版前言

随着世界经济全球化，国际贸易范围不断扩展，国际投资规模日益增大，跨国公司迅速发展，全球资本市场正在加速形成。加之金融危机的影响，会计国际趋同的步伐加快，我国会计准则也在此背景下不断修订和完善。

本书结合国际会计准则的最新变化，借鉴了国内外相关资料，立足我国会计实务，以会计要素为主线，系统全面地阐述了会计要素的确认、计量、记录和报告等问题。

根据我国会计准则的最新变化，本书在第一版的基础上进行了一定的修改。为了便于读者自学，每章最后增加了本章小结和关键词。具体修订内容：增加了对财务会计概念及特征的阐述；对存货的初始计量问题进行了修改；增加了高危行业企业按照国家规定提取安全生产费的会计处理；补充了长期股权投资初始投资成本的具体会计处理；完善了同一控制下通过多次交换交易，分步取得股权最终形成企业合并的处理以及应当考虑的因素；修改了长期股权投资初始投资成本的确认；修改了非同一控制下通过多次交换交易，分步取得股权最终形成企业合并的处理；修改了分期收款销售商品、售后回购和售后租回的会计处理；增加了“综合收益”项目，修改了利润表和所有者权益变动表。

为了便于教师教学参考和学生自学及巩固复习，我们同时编写了本书配套的学习指导用书。

除了第一版的作者外，本次修订的分工如下：第一、第九章由余海宗执笔，第二、第四、第五、第七章由任馨执笔，第三、第六、第八、第十章由李雪梅执笔，最后由主编西南财经大学余海宗教授负责全书的总纂、修改和定稿。

由于编者水平有限，本书难免存在疏漏之处，恳请读者和各位同仁不吝指正，以便我们进一步补充和修订。

编者

2011 年 4 月

前 言

在经济全球化、信息网络化的背景下，会计作为国际通用的商业语言，其国际趋同的步伐加快。会计教育也必须适应这种变化，顺应这种要求。为了满足成人（网络）教育的教学需要，我们编写了这本《财务会计》教材。

本书根据我国现行会计准则，结合国际会计的最新发展，借鉴国内外资料，立足我国会计实务，以会计要素为主线，系统阐述了会计要素的确认、计量、记录和报告以及财务会计的基本概念、基本理论和基本规范。

本书由西南财经大学余海宗教授担任主编，负责拟定教材编写大纲、设计编写体例和确定内容结构，并负责总纂、修改和定稿。具体编写分工如下：第一、第九章由余海宗编写，第二章由熊若岚编写，第三章由王成编写，第四章由李明明编写，第五章由刘海霞编写，第六章由梁遮偲编写，第七章由赵红梅编写，第八章由倪璐编写，第十章由焦薇、赵红梅编写。

由于编者水平有限，本书难免存在疏漏之处，恳请读者和各位同仁不吝指正，以便再版时进一步补充和修订。

编 者

2010 年 1 月

目录

第一章 财务会计基本理论

【学习目的与要求】

本章主要阐述会计目标、会计假设与会计基础、会计信息质量要求以及财务会计要素的确认与计量原则。本章的学习要求是：

1. 掌握财务报告目标。
2. 掌握会计基本假设与会计基础。
3. 掌握会计信息质量要求及其运用。
4. 掌握会计要素及其确认与计量原则。

第一节 财务会计概念框架及目标

一、财务会计概念及特征

1966 年，美国会计学会（AAA）在其发表的《基本会计理论说明书》中把会计定义为“使信息使用者能够作出有根据的判断和决策的辨认、计量和传递经济信息的程序”。

1970 年，美国注册会计师协会所属会计原则委员会（APB）发表的第 4 号报告（APB Statement No. 4）指出：“企业财务会计是会计的一个分支，它着眼于有关财务状况和经营成果的通用报告和财务报表”；“财务报表是一种媒介，财务会计通过它，将积累和处理的信息按期传递给使用者”。

1978 年，美国财务会计准则委员会（FASB）在其概念公告第 1 号（SFAC No. 1）中指出：“财务会计关注的是企业的资产、负债、收入、费用、盈利等方面的会计”。

综上，财务会计是按照一定的会计程序，对会计要素进行确认、计量、记录和报告，以财务报告为主要手段为企业外部关系人提供决策信息的一个经济信息系统。

财务会计是现代会计的一个分支，与其他各种会计相比，其主要特征有：

1. 财务会计必须遵循企业会计准则和有关法规、制度的规范要求。这是财务会计区别于传统会计的特点，也是不同于管理会计的一个重要方面。财务会计的数据处理过程和财务会计报表编制的这一要求，是为了维护企业所有利害关系人的利益。

财务会计对外提供的信息反映了企业与投资者、债权人等有关方面的利益关系。这些利益相关者往往要以财务会计提供的信息为主要依据，作出有关经济决策。为了确保利益相关者对这些会计信息的信赖，就需要对信息的形成和传递的全过程进行严格的规范。会计原则、会计准则、会计制度等财务会计的规范形式便应运而生。

2. 财务会计以反映已经发生的经济业务的财务信息为重点。财务会计只对已发生或已完成的，能用货币表现的交易或事项予以确认、计量、记录和报告，因此，财务会计提供的主要信息是历史的。

3. 财务会计的主体是整个企业。财务会计反映整个企业集中、概括的财务信息，对企业的财务状况、经营成果和现金流量作出综合的评价与考核。

4. 财务会计主要为企业外部关系人提供信息。财务会计提供的信息虽然可供企业外部和内部使用，但主要还是供企业外部会计信息使用者使用。

5. 财务会计主要通过编制基本财务报表来提供系统的、连续的、综合的财务信息。所谓系统，是指采用科学的方法进行分类、汇总和加工整理以取得管理上所需要的信息资料。所谓连续，是指会计按照业务发生的时间先后顺序不间断地记录和计算主体的每一项经济业务。所谓综合，则是通过使用货币计量把大量的、分散的、不易理解的数据集中反映出来。会计通过系统、连续、综合地反映主体的经济活动情况，使其成为便于理解的资料，为经济管理提供真实可靠的会计信息。

6. 为了促进财务报表进行公正的表达，遵守公认会计原则和有关的法规、制度，保证外部使用者获得可靠、相关的信息。财务报表必须由独立、客观、公正的注册会计师进行审计。

二、财务会计概念框架

财务会计概念框架（Conceptual Framework），也称财务会计概念结构，是由若干说明财务会计并为财务会计所应用的基本概念所组成的理论体系，是指导和评价会计准则的基本理论依据。在缺乏会计准则的领域，财务会计概念框架可以起到规范会计处理和财务报表信息披露的作用。美国财务会计准则委员会（FASB）从 1978 年开始陆续颁发财务会计概念公告（SFAC），形成了较为完整的财务会计概念框架体系，在美国国内外引起了很大的反响。随后，英国、澳大利亚、加拿大等国的会计职业团体和国际会计准则理事会（IASB）也都先后对财务会计概念框架进行了研究，并发布了一系列阐述财务会计概念框架的重要文件和报告。

实践证明，财务会计概念框架在建立和完善会计准则过程中具有非常重要的作用。第一，可以保持会计准则内在逻辑的一致性，避免不同准则之间的矛盾或冲突，保证会计准则体系的完整性和缜密性。第二，能减少准则制定过程中由于个人偏好或不同学派之间的“门户之见”以及“长官意志”等各种人为因素所带来的不利影响，从而保证会计准则的科学性。第三，可用来评估已发布的会计准则，既可据以对原准则作出修订和完善，给新会计准则的制定指明方向，还可弥补准则中的某些缺陷，对重大会计问题的解决提供理论上的支持。第四，有助于会计信息使用者更好地理解财务报表提供的信息的目的、内容、性质和局限性，使其能据以作出恰当的分析判断和正确的经营决策。第五，通过财务会计概念框架的研究，既可充分肯定传统会计理论中仍然适用的合理部分，又能及时展示社会经济环境变动情况下会计理论研究的最新成果，从而不断地推动会计理论研究向纵深发展。

我国在 2006 年 2 月 15 日颁布并于 2007 年 1 月 1 日首先在上市公司实施的 1 项基本准则和 38 项具体准则及有关应用指南，是一个在实质上与国际财务报告准则趋同（其中的概念框架是趋同的前提基础）并兼顾我国经济社会实际的会计准则体系。2014 年 1 月我国又颁布了 3 项具体准则，并修改了部分具体准则。我国的会计基本准则与国际财务报告准则的概念框架的作用基本相似。图 1－1 是中国会计基本准则的框架内容。

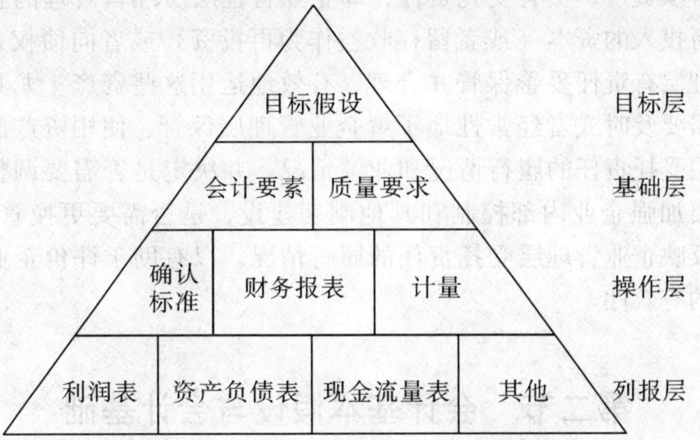

图 1－1 中国会计基本准则概念框架层次图

三、财务报告的目标

财务会计也称对外报告会计，它是通过财务会计报告的形式向会计主体外部有关方面提供可靠、相关、可比的会计信息系统。财务会计将特定单位发生的交易和事项加工为会计信息，是一个非常复杂的过程。这个过程包括会计确认、计量、记录和报告四个环节。

财务报告的目标是财务会计概念框架的出发点，也是财务会计工作的落脚点。财务报告的目标是向财务报告使用者提供与企业财务状况、经营成果和现金流量等有关的会计信息，反映企业管理层受托责任的履行情况，有助于财务报告使用者作出经济决策。其主要内容包括以下两个方面：

1. 向财务报告使用者提供决策有用的信息

企业编制财务报告的主要目的是为了满足财务报告使用者的信息需要，有助于财务报告使用者作出经济决策。因此，向财务报告使用者提供决策有用的信息是财务报告的基本目标。如果企业在财务报告中提供的会计信息与使用者的决策无关，没有使用价值，那么财务报告就失去了其编制的意义。

根据向财务报告使用者提供决策有用的信息这一目标的要求，财务报告所提供的会计信息应当如实反映企业所拥有或者控制的经济资源、对经济资源的要求权以及经济资源要求权的变化情况；如实反映企业的各项收入、费用、利得和损失的金额及其变动情况；如实反映企业各项经营活动、投资活动和筹资活动等所形成的现金流入和现金流出情况等。从而有助于现在的或者潜在的投资者、债权人以及其他使用者正确、合理地评价企业的资产质量、偿债能力、盈利能力和营运效率等；有助于使用者根据相关会计信息作出理性的投资和信贷决策；有助于使用者评估与投资和信贷有关的未来现金流量的金额、时间和风险等。

2. 反映企业管理层受托责任的履行情况

在现代公司制下，企业所有权和经营权相分离，企业管理层是受委托人之托经营管理企业及其各项资产，负有受托责任，即企业管理层所经营管理的企业各项资产基本上均为投资者投入的资本（或者留存收益作为再投资）或者向债权人借入资金所形成的，企业管理层有责任妥善保管并合理、有效地运用这些资产。尤其是企业投资者和债权人等，需要及时或者经常性地了解企业管理层保管、使用资产的情况，以便于评价企业管理层受托责任的履行情况和业绩情况，并决定是否需要调整投资或者信贷政策，是否需要加强企业内部控制和其他制度建设，是否需要更换管理层等。因此，财务报告应当反映企业管理层受托责任的履行情况，以有助于评价企业的经营管理责任和资源使用的有效性。

第二节 会计基本假设与会计基础

一、会计基本假设

会计基本假设是企业会计确认、计量和报告的前提，是对会计核算所处时间、空间环境等所作的合理设定。会计基本假设包括会计主体、持续经营、会计分期和货币计量①。

（一）会计主体

会计主体，是指企业会计确认、计量和报告的空间范围。为了向财务报告使用者反映企业财务状况、经营成果和现金流量，提供与其决策有用的信息，会计核算和财务报告的编制应当集中反映特定对象的活动，并将其与其他经济实体区别开来，才能实现财务报告的目标。

在会计主体假设下，企业应当对其本身发生的交易或者事项进行会计确认、计量和报告，反映企业本身所从事的各项生产经营活动。明确界定会计主体是开展会计确认、计量和报告工作的重要前提。

首先，明确会计主体，才能划定会计所要处理的各项交易或事项的范围。在会计工作中，只有那些影响企业本身经济利益的各项交易或事项才能加以确认、计量和报告，那些不影响企业本身经济利益的各项交易或事项则不能加以确认、计量和报告。会计工作中通常所讲的资产、负债的确认，收入的实现，费用的发生等，都是针对特

① 国际会计准则理事会讨论了权责发生制和持续经营假设，未涉及其他的会计假设。美国会计原则委员会所属会计研究部第1号报告提出了另外两个重要假设：暂时性和市场价格假设。

定会计主体而言的。

其次，明确会计主体，才能将会计主体的交易或者事项与会计主体所有者的交易或者事项以及其他会计主体的交易或者事项区分开来。例如，企业所有者的经济交易或者事项是属于企业所有者主体所发生的，不应纳入企业会计核算的范围，但是企业所有者投入到企业的资本或者企业向所有者分配的利润，则属于企业主体所发生的交易或者事项，应当纳入企业会计核算的范围。

会计主体不同于法律主体。一般来说，法律主体必然是一个会计主体。但是，会计主体不一定是法律主体。例如，在企业集团的情况下，一个母公司拥有若干子公司，母子公司虽然是不同的法律主体，但是母公司对于子公司拥有控制权，为了全面反映企业集团的财务状况、经营成果和现金流量，就有必要将企业集团作为一个会计主体，编制合并财务报表。再如，由企业管理的证券投资基金、企业年金基金等，尽管不属于法律主体，但属于会计主体，应当对每项基金进行会计确认、计量和报告。

（二）持续经营

持续经营，是指在可以预见的将来，企业将会按当前的规模和状态继续经营下去，不会停业，也不会大规模削减业务。在持续经营前提下，会计确认、计量和报告应当以企业持续、正常的生产经营活动为前提。

企业是否持续经营，在会计原则、会计方法的选择上有很大差别。一般情况下，应当假定企业将会按照当前的规模和状态继续经营下去。明确这个基本假设，就意味着会计主体将按照既定用途使用资产，按照既定的合约条件清偿债务，会计人员就可以在此基础上选择会计原则和会计方法。如果判断企业会持续经营，就可以假定企业的固定资产会在持续经营的生产经营过程中长期发挥作用，并服务于生产经营过程，固定资产就可以根据历史成本进行记录，并采用折旧的方法，将历史成本分摊到各个会计期间或相关产品的成本中。如果判断企业不会持续经营，固定资产就不应采用历史成本进行记录并按期计提折旧。

如果一个企业在不能持续经营时还假定企业能够持续经营，并仍按持续经营基本假设选择会计确认、计量和报告原则与方法，就不能客观地反映企业的财务状况、经营成果和现金流量，会误导会计信息使用者的经济决策。

（三）会计分期

会计分期，是持续经营假设的补充，是将一个企业持续经营的生产经营活动划分为一个个连续的、长短相同的期间。会计分期的目的，在于通过会计期间的划分，将持续经营的生产经营活动划分成连续、相等的期间，据以结算盈亏，按期编制财务报告，从而及时向财务报告使用者提供有关企业财务状况、经营成果和现金流量的信息。

在会计分期假设下，企业应当划分会计期间，分期结算账目和编制财务报告。会计期间通常分为年度和中期。中期，是指短于一个完整的会计年度的报告期间。

根据持续经营假设，一个企业将按当前的规模和状态持续经营下去。但是，无论是企业的生产经营决策还是投资者、债权人等的决策都需要及时的信息，都需要将企业持续的生产经营活动划分为一个个连续的、长短相同的期间，分期确认、计量和报告企业的财务状况、经营成果和现金流量。明确会计分期假设意义重大，由于会计分期，才产生了当期与以前期间、以后期间的差别，才使不同类型的会计主体有了记账的基准，进而出现了折旧、摊销等会计处理方法。

（四）货币计量

货币计量，是指会计主体在财务会计确认、计量和报告时以货币计量，反映会计主体的生产经营活动。

在会计的确认、计量和报告过程中之所以选择货币为基础进行计量，是由货币的本身属性决定的。货币是商品的一般等价物，是衡量一般商品价值的共同尺度，具有价值尺度、流通手段、贮藏手段和支付手段等特点。其他计量单位，如重量、长度、容积、台、件等，只能从一个侧面反映企业的生产经营情况，无法在量上进行汇总和比较，不便于会计计量和经营管理。只有选择货币尺度进行计量，才能充分反映企业的生产经营情况。所以，基本准则规定，会计确认、计量和报告选择货币作为计量单位。

在有些情况下，统一采用货币计量也有缺陷。某些影响企业财务状况和经营成果的因素，如企业经营战略、研发能力、市场竞争力等，往往难以用货币来计量，但这些信息对于使用者进行决策来讲也很重要，企业可以在财务报告中补充披露有关非财务信息来弥补上述缺陷。

会计假设是对会计所处的经济环境作出的合乎逻辑的推断和假定，会计假设本身是一种理想化、标准化的会计环境。但是，假设与经济现实存在一定的差距，因此假设成立并发挥作用的前提是：假设与现实的脱节应保持在合理的范围内。当现实发生变化而使假设远离会计的经济环境时，假设就必须作出相应的修正和补充，以适应变化了的环境，从而保证会计信息系统的良性运转。

二、会计基础

企业会计确认、计量和报告应当以权责发生制为基础。权责发生制基础要求，凡是当期已经实现的收入和已经发生或应当负担的费用，无论款项是否收付，都应当作为当期的收入和费用，计入利润表；凡是不属于当期的收入和费用，即使款项已在当期收付，也不应当作为当期的收入和费用。

会计实务中，企业交易或者事项的发生时间与相关货币收支时间有时并不完全一致。例如，款项已经收到，但销售并未实现；或者款项已经支付，但并不是为本期生产经营活动而发生的。为了更加真实、公允地反映特定会计期间的财务状况和经营成果，基本准则明确规定，企业在会计确认、计量和报告中应当以权责发生制为基础。

第三节　会计信息质量要求

财务报告的目标是为报告使用者提供经济决策所需要的信息，会计信息只有满足一定的质量标准，才具有有用性。会计信息质量要求是对企业财务报告中所提供会计信息质量的基本要求，是使财务报告中所提供会计信息对投资者等使用者决策有用应具备的基本特征。它主要包括可靠性、相关性、可理解性、可比性、实质重于形式、重要性、谨慎性和及时性等。

一、可靠性

可靠性要求企业应当以实际发生的交易或者事项为依据进行确认、计量和报告，如实反映符合确认和计量要求的各项会计要素及其他相关信息，保证会计信息真实可靠、内容完整。

会计信息要有用，必须以可靠性为基础，如果财务报告所提供的会计信息是不可靠的，就会给投资者等使用者的决策产生误导甚至损失。为了贯彻可靠性要求，企业应当做到：①以实际发生的交易或者事项为依据进行确认、计量，将符合会计要素定义及其确认条件的资产、负债、所有者权益、收入、费用和利润等如实反映在财务报表中，不得根据虚构的、没有发生的或者尚未发生的交易或者事项进行确认、计量和报告。②在符合重要性和成本效益原则的前提下，保证会计信息的完整性，其中包括应当编报的报表及其附注内容等应当保持完整，不能随意遗漏或者减少应予披露的信息，与使用者决策相关的有用信息都应当充分披露。

二、相关性

相关性要求企业提供的会计信息应当与投资者等财务报告使用者的经济决策需要相关，有助于投资者等财务报告使用者对企业过去、现在或者未来的情况作出评价或者预测。

会计信息是否有用，是否具有价值，关键是看其与使用者的决策需要是否相关，是否有助于决策或者提高决策水平。相关的会计信息应当能够有助于使用者评价企业过去的决策，证实或者修正过去的有关预测，因而具有反馈价值。相关的会计信息还应当具有预测价值，有助于使用者根据财务报告所提供的会计信息预测企业未来的财务状况、经营成果和现金流量。例如适度引入公允价值，可以提高会计信息的预测价值，进而提升会计信息的相关性。

会计信息质量的相关性要求企业在确认、计量和报告会计信息的过程中，充分考虑使用者的决策模式和信息需要。

可靠性和相关性是财务会计信息应具备的两项主要质量特征，两者之间并不矛盾，如果两者能同时提高最为理想。但有时提高可靠性会降低相关性，反之亦然。如何权衡，取决于决策者对两者重要性的评价。

三、可理解性

可理解性要求企业提供的会计信息应当清晰明了，便于投资者等财务报告使用者理解和使用。

企业编制财务报告、提供会计信息的目的在于使用，而要使使用者有效使用会计信息，就应当能让其了解会计信息的内涵，弄懂会计信息的内容，这就要求财务报告所提供的会计信息应当清晰明了，易于理解。只有这样，才能提高会计信息的有用性，实现财务报告的目标，满足向投资者等财务报告使用者提供决策有用信息的要求。

会计信息毕竟是一种专业性较强的信息产品，在强调会计信息的可理解性要求的同时，还应假定使用者具有一定的有关企业经营活动和会计方面的知识，并且愿意付出努力去研究这些信息。对于某些复杂的信息，如交易本身较为复杂或者会计处理较为复杂，但其对使用者的经济决策相关的，企业就应当在财务报告中予以充分披露。

四、可比性

可比性要求企业提供的会计信息应当相互可比。这主要包括两层含义：

（一）同一企业不同时期可比

为了便于投资者等财务报告使用者了解企业财务状况、经营成果和现金流量的变化趋势，比较企业在不同时期的财务报告信息，全面、客观地评价过去、预测未来，从而作出决策。会计信息质量的可比性要求同一企业不同时期发生的相同或者相似的交易或者事项，应当采用一致的会计政策，不得随意变更。但是，满足会计信息可比性要求，并非表明企业不得变更会计政策，如果按照规定或者在会计政策变更后可以提供更可靠、更相关的会计信息的，可以变更会计政策。有关会计政策变更的情况，应当在附注中予以说明。

（二）不同企业相同会计期间可比

为了便于投资者等财务报告使用者评价不同企业的财务状况、经营成果和现金流量及其变动情况，会计信息质量的可比性要求不同企业同一会计期间发生的相同或者相似的交易或者事项，应当采用规定的会计政策，确保会计信息口径一致、相互可比，以使不同企业按照一致的确认、计量和报告要求提供有关会计信息。

五、实质重于形式

实质重于形式要求企业应当按照交易或者事项的经济实质进行会计确认、计量和报告，不仅仅以交易或者事项的法律形式为依据。

企业发生的交易或事项在多数情况下，其经济实质和法律形式是一致的。但在有些情况下，会出现不一致。例如，以融资租赁方式租入的资产，虽然从法律形式来讲企业并不拥有其所有权，但是由于租赁合同中规定：租赁期相当长，接近于该资产的使用寿命；租赁期结束时承租企业有优先购买该资产的选择权；在租赁期内承租企业有权支配资产并从中受益等。因此，从其经济实质来看，企业能够控制融资租入资产所创造的未来经济利益，在会计确认、计量和报告上就应当将以融资租赁方式租入的资产视为企业的资产，列入企业的资产负债表。遵循实质重于形式要求，体现了对经济实质的尊重，能够保证会计信息与客观经济事项相符。

六、重要性

重要性要求企业提供的会计信息应当反映与企业财务状况、经营成果和现金流量有关的所有重要交易或者事项。

在实务中，如果会计信息的省略或者错报会影响投资者等财务报告使用者据此作出决策的，该信息就具有重要性。重要性的应用需要依赖职业判断，企业应当根据其所处环境和实际情况，从项目的性质和金额大小两方面加以判断。重要性要求企业在会计核算中对交易或事项应区别其重要程度，采用不同的核算方式。对资产、负债、损益等有较大影响并进而影响财务报告使用者据此作出全面合理判断的重要事项，必须按照规定的会计方法和程序进行处理，并在财务报告中予以充分披露；对于次要的会计事项，在不影响会计信息真实性、不至于误导财务报告使用者作出正确判断的前提下，可适当简化处理。

七、谨慎性

谨慎性要求企业对交易或者事项进行会计确认、计量和报告应当保持应有的谨慎，不应高估资产或者收益、低估负债或者费用。

在市场经济环境下，企业的生产经营活动面临着许多风险和不确定性，如应收款项的可收回性、固定资产的使用寿命、无形资产的使用寿命、售出存货可能发生的退货或者返修等。会计信息质量的谨慎性，要求企业在面临不确定性因素的情况下需要作出职业判断时保持应有的谨慎，充分估计各种风险和损失，既不高估资产或者收益，也不低估负债或者费用。例如，要求企业对可能发生的资产减值损失计提资产减值准备、对售出商品可能发生的保修义务等确认预计负债，就体现了会计信息质量的谨慎性要求。

由于在实务操作中存在主观随意性，会影响会计信息的可靠性和相关性，因此谨慎性的应用要适度。谨慎性不允许企业设置秘密准备，如果企业故意低估资产或者收益，或者故意高估负债或者费用，将不符合会计信息的可靠性和相关性要求，损害会计信息质量，扭曲企业实际的财务状况和经营成果，从而对使用者的决策产生误导，这是会计准则所不允许的。

八、及时性

及时性要求企业对于已经发生的交易或者事项，应当及时进行确认、计量和报告，不得提前或者延后。

会计信息的价值在于帮助所有者或者其他方面作出经济决策，具有时效性。即使是可靠、相关的会计信息，如果不及时提供，就失去了时效性，对于使用者的效用就大大降低，甚至不再具有实际意义。在会计确认、计量和报告过程中贯彻及时性要做到：一是要求及时收集会计信息，即在经济交易或者事项发生后，及时收集整理各种原始单据或者凭证；二是要求及时处理会计信息，即按照会计准则的规定，及时对经济交易或者事项进行确认或者计量，并编制财务报告；三是要求及时传递会计信息，即按照国家规定的有关时限，及时地将编制的财务报告传递给财务报告使用者，便于其及时使用和决策。

在实务中，为了及时提供会计信息，可能需要在有关交易或者事项的信息全部获得之前即进行会计处理，这样就满足了会计信息的及时性要求，但可能会影响会计信息的可靠性；反之，如果企业等到与交易或者事项有关的全部信息获得之后再进行会计处理，这样的信息披露可能会由于时效性问题，对于投资者等财务报告使用者决策的有用性将大大降低。这就需要在及时性和可靠性之间作相应权衡，以最好地满足投资者等财务报告使用者的经济决策需要作为判断标准。

第四节　会计要素及其确认与计量

会计要素是根据交易或者事项的经济特征所确定的财务会计对象的基本分类。会计要素按照其性质分为资产、负债、所有者权益、收入、费用和利润。其中，资产、负债和所有者权益要素侧重于反映企业的财务状况，收入、费用和利润要素侧重于反映企业的经营成果。会计要素的界定和分类可以使财务会计系统更加科学严密，为投资者等财务报告使用者提供更加有用的信息。

一、资产的定义及其确认条件

（一）资产的定义

资产是指企业过去的交易或者事项形成的，由企业拥有或者控制的，预期会给企业带来经济利益的资源。根据资产的定义，资产具有以下几个方面的特征：

1. 资产预期会给企业带来经济利益

资产预期会给企业带来经济利益，是指资产直接或者间接导致现金和现金等价物流入企业的潜力。这种潜力可以来自企业日常的生产经营活动，也可以是非日常活动；带来的经济利益可以是现金或者现金等价物，或者是可以转化为现金或者现金等价物的形式，或者是可以减少现金或者现金等价物流出的形式。

资产预期能否会为企业带来经济利益是资产的重要特征。例如，企业采购的原材料、购置的固定资产等可以用于生产经营过程，制造商品或者提供劳务，对外出售后收回货款，货款即为企业所获得的经济利益。如果某一项目预期不能给企业带来经济利益，那么就不能将其确认为企业的资产。前期已经确认为资产的项目，如果不能再为企业带来经济利益的，也不能再确认为企业的资产。

2. 资产应为企业拥有或者控制的资源

资产作为一项资源，应当由企业拥有或者控制，具体是指企业享有某项资源的所有权，或者虽然不享有某项资源的所有权，但该资源能被企业所控制。

企业享有资产的所有权，通常表明企业能够排他性地从资产中获取经济利益。通常在判断资产是否存在时，所有权是考虑的首要因素。在有些情况下，资产虽然不为企业所拥有，即企业并不享有其所有权，但企业控制了这些资产，同样表明企业能够从资产中获取经济利益，符合会计上对资产的定义。如果企业既不拥有也不控制资产所能带来的经济利益，就不能将其作为企业的资产予以确认。

3. 资产是由企业过去的交易或者事项形成的

资产应当由企业过去的交易或者事项形成，过去的交易或者事项包括购买、生产、建造行为或者其他交易或事项。换句话说，只有过去的交易或者事项才能产生资产，企业预期在未来发生的交易或者事项不形成资产。例如，企业有购买某存货的意愿或者计划，但是购买行为尚未发生，就不符合资产的定义，不能因此而确认存货资产。

（二）资产的确认条件

将一项资源确认为资产，除需要符合资产的定义外，还应同时满足以下两个条件：

1. 与该资源有关的经济利益很可能流入企业

从资产的定义可以看到，能否带来经济利益是资产的一个本质特征，但在现实生活中，由于经济环境瞬息万变，与资源有关的经济利益能否流入企业或者能够流入多少实际上带有不确定性。因此，资产的确认还应与经济利益流入的不确定性程度的判断结合起来：如果根据编制财务报表时所取得的证据，与资源有关的经济利益很可能流入企业，那么就应当将其作为资产予以确认；反之，不能确认为资产。如某企业赊销一批商品给某一客户，从而形成了对该客户的应收账款，由于企业最终收到款项与销售实现之间有时间差，而且收款又在未来期间，因此带有一定的不确定性。如果企业在销售时判断未来很可能收到款项或者能够确定收到款项，企业就应当将该应收账款确认为一项资产；如果企业判断在通常情况下很可能部分或者全部无法收回，表明该部分或者全部应收账款已经不符合资产的确认条件，应当计提坏账准备，减少资产的价值。

2. 该资源的成本或者价值能够可靠地计量

财务会计系统是一个确认、计量和报告的系统，其中计量起着枢纽作用，可计量性是所有会计要素确认的重要前提，资产的确认也是如此。只有当有关资源的成本或者价值能够可靠地计量时，资产才能予以确认。在实务中，企业取得的许多资产都是发生了实际成本的，如企业购买或者生产的存货，企业购置的厂房或者设备等，对于这些资产，只要实际发生的购买成本或者生产成本能够可靠计量，就视为符合了资产确认的可计量条件。在某些情况下，企业取得的资产没有发生实际成本或者发生的实际成本很小，例如，企业持有的某些衍生金融工具形成的资产，对于这些资产，尽管它们没有实际成本或者发生的实际成本很小，但是如果其公允价值能够可靠计量的话，也被认为符合资产可计量性的确认条件。

二、负债的定义及其确认条件

（一）负债的定义

负债是指企业过去的交易或者事项形成的，预期会导致经济利益流出企业的现时义务。根据负债的定义，负债具有以下几个方面的特征：

1. 负债是企业承担的现时义务

负债必须是企业承担的现时义务，这是负债的一个基本特征。其中，现时义务是指企业在现行条件下已承担的义务。未来发生的交易或者事项形成的义务，不属于现时义务，不应当确认为负债。

这里所指的义务可以是法定义务，也可以是推定义务。其中法定义务是指具有约束力的合同或者法律法规规定的义务，通常在法律意义上需要强制执行。例如，企业购买原材料形成应付账款，企业向银行贷入款项形成借款，企业按照税法规定应当交纳的税款等，均属于企业承担的法定义务，需要依法予以偿还。推定义务是指根据企业多年来的习惯做法、公开的承诺或者公开宣布的政策而导致企业将承担的责任，这些责任也使有关各方形成了企业将履行义务解脱责任的合理预期。例如，某企业多年来制定有一项销售政策，对于售出商品提供一定期限内的售后保修服务，预期将为售出商品提供的保修服务就属于推定义务，应当将其确认为一项负债。

2. 负债预期会导致经济利益流出企业

预期会导致经济利益流出企业是负债的一个本质特征。只有企业在履行义务时会导致经济利益流出企业的，才符合负债的定义；如果不会导致企业经济利益流出的，就不符合负债的定义。在履行现时义务清偿负债时，导致经济利益流出企业的形式多种多样：用现金偿还或以实物资产形式偿还；以提供劳务形式偿还；部分转移资产、部分提供劳务形式偿还；将负债转为资本等。

3. 负债是由企业过去的交易或者事项形成的

负债应当由企业过去的交易或者事项所形成。换句话说，只有过去的交易或者事项才形成负债，企业将在未来发生的承诺、签订的合同等交易或者事项，不形成负债。

（二）负债的确认条件

将一项现时义务确认为负债，除需要符合负债的定义外，还需要同时满足以下两个条件：

1. 与该义务有关的经济利益很可能流出企业

从负债的定义可以看到，预期会导致经济利益流出企业是负债的一个本质特征。在实务中，履行义务所需流出的经济利益带有不确定性，尤其是与推定义务相关的经济利益通常需要依赖于大量的估计。因此，负债的确认应当与经济利益流出的不确定性程度的判断结合起来：如果有确凿证据表明，与现时义务有关的经济利益很可能流出企业，就应当将其作为负债予以确认；反之，如果企业承担了现时义务，但是会导致企业经济利益流出的可能性很小，就不符合负债的确认条件，不应将其作为负债予以确认。

2. 未来流出的经济利益的金额能够可靠地计量

负债的确认在考虑经济利益流出企业的同时，对于未来流出的经济利益的金额应当能够可靠计量。对于与法定义务有关的经济利益流出金额，通常可以根据合同或者法律规定的金额予以确定，考虑到经济利益流出的金额通常在未来期间，有时未来期间较长，有关金额的计量需要考虑货币时间价值等因素的影响。对于与推定义务有关的经济利益流出金额，企业应当根据履行相关义务所需支出的最佳估计数进行估计，并综合考虑有关货币时间价值、风险等因素的影响。

三、所有者权益的定义及其确认条件

（一）所有者权益的定义

所有者权益是指企业资产扣除负债后，由所有者享有的剩余权益。公司的所有者权益又称为股东权益。所有者权益是所有者对企业资产的剩余索取权。它是企业资产中扣除债权人权益后应由所有者享有的部分，既可反映所有者投入资本的保值增值情况，又体现了保护债权人权益的理念。

（二）所有者权益的来源构成

所有者权益的来源包括所有者投入的资本、直接计入所有者权益的利得和损失、留存收益等，通常由股本（或实收资本）、资本公积（股本溢价或资本溢价、其他资本公积）、盈余公积和未分配利润构成。商业银行等金融企业在税后利润中提取的一般风险准备，也构成所有者权益。

所有者投入的资本是指所有者所有投入企业的资本部分，它既包括构成企业注册资本或者股本部分的金额，也包括投入资本超过注册资本或者股本部分的金额，即资本溢价或者股本溢价，这部分投入资本在我国企业会计准则体系中被计入了资本公积，并在资产负债表中的资本公积项目下反映。

直接计入所有者权益的利得和损失，是指不应计入当期损益，会导致所有者权益发生增减变动的，与所有者投入资本或者向所有者分配利润无关的利得或者损失。其中，利得是指由企业非日常活动所形成的，会导致所有者权益增加的，与所有者投入资本无关的经济利益的流入。损失是指由企业非日常活动所发生的，会导致所有者权益减少的，与向所有者分配利润无关的经济利益的流出。直接计入所有者权益的利得和损失主要包括可供出售金融资产的公允价值变动额、现金流量套期中套期工具公允价值变动额（有效套期部分）等。

留存收益是企业历年实现的净利润留存于企业的部分，主要包括累计计提的盈余公积和未分配利润。

（三）所有者权益的确认条件

所有者权益体现的是所有者在企业中的剩余权益，因此，所有者权益的确认主要依赖于其他会计要素，尤其是资产和负债的确认；所有者权益金额的确定也主要取决于资产和负债的计量。例如，企业接受投资者投入的资产，在该资产符合企业资产确认条件时，就相应地符合了所有者权益的确认条件；当该资产的价值能够可靠计量时，所有者权益的金额也就可以确定。

四、收入的定义及其确认条件

（一）收入的定义

收入是指企业在日常活动中形成的、会导致所有者权益增加的、与所有者投入资本无关的经济利益的总流入。根据收入的定义，收入具有以下几方面的特征：

1. 收入是企业在日常活动中形成的

日常活动是指企业为完成其经营目标所从事的经常性活动以及与之相关的活动。例如，工业企业制造并销售产品、商业企业销售商品、保险公司签发保单、咨询公司提供咨询服务、软件企业为客户开发软件、安装公司提供安装服务、商业银行对外贷款、租赁公司出租资产等，均属于企业的日常活动。明确界定日常活动是为了将收入与利得相区分，因为企业非日常活动所形成的经济利益的流入不能确认为收入，而应当计入利得。

2. 收入是与所有者投入资本无关的经济利益的总流入

收入应当会导致经济利益的流入，从而导致资产的增加。例如，企业销售商品，应当收到现金或者在未来有权收到现金，才表明该交易符合收入的定义。但是在实务中，经济利益的流入有时是所有者投入资本的增加所导致的，所有者投入资本的增加不应当确认为收入，应当将其直接确认为所有者权益。

3. 收入会导致所有者权益的增加

与收入相关的经济利益的流入应当会导致所有者权益的增加，不会导致所有者权益增加的经济利益的流入不符合收入的定义，不应确认为收入。例如，企业向银行借入款项，尽管也导致了企业经济利益的流入，但该流入并不导致所有者权益的增加，反而使企业承担了一项现时义务。企业对于因借入款项所导致的经济利益的增加，不应将其确认为收入，应当确认为一项负债。

（二）收入的确认条件

企业收入的来源渠道多种多样，不同收入来源的特征有所不同，其收入确认条件也往往存在差别，如销售商品、提供劳务、让渡资产使用权等。一般而言，收入只有在经济利益很可能流入从而导致企业资产增加或者负债减少且经济利益的流入额能够可靠计量时才能予以确认。即收入的确认至少应当符合以下条件：一是与收入相关的经济利益应当很可能流入企业；二是经济利益流入企业的结果会导致资产的增加或者负债的减少；三是经济利益的流入额能够可靠计量。

五、费用的定义及其确认条件

（一）费用的定义

费用是指企业在日常活动中发生的、会导致所有者权益减少的、与向所有者分配利润无关的经济利益的总流出。根据费用的定义，费用具有以下几方面的特征：

1. 费用是企业在日常活动中形成的

费用必须是企业在其日常活动中所形成的，这些日常活动的界定与收入定义中涉及的日常活动的界定相一致。因日常活动所产生的费用通常包括销售成本（营业成本）、职工薪酬、折旧费、无形资产摊销费等。将费用界定为日常活动所形成的，目的是为了将其与损失相区分，企业非日常活动所形成的经济利益的流出不能确认为费用，而应当计入损失。

2. 费用是与向所有者分配利润无关的经济利益的总流出

费用的发生应当会导致经济利益的流出，从而导致资产的减少或者负债的增加（最终也会导致资产的减少）。其表现形式包括现金或者现金等价物的流出，存货、固定资产和无形资产等的流出或者消耗等。鉴于企业向所有者分配利润也会导致经济利益的流出，而该经济利益的流出显然属于所有者权益的抵减项目，不应确认为费用，应当将其排除在费用的定义之外。

3. 费用会导致所有者权益的减少

与费用相关的经济利益的流出应当会导致所有者权益的减少，不会导致所有者权益减少的经济利益的流出不符合费用的定义，不应确认为费用。

（二）费用的确认条件

费用的确认除了应当符合其定义外，也应当满足严格的条件，即费用只有在经济利益很可能流出从而导致企业资产减少或者负债增加，且经济利益的流出额能够可靠计量时才能予以确认。因此，费用的确认应当符合以下条件：一是与费用相关的经济利益应当很可能流出企业；二是经济利益流出企业的结果会导致资产的减少或者负债的增加；三是经济利益的流出额能够可靠计量。

六、利润的定义及其确认条件

（一）利润的定义

利润是指企业在一定会计期间的经营成果。通常情况下，如果企业实现了利润，表明企业的所有者权益将增加，业绩得到了提升；反之，如果企业发生了亏损（即利润为负数），表明企业的所有者权益将减少，业绩下滑了。因此，利润往往是评价企业管理层业绩的一项重要指标，也是投资者等财务报告使用者进行决策时的重要参考。

（二）利润的来源构成

利润包括收入减去费用后的净额、直接计入当期利润的利得和损失等。其中收入减去费用后的净额反映的是企业日常活动的业绩，直接计入当期利润的利得和损失反映的是企业非日常活动的业绩。直接计入当期利润的利得和损失，是指应当计入当期损益、最终会引起所有者权益发生增减变动的、与所有者投入资本或者向所有者分配利润无关的利得或者损失。企业应当严格区分收入和利得、费用和损失之间的区别，以更加全面地反映企业的经营业绩。

（三）利润的确认条件

利润反映的是收入减去费用、利得减去损失后的净额的概念，因此，利润的确认主要依赖于收入和费用以及利得和损失的确认，其金额的确定也主要取决于收入、费用、利得和损失金额的计量。

七、会计要素计量属性及其应用原则

（一）会计要素计量属性

会计计量是为了将符合确认条件的会计要素登记入账并列报于财务报表而确定其金额的过程。企业应当按照规定的会计计量属性进行计量，确定相关金额。计量属性是指所予计量的某一要素的特性方面，如桌子的长度、铁矿的重量、楼房的高度等。从会计角度讲，计量属性反映的是会计要素金额的确定基础，主要包括历史成本、重置成本、可变现净值、现值和公允价值等。

1. 历史成本

历史成本又称实际成本，就是取得或制造某项财产物资时所实际支付的现金或者其他等价物。在历史成本计量下，资产按照其购置时支付的现金或者现金等价物的金额，或者按照购置资产时所付出的对价的公允价值计量。负债按照其因承担现时义务而实际收到的款项或者资产的金额，或者承担现时义务的合同金额，或者按照日常活动中为偿还负债预期需要支付的现金或者现金等价物的金额计量。

2. 重置成本

重置成本又称现行成本，是指按照当前市场条件，重新取得同样一项资产所需支付的现金或现金等价物金额。在重置成本计量下，资产按照现在购买相同或者相似资产所需支付的现金或者现金等价物的金额计量。负债按照现在偿付该项债务所需支付的现金或者现金等价物的金额计量。

3. 可变现净值

可变现净值，是指在正常生产经营过程中，以预计售价减去进一步加工成本和销售所必需的预计税金、费用后的净值。在可变现净值计量下，资产按照其正常对外销售所能收到现金或者现金等价物的金额扣减该资产至完工时估计将要发生的成本、估计的销售费用以及相关税金后的金额计量。

4. 现值

现值是指对未来现金流量以恰当的折现率进行折现后的价值，是考虑货币时间价值因素等的一种计量属性。在现值计量下，资产按照预计从其持续使用和最终处置中所产生的未来净现金流入量的折现金额计量。负债按照预计期限内需要偿还的未来净现金流出量的折现金额计量。

5. 公允价值

公允价值是指，在计量日的有序交易中，市场参与者之间出售一项资产所能收到或转移一项负债将会支付的价格。这也是公允价值计量的基本原则。

（二）各种计量属性之间的关系

在各种会计要素计量属性中，历史成本通常反映的是资产或者负债过去的价值，而重置成本、可变现净值、现值以及公允价值通常反映的是资产或者负债的现时成本或者现时价值，是与历史成本相对应的计量属性。当然这种关系也并不是绝对的。比如，资产或者负债的历史成本有时就是根据交易时有关资产或者负债的公允价值确定的，在非货币性资产交换中，如果交换具有商业实质，且换入、换出资产的公允价值能够可靠计量的，换入资产入账成本的确定应当以换出资产的公允价值为基础，除非有确凿证据表明换入资产的公允价值更加可靠；再比如，在应用公允价值时，当相关资产或者负债不存在活跃市场的报价或者不存在同类或者类似资产的活跃市场报价时，需要采用估值技术来确定相关资产或者负债的公允价值，而在采用估值技术估计资产或者负债的公允价值时，现值往往是比较普遍采用的一种估值方法，在这种情况下，公允价值就是以现值为基础确定的。另外，公允价值相对于历史成本而言，具有很强的时间概念，也就是说，当前环境下某项资产或负债的历史成本可能是过去环境下该项资产或负债的公允价值，而当前环境下某项资产或负债的公允价值也许就是未来环境下该项资产或负债的历史成本。

（三）计量属性的应用原则

企业在对会计要素进行计量时，一般应当采用历史成本。采用重置成本、可变现净值、现值、公允价值计量的，应当保证所确定的会计要素金额能够取得并可靠计量。

伴随着我国资本市场的发展，股权分置改革的基本完成，越来越多的股票、债券、基金等金融产品在交易所挂牌上市，使得这类金融资产的交易已经形成了较为活跃的市场，因此，我国已经具备了引入公允价值的条件。在这种情况下，引入公允价值，更能反映企业的现实情况，对投资者等财务报告使用者的决策更加有用，而且也只有如此，才能实现我国会计准则与国际财务报告准则的趋同。因此，我国已在企业会计准则体系建设中适度、谨慎地引入公允价值这一计量属性。

在引入公允价值过程中，我国充分考虑了国际财务报告准则中公允价值应用的三个级次：第一，存在活跃市场的资产或负债，活跃市场中的报价应当用于确定其公允价值；第二，不存在活跃市场的，参考熟悉情况并自愿交易的各方最近进行的市场交易中使用的价格或参照实质上相同的其他资产或负债的当前公允价值；第三，不存在活跃市场，且不满足上述两个条件的，应当采用估值技术等确定资产或负债的公允价值。

值得一提的是，我国引入公允价值是适度、谨慎和有条件的。原因是考虑到我国尚属新兴的市场经济国家，如果不加限制地引入公允价值，有可能出现公允价值计量不可靠，甚至借此人为操纵利润的现象。因此，在投资性房地产和生物资产等具体准则中规定，只有存在活跃市场、公允价值能够取得并可靠计量的情况下，才能采用公允价值计量。

本章小结

本章首先讲述了财务会计的定义和特征，以此为基础对财务会计概念框架及目标进行了比较深入的介绍，对会计基本假设与会计基础、会计信息质量要求以及会计要素及其确认与计量进行了全面细致的讲解。本章的主要内容包括：

财务会计是按照一定的会计程序，对会计要素进行确认、计量、记录和报告，以财务报告为主要手段为企业外部关系人提供决策信息的一个经济信息系统。其主要特征有：必须遵循企业会计准则和有关法规、制度的规范要求；以反映已经发生的经济业务的财务信息为重点；主体是整个企业；主要为企业外部关系人提供信息；主要通过编制基本财务报表来提供系统的、连续的、综合的财务信息；为了促进财务报表进行公正的表达。

财务报告的目标是向财务报告使用者提供与企业财务状况、经营成果和现金流量等有关的会计信息，反映企业管理层受托责任的履行情况，有助于财务报告使用者作出经济决策。其主要内容包括以下两个方面：①向财务报告使用者提供决策有用的信息；②反映企业管理层受托责任的履行情况。

会计基本假设是企业会计确认、计量和报告的前提，是对会计核算所处时间、空间环境等所作的合理设定。会计基本假设包括会计主体、持续经营、会计分期和货币计量。企业会计确认、计量和报告应当以权责发生制为基础。

会计信息质量要求是对企业财务报告中所提供会计信息质量的基本要求，是使财务报告中所提供会计信息对投资者等使用者决策有用应具备的基本特征，它主要包括可靠性、相关性、可理解性、可比性、实质重于形式、重要性、谨慎性和及时性等。

会计要素是根据交易或者事项的经济特征所确定的财务会计对象的基本分类。会计要素按照其性质分为资产、负债、所有者权益、收入、费用和利润。其中，资产、负债和所有者权益要素侧重于反映企业的财务状况，收入、费用和利润要素侧重于反映企业的经营成果。会计要素的界定和分类可以使财务会计系统更加科学严密，为投资者等财务报告使用者提供更加有用的信息。

会计要素计量属性主要包括历史成本、重置成本、可变现净值、现值和公允价值。

关键词

财务会计　财务报告目标　会计基本假设　会计主体　持续经营　会计分期　货币计量　会计基础　会计信息质量要求　可靠性　相关性　可理解性　可比性　实质重于形式　重要性　谨慎性　及时性　会计要素　资产　负债　所有者权益　收入　费用　利润　会计要素计量属性　历史成本　重置成本　可变现净值　现值　公允价值

本章思考题

1. 企业编制财务报告的目标是什么？
2. 财务报告中提供的会计信息应当具备哪些质量要求？这些要求的具体含义是什么？
3. 什么是重要性？如何判断重要性？
4. 资产、负债的定义是什么？其特征是什么？
5. 各会计要素的确认应当符合哪些要求？
6. 会计计量属性有哪些？应用这些计量属性应当贯彻什么原则？

第二章 存 货

【学习目的与要求】

本章主要阐述存货的确认、存货的初始计量、发出存货的计量、存货的期末计量和记录等问题。本章的学习要求是：

1. 明确存货的概念及确认条件。
2. 掌握存货的初始计量方法、发出存货计价方法和存货的期末计量方法。
3. 掌握存货清查和存货跌价准备的会计处理。

第一节 存货概述

一、存货的概念

存货，是指企业在日常活动中持有以备出售的产成品或商品、处在生产过程中的在产品、在生产过程或提供劳务过程中耗用的材料和物料等。

存货区别于固定资产等非流动资产的最基本的特征是：企业持有存货的最终目的是为了出售，不论是可供直接出售还是需经过进一步加工后才能出售，包括各类原材料、在产品、半成品、产成品、商品、包装物、低值易耗品、委托代销商品等。

（1）原材料，是指企业在生产过程中经加工改变其实物形态或性质并构成产品主要实体的各种原料及主要材料、辅助材料、燃料、修理用备件（备品备件）、包装物、外购半成品等。

（2）在产品，是指企业正在加工制造尚未完工的生产物，包括正在各个工序加工的产品和已加工完毕但尚未检验入库的产品。

（3）半成品，是指经过一定的生产过程并已检验合格交付半成品仓库保管，但尚未制造完工仍需进一步加工的中间产品。

（4）产成品，是指企业已经完成全部生产过程已检验入库，可以按照合同规定的条件送交订货单位，或者可以作为商品对外销售的产品。企业接受来料加工制造的代制品和为外单位加工修理的代修品，制造和修理完工入库后也视同企业的产成品。

（5）商品，是指商品流通企业外购或委托加工完成验收入库用于销售的各种商品。

（6）包装物，是指为了包装本企业的商品而储备的各种包装容器，如桶、箱、瓶、坛、袋等，其主要作用是盛装、装潢产品或商品。

（7）低值易耗品，是指不能作为固定资产核算的各种用具和物品，如各种工具、玻璃器皿、劳动保护用品以及在经营中周转使用的容器等，其特点是单位价值较低，使用期限相对于固定资产较短，也可以多次服务于生产经营过程而不改变原有的实物形态，但由于其品种多、易于损坏，一般视同存货进行管理和核算。

（8）委托代销商品，是指企业委托其他单位代销的商品。

二、存货的确认条件

存货只有同时满足以下两个条件，才能加以确认：

（1）该存货包含的经济利益很可能流入企业；

（2）该存货的成本能够可靠地计量。

企业应当从法定所有权的归属来确定存货的范围，在资产负债表日，凡是企业拥有法定所有权的一切材料物资，不论其存放何处，都应作为企业的存货；反之，凡法定所有权不属于企业的物品，即使存放在本企业，也不应包括在本企业的存货范围之内。

三、存货的盘存方法

（一）实地盘存制

实地盘存制平时只记增加，不记减少、发出或库存。期末通过盘点确定库存，并使用以下公式倒推本期耗用或者销货成本。

实地盘存制的本期减少数 = 期末结存数 + 本期增加数 - 期初结存数

（二）永续盘存制

永续盘存制平时既要登记增加，又要登记减少和库存，可以完整地反映存货的收入、发出和结存情况。期末盘点是为了保证账实相符。

第二节　存货初始计量与发出存货计价

一、存货的初始计量

存货应该按照成本进行初始计量。存货成本包括采购成本、加工成本和其他成本。企业存货的取得主要是通过自制和外购两个途径。

（一）外购存货的成本

外购存货的成本即存货的采购成本，是指企业物资从采购到入库前所发生的全部支出，包括购买价款、相关税费、运输费、装卸费、保险费以及其他可归属于存货采购成本的费用。

商品流通企业在采购商品过程中发生的运输费、装卸费、保险费以及其他可归属于存货采购成本的费用等进货费用，应计入所购商品成本。在实务中，企业也可以将发生的运输费、装卸费、保险费以及其他可归属于存货采购成本的费用等进货费用先进行归集，期末，按照所购商品的存销情况进行分摊。对于已销售商品的进货费用，计入主营业务成本；对于未售商品的进货费用，计入期末存货成本。商品流通企业采购商品的进货费用金额较小的，可以在发生时直接计入当期销售费用。

（二）加工取得存货的成本

企业通过进一步加工取得的存货，主要包括产成品、在产品、半成品、委托加工物资等，其成本由采购成本、加工成本构成。某些存货还包括使存货达到目前场所和状态所发生的其他成本，如可直接认定的产品设计费用等。通过进一步加工取得的存货的成本中采购成本是由所使用或消耗的原材料采购成本转移而来的，因此，计量加工取得的存货成本，重点是要确定存货的加工成本。

存货加工成本由直接人工和制造费用构成，其实质是企业在进一步加工存货的过程中追加发生的生产成本，因此，不包括直接由材料存货转移来的价值。

（三）其他方式取得存货的成本

企业取得存货的其他方式主要包括接受投资者投资、非货币性资产交换、债务重组、企业合并以及存货盘盈等。

1. 投资者投入存货的成本

投资者投入存货的成本，应当按照投资合同或协议约定的价值确定，但合同或协议约定价值不公允的除外。在投资合同或协议约定价值不公允的情况下，按照该项存货的公允价值作为其入账价值。

2. 通过非货币性资产交换、债务重组、企业合并等方式取得的存货的成本

企业通过非货币性资产交换、债务重组、企业合并等方式取得的存货，其成本应当分别按照《企业会计准则第7号——非货币性资产交换》《企业会计准则第12号——债务重组》和《企业会计准则第20号——企业合并》等的规定确定。但是，其后续计量和披露应当执行《企业会计准则第1号——存货》（以下简称“存货准则”）的规定。

3. 盘盈存货的成本

盘盈的存货应按其重置成本作为入账价值，并通过“待处理财产损溢”科目进行会计处理，按管理权限报经批准后，冲减当期管理费用。

（四）通过提供劳务取得的存货

通过提供劳务取得的存货，其成本按从事劳务提供人员的直接人工和其他直接费用以及可归属于该存货的间接费用确定。

二、发出存货计价

在日常工作中，企业应当根据各类存货的实物流转方式、企业管理要求、存货本身的特点等实际情况，合理地确定发出存货成本的计算方法，以及当期发出存货的实际成本。在实际成本核算的方式下，企业可以采用的发出存货的计价方法包括个别计

价法、先进先出法、月末一次加权平均法和移动加权平均法。

（一）个别计价法

个别计价法，也称个别认定法、具体辨认法、分批实际法。采用这种方法是假设存货的成本流转和实物流转相一致，逐一辨认各种存货发出和期末所属的购进批别和生产批别，分别按其购入或生产时确定的单位成本计算各批发出存货成本和期末存货成本的方法。计算公式如下：

每次（批）存货发出成本 = 该次（批）存货发出数量 × 该次（批）存货的单位成本

采用这种方法，计算发出存货和期末存货的成本比较准确和合理，符合实际情况，但实务操作的工作量繁重，成本分辨工作量大，所以一般适用于特定项目的存货和劳务，比如房产、船舶、珠宝、名画等贵重物品。

（二）加权平均法

加权平均法，也叫全月一次加权平均法，是指以本月全部进货数量加上月初存货数量之和为权数，去除本期全部进货成本加上月初存货成本之和，计算出存货的加权平均单位成本，以此为基础计算本月发出存货的成本和期末库存存货成本的一种方法。其计算公式如下：

$$加权平均单位成本 = \frac{月初库存存货实际成本 + 本月增加存货的实际成本}{月初库存存货数量 + 本月增加存货的数量}$$

本月发出存货的成本 = 本月发出存货的数量 × 加权平均单位成本

本月月末库存存货成本 = 月末库存存货数量 × 加权平均单位成本

或：

本月月末库存存货成本 = 月初库存存货实际成本 + 本月增加存货的实际成本 − 本月发出存货的成本

【例 2 − 1】甲材料采用加权平均法进行核算，该材料明细账见表2 − 1。

表 2 − 1　　　　单位：元

日期 2016	摘要	收入			发出			结存		
		数量	单价	金额	数量	单价	金额	数量	单价	金额
8.1	期初							1 000	150	150 000
8.5	购货	2 000	160	320 000						
8.10	发出				2 000					
8.15	购货	3 000	170	510 000						
8.25	发出				1 500					
8.31	期末	5 000		830 000	3 500			2 500		

根据表 2 − 1 的资料计算如下：

加权平均单位成本 = (1 000 × 150 + 2 000 × 160 + 3 000 × 170) / (1 000 + 2 000 + 3 000)

=980 000/6 000 = 163.33（元）

本月发出存货成本 = 3 500 × 163.33 = 571 655（元）

本月月末库存存货成本 = 980 000 − 571 655 = 408 345（元）

采用加权平均法，只在月末一次计算加权平均单价，较为简单。按此方法分摊的成本比较折中，但是这种方法平时无法从账面上提供发出和结存存货的单价和金额，不利于存货管理。它是加权平均法在实地盘存制下的具体运用。

（三）移动加权平均法

移动加权平均法是指以每次进货的成本加上原有存货成本，除以每次进货数量加上原有存货数量，据以计算出加权平均单位成本，作为在下次进货前计算发出存货成本依据的一种方法。计算公式如下：

$$存货单位成本=\frac{原有库存存货实际成本+本次进货的实际成本}{原有库存存货数量+本次进货数量}$$

本次发出存货的成本 = 本次发出存货的数量 × 存货单位成本

根据表 2−1 的资料计算如下：

8 月 5 日购进后的单位成本 =（1 000 × 150 + 2 000 × 160）/（1 000 + 2 000）

= 156.67（元）

8 月 10 日发出存货成本 = 2 000 × 156.67 = 313 340（元）

8 月 15 日购进后的单位成本 =（470 000 − 313 340 + 3 000 × 170）/（1 000 + 3 000）

= 516 660/4 000 = 129.165（元）

8 月 25 日发出存货成本 = 1 500 × 129.165 = 193 747.5（元）

本月发出存货成本 = 313 340 + 193 747.5 = 507 087.5（元）

本月月末库存存货成本 = 980 000 − 313 340 − 193 747.5 = 472 912.5（元）

采用移动加权平均法能够使管理当局及时了解存货的结存情况，计算的平均单位成本以及发出和结存存货成本较为客观，并能随时提供存货的收、发、存情况，满足管理的需要。但由于该方法每次收货都要计算一次平均单位成本，核算工作量较大。它是平均法在永续盘存制下的具体运用。

（四）先进先出法

先进先出法是以先购进的存货先发出这样一种实物流转假设为前提，对发出存货进行计价的一种方法。采用这种方法，先购入的存货成本先发出或销售，据此确定发出存货和期末存货的成本。

根据表 2−1 的资料计算如下：

实地盘存制下本期发出存货成本 = 1 000 × 150 + 2 000 × 160 + 500 × 170

= 555 000（元）

期末结存存货成本 = 980 000 − 555 000 = 425 000（元）

永续盘存制下本期发出存货成本 = 1 000 × 150 + 1 000 × 160 + 1 000 × 160 + 500 × 170

= 555 000（元）

期末结存存货成本 = 980 000 - 555 000 = 425 000（元）

采用先进先出法不论是实地盘存制还是永续盘存制，其计算出来的本期发出存货成本以及期末结存存货成本都是一样的。

采用先进先出法，期末存货成本是按最近购入的存货价值确定的，比较接近现行的市场价值，其优点是企业不能随意挑选存货计价以调整当期利润，缺点是工作量比较繁琐，特别是对于存货进出频繁的企业更是如此。而且在物价上涨的情况下，会高估企业当期利润和库存存货的价值；反之，会低估企业库存存货价值和当期利润。

第三节　原材料

原材料是指企业在生产过程中经加工改变其实物形态或性质并构成产品主要实体的各种原料及主要材料和外购半成品，以及不构成产品主要实体但有助于产品形成的辅助材料。具体包括各种原料及主要材料、辅助材料、燃料、修理用备件（备品备件）、包装物、外购半成品等。原材料的日常收发及结存可以采用实际成本核算，也可以采用计划成本核算。

一、原材料采用实际成本核算

材料采用实际成本计价核算时，材料的收入发出及结存，无论总分类核算还是明细分类核算，均应按照实际成本计价。核算一般使用“原材料”“在途物资”等账户。

“原材料”账户：该账户用于核算库存各种材料的收发和结存情况。在原材料按实际成本核算时，该账户借方登记入库材料的实际成本，贷方登记发出材料的实际成本，期末余额在借方，表示库存材料的实际成本。该账户按材料的种类设置明细账。

“在途物资”账户：该账户用于核算货款已付尚未验收入库的各种物资（即在途物资）的实际成本。借方登记已付款，尚未到达或尚未验收入库的各种物资的实际成本，贷方登记验收入库物资的实际成本，期末余额在借方，反映企业在途物资的采购成本。该账户应按供应单位和物资的种类设置明细账。

1. 购入材料的核算

材料的购入（取得）方式有多种：自制、外购、委托加工、非货币交易换入、通过债务重组取得、接受捐赠、盘盈等。在此，主要讲述的是外购材料。

由于支付方式不同以及结算单证和运输条件的限制，使得企业材料购入时会出现三种情况：

第一，货款已经支付或开出、承兑商业汇票，材料已验收入库。

【例 2 - 2】柳林公司购进甲材料一批，增值税专用发票上注明货款 360 000 元，增值税额 61 200 元，对方代垫运输费 2 000 元，包装费 1 000 元，全部费用已用银行存款支付，材料已验收入库。

借：原材料——甲材料　　362 860
　　应交税费——应交增值税（进项税额）　　61 340

贷：银行存款　　　　424 200

其中：计入材料成本的运输费 =2 000×（1 -7%）=1 860（元）

计入增值税进项税的金额 =2 000×7% =140（元）

【例2 -3】柳林公司持银行汇票1 173 000元购进乙材料一批，增值税专用发票上注明货款1 000 000元，增值税额170 000元，对方代垫运输费3 000元，材料已验收入库。

借：原材料——乙材料　　　　1 002 790

　　应交税费——应交增值税（进项税额）　　　　170 210

　贷：其他货币资金——银行汇票　　　　1 173 000

第二，货款已经支付或开出、承兑商业汇票，原材料尚未运达或尚未验收入库。

【例2 -4】柳林公司采用汇兑结算方式购入甲材料一批，结算单证已经收到，增值税专用发票上注明货款200 000元，增值税额34 000元，对方代垫运输费2 000元，途中保险费1 000元，材料尚未到达。

借：在途物资　　　　202 860

　　应交税费——应交增值税（进项税额）　　　　34 140

　贷：银行存款　　　　237 000

【例2 -5】承【例2 -4】20天以后，购入的甲材料收到，并已验收入库。

借：原材料——甲材料　　　　202 860

　贷：在途物资　　　　202 860

第三，货款尚未支付，材料已经验收入库。

这类业务发生时一般不作账务处理，但在会计期末，为了正确反映企业实存原材料的情况，应按暂估价入账，下一会计期初冲回，以便结算单证到达时，按正常的方式进行核算。

【例2 -6】5月13日柳林公司采用委托收款结算方式购入乙材料，材料已验收入库，结算单证未到，5月31日按暂估价180 000元入账。6月10日，结算单证到达，增值税专用发票上注明货款180 000元，增值税额30 600元，对方代垫运输费2 000元，入库前的挑选整理费800元。其会计处理为：

5月31日按暂估价180 000元入账：

借：原材料——乙材料　　　　180 000

　贷：应付账款——暂估应付账款　　　　180 000

6月1日做相反的会计分录予以冲回：

借：应付账款——暂估应付账款　　　　180 000

　贷：原材料——乙材料　　　　180 000

或者采用红字凭证进行冲销：

借：原材料——乙材料　　　　[180 000]

　贷：应付账款——暂估应付账款　　　　[180 000]

6月10日结算单证到达，做相关分录：

借：原材料——乙材料　　　　182 660

应交税费——应交增值税（进项税额） 30 740

贷：银行存款 213 400

如果企业的货款已经预付，原材料尚未运达或尚未验收入库。

【例2-7】柳林公司与某工厂签订的购销合同规定，为购买丙材料向某工厂预付货款120 000的70%，柳林公司已经采用汇兑方式汇出货款。

其会计处理为：

借：预付账款 84 000

贷：银行存款 84 000

【例2-8】承【例2-7】柳林公司收到某工厂发运来的丙材料，已经验收入库。发票账单上记载货款120 000元，增值税额20 400元，对方代垫包装费2 000元，运输途中合理损耗600元。其会计处理为：

（1）材料入库时：

借：原材料 122 600

应交税费——应交增值税（进项税额） 20 400

贷：预付账款 143 000

（2）补付货款时：

借：预付账款 59 000

贷：银行存款 59 000

2. 发出材料的核算

企业各生产单位及相关部门领发材料的种类多，业务频繁，为了简化核算手续，可以在月末根据"领料单"或者"限额领料单"中有关领料的单位、部门进行归类，按期编制"发出材料汇总表"，据以编制记账凭证，登记入账。发出材料实际成本的确定，可由企业从个别计价法、先进先出法、加权平均法和移动加权平均法等方法中进行选择。计价方法一经确定，不得随意变更，如需变更应在附注中予以说明。

【例2-9】柳林公司根据"发出材料汇总表"的记录，9月份基本生产车间领用甲材料560 000元，乙材料930 000元，辅助生产车间领用甲材料37 000元，车间管理部门领用甲材料13 000元，企业行政管理部门领用甲材料24 000元，销售部门领用乙材料30 000元。会计处理如下：

借：生产成本——基本生产成本 1 490 000

——辅助生产成本 37 000

制造费用 13 000

管理费用 24 000

销售费用 30 000

贷：原材料——甲材料 634 000

——乙材料 960 000

二、材料采用计划成本核算

材料采用计划成本核算时，材料的收入发出及结存，无论总分类核算还是明细分类核算，均应按照计划成本计价。核算采用“原材料”“材料采购”“材料成本差异”等科目。材料实际成本与计划成本的差异，通过“材料成本差异”科目核算。月末，计算本月发出材料应负担的材料成本差异并进行分摊，根据领用材料的用途计入相关资产的成本或者当期损益，从而将发出材料的计划成本调整为实际成本。

原材料：该账户用于核算库存各种材料的收发和结存情况。在原材料按计划成本核算时，该账户借方登记入库材料的计划成本，贷方登记发出材料的计划成本，期末余额在借方，表示库存材料的计划成本。

材料采购：该账户借方登记采购材料的实际成本，贷方登记该批材料入库的计划成本。借方大于贷方表示超支，从本账户的贷方转入“材料成本差异”账户的借方；贷方大于借方表示节约，从本账户的借方转入“材料成本差异”的贷方；期末借方余额，表示在途材料的采购成本。

材料成本差异：该账户反映已入库材料实际成本与计划成本的差异，借方登记超支差异及发出材料应负担的节约差异；贷方登记节约差异及发出材料应负担的超支差异。期末如为借方余额，反映库存材料的超支差异；期末如为贷方余额，反映库存材料的节约差异。

1. 购入材料的核算

原材料采用计划成本计价核算时，无论材料是否入库，都要通过“物资采购”账户进行核算。

第一，货款已经支付，材料已验收入库。

【例 2-10】柳林公司购买 K1 材料，增值税专用发票上注明货款 200 000 元，增值税额 34 000 元，全部款项已用银行存款支付。材料的计划成本为 210 000 元，材料已验收入库。

借：材料采购	200 000
应交税费——应交增值税（进项税额）	34 000
贷：银行存款	234 000

一般来说，材料采用计划成本计价核算时应分别做 3 笔分录：①按实际成本付款；②按计划成本入库；③结转入库材料的成本差异。为了简化核算，材料入库和结转成本差异的账务处理往往集中到月末进行。

第二，货款已经支付，材料尚未验收入库。

【例 2-11】柳林公司采用汇兑结算方式购买一批 K2 材料，发票账单已经收到，增值税专用发票上注明货款 300 000 元，增值税额 51 000 元，材料尚未收到，材料的计划成本为 293 000 元。

借：材料采购	300 000
应交税费——应交增值税（进项税额）	51 000
贷：银行存款	351 000

第三，货款尚未支付，材料已经验收入库。

【例 2-12】柳林公司采用商业承兑汇票结算方式购买一批 K3 材料，发票账单已经收到，增值税专用发票上注明货款450 000元，增值税额76 500元。材料的计划成本为452 000元，材料已经验收入库。

借：材料采购　　450 000
　　应交税费——应交增值税（进项税额）　　76 500
　贷：应付票据　　526 500

【例2-13】柳林公司购买一批K2材料，材料已验收入库，发票账单尚未收到。月末按照计划成本432 000元暂估入账。

借：原材料——K2材料　　432 000
　贷：应付账款——暂估应付账款　　432 000

下月初做相反的会计分录予以冲回：

借：应付账款——暂估应付账款　　432 000
　贷：原材料——K2材料　　432 000

【例2-14】承【例2-10】【例2-12】月末汇总计算出柳林公司本月已付款或已经开出并承兑商业汇票的入库材料的计划成本，210 000+452 000=662 000（元），做按计划成本入库和结转材料成本差异的账务处理。

借：原材料——K1材料　　210 000
　　　　——K3材料　　452 000
　贷：材料采购　　662 000

上述入库材料的实际成本为：650 000元（200 000+450 000）；计划成本662 000元；（662 000-650 000）成本差异为节约12 000元。

借：材料采购　　12 000
　贷：材料成本差异　　12 000

2. 发出材料的核算

月末企业应根据领料单等编制“发出材料汇总表”，根据材料的用途，按计划成本分别计入：“生产成本”“制造费用”“销售费用”等账户。但是企业生产经营过程中耗用的原材料，应按实际成本而不是计划成本计算，因此，必须将原材料的计划成本调整为实际成本。会计实务中，是通过材料成本差异率来调整的，材料成本差异率的计算公式如下：

$$\text{本期材料成本差异率}=\frac{\text{期初结存材料的成本差异}\pm\text{本期验收入库材料的成本差异}}{\text{期初结存材料的计划成本}+\text{本期验收入库材料的计划成本}}\times 100\%$$

本期发出材料应负担的成本差异＝发出材料的计划成本×材料成本差异率

本期发出材料的实际成本＝发出材料的计划成本±材料成本差异

【例2-15】根据“发出材料汇总表”的记录，柳林公司10月份基本生产车间领用K1材料600 000元，辅助生产车间领用K1材料73 000元，车间管理部门领用K1材料34 000元，企业行政管理部门领用K1材料56 000元，销售部门领用K1材料50 000元。柳林公司10月初K1材料的计划成本1 200 000元，成本差异为超支45 250元。

(1) 材料按计划成本发出：

借：生产成本——基本生产成本	600 000
——辅助生产成本	73 000
制造费用	34 000
管理费用	56 000
销售费用	50 000
贷：原材料——K1 材料	813 000

根据【例 2-10】计算出 K1 材料的成本差异 = 210 000 - 200 000 = 10 000(元)(节约差异)

本期材料成本差异率 = (45 250 - 10 000) ÷ (1 200 000 + 210 000) × 100% = 2.5%

(2) 结转发出材料的成本差异：

借：生产成本——基本生产成本	15 000
——辅助生产成本	1 825
制造费用	850
管理费用	1 400
销售费用	1 250
贷：材料成本差异	20 325

第四节 周转材料

企业的周转材料包括包装物和低值易耗品等。包装物是指为了包装本企业商品而储备的各种包装容器，如桶、箱、瓶、坛、袋等。低值易耗品是指不作为固定资产核算的各种用具和物品，如各种工具，玻璃器皿等，它可以多次服务于生产经营过程，具有品种多、价值低、易于损坏的特点。

一、包装物

包装物核算的内容包括：生产过程中用于包装产品作为产品组成部分的包装物；随同商品出售而不单独计价的包装物；随同商品出售而单独计价的包装物；出租或出借给购买单位使用的包装物。企业既可以设置"周转材料——包装物"账户，也可以单独设置"包装物"账户进行核算。

对于生产过程中领用的包装物，应根据领用的包装物成本，借记"生产成本"科目，贷记"包装物""材料成本差异"等账户。随同商品出售而不单独计价的包装物，应在包装物发出时，按实际成本计入销售费用。随同商品出售而单独计价的包装物，应反映销售收入，计入其他业务收入，同时还需反映销售成本，计入其他业务成本。包装物的摊销方法也可以采用一次转销法和五五摊销法。

1. 生产领用包装物

生产领用包装物，应根据领用包装物的实际成本，借记"生产成本"科目，按领用包装物的计划成本，贷记"包装物"，按其差额借记或贷记"材料成本差异"账户。

【例 2－16】柳林公司对包装物采用计划成本核算，9 月生产产品领用包装物的计划成本为 120 000 元，材料成本差异率为－2%。

借：生产成本	117 600
材料成本差异	2 400
贷：包装物	120 000

2. 随同商品出售的包装物

随同商品出售而不单独计价的包装物，应在包装物发出时，按实际成本借记“销售费用”科目，按其领用包装物的计划成本，贷记“包装物”，按其差额借记或贷记“材料成本差异”账户。

【例 2－17】柳林公司 9 月销售商品领用不单独计价的包装物的计划成本为 70 000 元，材料成本差异率为－2%。

借：销售费用	68 600
材料成本差异	400
贷：包装物	70 000

随同商品出售而单独计价的包装物，一方面应反映销售收入，计入其他业务收入；另一方面还需反映销售成本，计入其他业务成本。

【例 2－18】柳林公司 9 月销售商品领用单独计价的包装物一批，计划成本为 90 000 元，销售收入 112 000 元，增值税税率 17%，材料成本差异率为 2%。包装物的款项已收到存入银行。

（1）出售单独计价的包装物

借：银行存款	131 040
贷：其他业务收入	112 000
应交税费——应交增值税（销项税额）	19 040

（2）结转单独计价的包装物成本

借：其他业务成本	91 800
贷：包装物	90 000
材料成本差异	1 800

二、低值易耗品

低值易耗品通常视同为存货，作为流动资产来进行核算和管理，可以划分为专用工具、替换设备、一般工具、劳动保护用品、管理用具等。企业既可以设置“周转材料——低值易耗品”账户，也可以单独设置“低值易耗品”账户进行核算。低值易耗品的摊销方法可以采用一次转销法和五五摊销法。

1. 一次转销法

采用一次转销法摊销低值易耗品，在领用低值易耗品时，将其价值一次全部计入有关资产或者当期损益，这种摊销方法适用于价值较低、容易损坏的低值易耗品。

【例 2－19】柳林公司基本生产车间领用一批专用工具，实际成本 32 300 元，全部计入当期的制造费用。柳林公司的低值易耗品采用实际成本核算。

借：制造费用 32 300

贷：低值易耗品 32 300

2. 五五摊销法

采用五五摊销法摊销低值易耗品，低值易耗品在领用时摊销50%的价值，报废时再摊销另外一半的价值（扣除回收的残值）。五五摊销法通常适用于价值较低、使用期限较短的低值易耗品，也适用于每期领用和报废大致相等的低值易耗品。采用五五摊销法，需要单独设置“低值易耗品——在库”“低值易耗品——在用”“低值易耗品——摊销”明细科目。在用、摊销两个明细账户相结合可以揭示在用低值易耗品的摊余价值。

【例2-20】柳林公司基本生产车间领用一批专用工具，实际成本120 000元，采用五五摊销法进行摊销。报废一般工具一批，实际成本85 000元，残料出售收回现金500元。

（1）领用专用工具：

借：低值易耗品——在用 120 000

贷：低值易耗品——在库 120 000

（2）领用时摊销50%的价值：

借：制造费用 60 000

贷：低值易耗品——摊销 60 000

（3）报废一般工具时摊销另外一半成本：

借：制造费用 42 000

贷：低值易耗品——摊销 42 000

同时：

借：库存现金 500

低值易耗品——摊销 84 500

贷：低值易耗品——在用 85 000

第五节 库存商品

库存商品是指企业已经完成全部生产过程并已验收入库，符合质量规格和技术要求，可以按照合同要求送交订货单位，或可以作为商品对外销售的产品以及外购用于销售的各种商品等。库存商品具体包括库存产成品、外购商品、发出展览的商品、寄存在外的商品等。库存商品可以采用实际成本核算，也可以采用计划成本核算，其核算方法和原材料相似。为了反映库存商品的增减变化和结存情况，企业应当设置“库存商品”科目，借方登记验收入库的库存商品成本，贷方反映发出的库存商品成本，期末余额在借方，反映各种库存商品的实际成本或计划成本。

一、库存商品入库

库存商品采用实际成本核算时，当企业的产成品完工并验收入库时，按实际成本记入“库存商品”科目。

【例2-21】柳林公司当月入库B1产品3 000件，实际单位成本800元，B2产品5 000件，实际单位成本1 600元。产品入库时的会计处理为：

借：库存商品——B1产品　　2 400 000
　　　　　　——B2产品　　8 000 000
　贷：生产成本——基本生产成本（B1产品）　　2 400 000
　　　　　　——基本生产成本（B2产品）　　8 000 000

二、库存商品销售

库存商品销售时，应按规定确认销售收入，同时结转其成本。

【例2-22】柳林公司月末汇总计算发出的商品中，已实现销售的B1产品2 230件，B2产品4 560件。其中B1产品单位成本800元，B2产品单位成本1 600元。应做如下会计处理：

借：主营业务成本　　9 080 000
　贷：库存商品——B1产品　　1 784 000
　　　　　　——B2产品　　7 296 000

商品流通企业购入的商品可以采用进价或售价进行核算，商品流通企业的库存商品可以采用毛利率法和售价金额核算法。

1. 毛利率法

毛利率法是指根据本期销售额乘以上期实际（本期计划）毛利率计算销售毛利，并据以计算发出商品和期末库存商品成本的一种方法。这种方法通常是商品流通企业中的批发企业采用，由于商业批发企业经营的商品品种繁多，如果按品种计算商品成本，将会大大增加工作量，一般来说，商品流通企业同类商品的毛利率大致相同，采用这种方法既能减轻工作量，还能满足对库存商品的管理。

毛利率=销售毛利/销售净额×100%

销售净额=商品销售收入-销售退回与折让

销售毛利=销售净额×毛利率

销售成本=销售净额-销售毛利

【例2-23】某大型商场2016年7月初家电类商品存货2 430万元，本月购进4 600万元，7月销售收入5 100万元，上季度该类商品的销售毛利率为18%，7月已销售商品和月末库存商品成本计算如下：

本月销售收入=5 100（万元）

销售毛利=5 100×18%=918（万元）

本月销售成本=5 100-918=4 182（万元）

期末库存商品成本=2 340+4 600-4 182=2 758（万元）

2. 售价金额核算法

售价金额核算法指平时商品的购进、销售和库存商品都按售价记账，商品售价与进价的差额，可以通过"商品进销差价"科目核算。"商品进销差价"科目实际上是"库存商品"科目的调整账户，它与"库存商品"科目相结合，揭示出库存商品的进价。期末计算进销差价率和本期已销商品应分摊的进销差价，将已销售商品的销售成本调整为实际成本。

商品进销差价率 =（期初库存商品进销差价 + 本期购入商品进销差价）÷（期初库存商品售价 + 本期购入商品售价）×100%

本期已销商品应分摊的商品进销差价 = 本期商品销售收入 × 商品进销差价率

本期已销商品的成本 = 本期商品销售收入 − 本期已销商品应分摊的商品进销差价

【例 2－24】某大型商场 2016 年 9 月初某类库存商品的进价成本为 150 万元，售价总额 180 万元，购进该类商品 100 万元，售价总额 115 万元，9 月销售收入为 170 万元。相关计算如下：

商品进销差价率 =（30 + 15）÷（180 + 115）×100% = 15.25%

9 月已销商品应分摊的商品进销差价 = 170 × 15.25% = 25.93（万元）

9 月已销商品的成本 = 170 − 25.93 = 144.07（万元）

期末结存商品的成本 = 150 + 100 − 144.07 = 105.93（万元）

第六节　存货的期末计量

一、存货期末计量原则

在资产负债表日，存货应当按照成本与可变现净值孰低计量。如果企业存货成本平时是按计划成本核算的应调整为实际成本。存货成本高于其可变现净值的，按其差额计提存货跌价准备，计入当期损益；存货成本低于其可变现净值的，按其成本计量，不计提存货跌价准备，但原已计提存货跌价准备的，应在已计提存货跌价准备金额的范围内转回。

成本与可变现净值孰低计量的理论基础主要是使存货符合资产的定义。当存货的可变现净值低于成本时，表明存货能给企业带来的未来经济利益低于账面成本，因而应将这部分损失从资产价值中扣除，计入当期损益。如果仍然以成本计量，就会出现虚计资产的情况。

二、存货期末计量方法

（一）存货减值迹象的判定

存货存在下列情形之一的，表明存货的可变现净值低于成本：

（1）该存货的市场价格持续下跌，并且在可预见的未来无回升的希望；

（2）企业使用该项原材料生产的产品的成本大于产品的销售价格；

（3）企业因产品更新换代，原有库存原材料已不适应新产品的需要，而该原材料的市场价格又低于其账面成本；

（4）因企业所提供的商品或劳务过时或消费者偏好改变而使市场的需求发生变化，导致市场价格逐渐下跌；

（5）其他足以证明该项存货实质上已经发生减值的情形。

存货存在下列情形之一的，表明存货的可变现净值为零：

（1）已霉烂变质的存货；

（2）已过期且无转让价值的存货；

（3）生产中已不再需要，并且已无使用价值和转让价值的存货；

（4）其他足以证明已无使用价值和转让价值的存货。

（二）存货可变现净值的确定

1. 确定存货可变现净值的前提是企业经营活动正常进行

如果企业的生产经营活动不能正常进行，比如企业正在进行清算，那么就不能按照存货准则的规定确定存货的可变现净值。

2. 可变现净值是指存货的预计未来净现金流量，而不是指存货的售价或合同价

企业预计销售存货取得的现金流入，并不完全构成存货的可变现净值。由于存货在销售过程中可能发生相关税费和销售费用，以及为达到预定可销售状态还可能发生进一步的加工成本，这些相关税费、销售费用和成本支出，均构成存货销售产生现金流入的抵减项目，只有在扣除这些现金流出后，才能确定存货的可变现净值。

3. 不同存货可变现净值的构成不同

（1）产成品、商品和用于出售的材料等直接用于出售的商品存货，在正常生产经营过程中，应以该存货的估计售价减去估计的销售费用和相关税费后的金额确定其可变现净值。

（2）用于生产的材料、在产品或自制半成品等需要经过加工的材料存货，在正常生产经营过程中，应当以所生产的产成品的估计售价减去至完工时估计将要发生的成本、估计的销售费用以及相关税费后的金额确定其可变现净值。

（三）确定存货可变现净值应考虑的因素

1. 存货可变现净值的确凿证据

企业确定可变现净值时，应当以取得的可靠证据为基础，如产品的市场销售价格、与企业产品相同或者类似商品的市场销售价格、供货方提供的有关资料、生产成本资料等。

2. 应考虑持有存货的目的

一般来说，企业持有存货的目的主要有：一是持有以备出售，如产成品、商品，其中又分为有合同约定和没有合同约定；二是将在生产过程或提供劳务过程中耗用的，如原材料等。

3. 资产负债表日后事项的影响

资产负债表日后事项的影响，即企业在确定资产负债表日存货的可变现净值时，

不仅要考虑资产负债表日与该存货相关的价格与成本波动，还应考虑未来的相关事项影响。也就是说，不仅限于财务报告报出日之前发生的相关价格与成本波动，还应考虑以后期间发生的相关事项。

(四) 不同情况下存货可变现净值的确定

(1) 产成品、商品等（不包括用于出售的材料）直接用于出售且没有销售合同约定的，其可变现净值应当以正常过程中产成品、商品的一般销售价格（市场销售价格）减去销售费用和相关销售税金等后的金额确定。

【例2-25】2016年12月31日，柳林公司生产的B1型设备数量为10台，单位成本为50万元/台，账面成本为500万元。2016年12月31日B1型设备的市场销售价格为53万元/台，预计发生相关税费2万元/台。

由于柳林公司没有就B1型设备签订销售合同，因此，在这种情况下，计算B1型设备的可变现净值应以一般销售价格总额530万元（53×10）作为计算基础。

(2) 为执行销售合同或者劳务合同而持有的存货，通常应当以产成品和商品的合同价格作为其可变现净值的计算基础。

企业与购买方签订了销售合同（或劳务合同，下同），并且销售合同订购的数量大于或等于企业持有的存货数量，在这种情况下，与该项销售合同直接相关的存货的可变现净值，应当以合同价格为计量基础。即如果企业就其产成品或商品签订了销售合同，则该批产成品或商品的可变现净值应当以合同价格作为计量基础。如果企业销售合同所规定的标的物还没有生产出来，但持有专门用于生产该标的物的材料，则其可变现净值也应当以合同价格作为计量基础。

【例2-26】2016年9月27日，柳林公司与光华公司签订了一份不可撤销的销售合同，双方约定2017年1月27日，柳林公司按52万元/台的价格向光华公司提供B1型设备10台。2016年12月31日，柳林公司库存B1型设备10台，单位生产成本为47万元/台。2016年12月31日，B1型设备市场销售价格为53万元/台。

根据柳林公司与光华公司签订的销售合同，该批B1型设备的价格已由销售合同约定，并且其库存数量等于销售合同规定的数量，因此，在这种情况下，计算B1型设备的可变现净值应以销售合同约定的价格520万元（52×10）为计算基础。

如果企业持有的同一项存货的数量多于销售合同或劳务合同订购的数量的，应分别确定其可变现净值，并与其相对应的成本进行比较，分别确定存货跌价准备的计提或转回金额。超出合同部分的存货的可变现净值，应当以一般销售价格为基础计算。

(3) 如果企业持有存货的数量少于销售合同订购的数量，实际持有与该销售合同有关的存货应以销售合同所规定的价格作为可变现净值的计算基础。如果该合同为亏损合同，还应同时按照《企业会计准则第13号——或有事项》的规定处理。

(4) 用于出售的材料等，应当以市场价格作为其可变现净值的计算基础。这里的市场价格是指材料等的市场销售价格。

【例2-27】2016年末，根据市场需求的变化，柳林公司决定停止生产B2型设备，为了减少损失，公司准备把专门用于生产B2型设备的原材料K全部出售，2016年12

月 31 日 K 材料的账面价值（成本）300 万元，数量为 20 吨。根据市场调查，该批材料的市场销售价格为 280 万元，同时销售该批材料还会发生销售费用及税金 6 万元。

在本例中，由于企业已决定停止生产 B2 型设备，因此，该批材料的可变现净值不能再以 B2 型设备的销售价格为计算基础，而应按材料本身的市场销售价格为计算基础。

该批 K 材料的可变现净值 =280 －6 =274（万元）

（5）需要加工的材料存货，如原材料、在产品、委托加工材料等，由于持有该材料的目的是为了生产产品而不是为了出售，该材料的价值体现在用其生产的产成品上。因此，在确定需要加工这类存货的可变现净值时，需和用其生产的产成品的成本进行比较，如果该产品的可变现净值高于成本，则该材料仍然应当按照成本计量。

【例 2 －28】2016 年年末，柳林公司库存材料——K1 材料的账面成本为 560 万元，同时，市场的销售价格为 537 万元，假定不发生其他的销售费用，用该材料生产的产成品——B3 设备的可变现净值高于成本。确定 2016 年 12 月 31 日 K1 材料的可变现净值。

在本例中，虽然 K1 材料的账面价值（成本）高于可变现净值，但是由于用其生产的 B3 设备的可变现净值高于成本，即用该材料生产的最终产品此时并没有发生价值减损。所以，在这种情况下，即使 K1 材料的账面价值（成本）已高于市场价格，也不应计提存货跌价准备，仍应按其原价账面成本 560 万元列示在柳林 2016 年 12 月 31 日的资产负债表的存货项目之中。

三、存货跌价准备的核算

（一）存货跌价准备的提取

资产负债表日，企业存货的成本高于其可变现净值的，应当提取存货跌价准备。《企业会计准则第 1 号——存货》规定：“存货跌价准备应当按照单个存货项目计提。”即在一般情况下，企业应当按每个存货项目的成本与可变现净值逐一进行比较，取其低者计量存货，并且将成本高于净值的差额作为计提的存货跌价准备。企业应当根据管理要求及存货的特点，具体规定存货项目的确定标准。比如：将某一型号和规格的材料作为一个存货项目，将某一品牌和规格的商品作为一个存货项目。

但是，对于数量繁多，单位价值比较低的存货，则可以按照存货的类别计量成本与可变现净值，即按存货类别的成本总额与可变现净值总额进行比较，每个存货类别均取较低者确定存货期末价值。

（二）存货跌价准备的转回

企业的存货在符合条件的情况下，可以转回计提的存货跌价准备。其条件是以前减记存货价值的影响因素已经消失，而不是在当期造成存货可变现净值高于成本的其他影响因素。

当符合存货跌价准备转回的条件时，应在原已计提的存货跌价准备的金额内转回。在核算存货跌价准备转回时，转回的存货跌价准备与计提该准备的存货项目或类别应当存在直接对应关系，但转回的金额将以存货跌价准备的余额冲减至零为限。

【例 2－29】2016 年 12 月 31 日，柳林公司 B1 型设备的账面成本为 640 万元，但由于 B1 型设备的市场价格下跌，预计可变现净值为 600 万元；2017 年 12 月 31 日，假定 B1 型设备的账面成本仍为 640 万元，由于 B1 型设备市场价格有所上升，使得 B1 型设备预计可变现净值为 625 万元；2018 年 12 月 31 日，B1 型设备的账面成本仍为 640 万元，由于 B1 型设备市场价格继续上升，使得 B1 型设备预计可变现净值为 660 万元。柳林公司的会计处理如下：

（1）2016 年年末计提 B1 型设备的存货跌价准备：640－600＝40（万元）

借：资产减值损失——计提的存货跌价准备　　400 000

　贷：存货跌价准备　　400 000

（2）2017 年末 B1 型设备的可变现净值部分恢复：

(640－625)－40＝－25（万元）

借：存货跌价准备　　250 000

　贷：资产减值损失——计提的存货跌价准备　　250 000

（3）2018 年末 B1 型设备的可变现净值全部恢复：

B1 型设备的可变现净值 660 万元已经超过成本 640 万元，不仅不再计提存货跌价准备，且应将对 B1 型设备计提的存货跌价准备余额冲减至零为限。

借：存货跌价准备　　150 000

　贷：资产减值损失——计提的存货跌价准备　　150 000

四、存货清查

存货清查是指通过对存货的实物盘点，确定存货的实存数量并与账面记录核对，其对于真实反映存货的实际情况，保证存货的安全，加速存货周转，挖掘企业内部潜力等方面具有重要意义。

由于存货种类繁多，收发频繁，在日常收发过程中可能发生计量差错、计算差错、自然损耗，还可能发生损坏变质及贪污、盗窃等情况，造成账实不符，形成存货盘盈盘亏。为了客观、真实、准确地反映期末存货的实际价值，做到账实相符，企业应当定期或不定期地对存货进行清查。

为了反映企业在财产清查中各种存货的盘盈、盘亏或毁损，应当设置“待处理财产损溢”科目，该科目的借方登记盘亏或毁损存货的金额及经批准结转盘盈存货的金额，贷方登记盘盈存货的金额及经批准结转盘亏存货的金额。企业清查的各种存货损溢，应在期末结账前处理完毕，期末处理后本科目应无余额。

（一）存货盘盈的核算

企业发生存货盘盈，应借记“原材料”“库存商品”等科目，贷记“待处理财产损溢”科目；在按管理权限报经批准后，借记“待处理财产损溢”科目，贷记“管理费用”科目。

【例 2－30】柳林公司在财产清查中盘盈 K3 材料 3 200 元，属于计量差错造成的。

企业应作如下会计处理：

（1）批准处理前：

借：原材料　3 200

　贷：待处理财产损溢　3 200

（2）批准处理后：

借：待处理财产损溢　3 200

　贷：管理费用　3 200

（二）存货盘亏及毁损的核算

企业发生存货盘亏及毁损时，应借记“待处理财产损溢”科目，贷记“原材料”“库存商品”等科目，在按管理权限报经批准后，入库的残料价值记入“原材料”科目；对于应由保险公司赔偿部分和应由过失人赔款的部分记入“其他应收款”科目；扣除残料价值和应由保险公司、过失人赔偿部分后的净损失，属于一般经营损失部分，记入“管理费用”科目。属于自然灾害或意外事故造成的存货毁损，应先扣除残料价值和可以收回的保险赔款，然后将净损失转作营业外支出。

【例2－31】柳林公司在财产清查中盘亏K1材料800千克，实际单位成本150元，其中500千克属于一般经营损失，另外300千克属于材料保管员过失造成的，按规定由材料保管员赔偿15 000元，残料价值3 500元已办理入库。企业应作如下会计处理：

（1）批准处理前：

借：待处理财产损溢　120 000

　贷：原材料　120 000

（2）批准处理后：

①一般经营损失

借：管理费用　75 000

　贷：待处理财产损溢　75 000

②过失人赔偿部分：

借：其他应收款——×××　15 000

　贷：待处理财产损溢　15 000

③残料入库：

借：原材料　3 500

　贷：待处理财产损溢　3 500

④材料毁损净损失：

借：管理费用　26 500

　贷：待处理财产损溢　26 500

【例2－32】由于遭受水灾，柳林公司一批K2材料毁损，价值230 000元，根据保险责任范围和保险合同规定，应由保险公司赔偿164 450元。企业应作如下会计处理：

（1）批准处理前：

借：待处理财产损溢　230 000

贷：原材料 230 000

（2）批准处理后：

借：其他应收款——某保险公司 164 450

营业外支出 65 550

贷：待处理财产损溢 230 000

本章小结

本章主要阐述了存货的确认，存货的初始计量，发出存货的计量，存货的期末计量和记录问题。本章的主要内容包括：

存货只有在同时满足该存货包含的经济利益很可能流入企业；该存货的成本能够可靠地计量时才能确认。

存货应该按照成本进行初始计量。存货成本包括采购成本、加工成本和其他成本。外购存货的成本即存货的采购成本是指企业物资从采购到入库前所发生的全部支出，包括购买价款、相关税费、运输费、装卸费、保险费以及其他可归属于存货采购成本的费用。企业通过进一步加工取得的存货，主要包括产成品、在产品、半成品、委托加工物资等，其成本由采购成本、加工成本构成。存货加工成本由直接人工和制造费用构成，其实质是企业在进一步加工存货的过程中追加发生的生产成本，企业取得存货的其他方式主要包括接受投资者投资、非货币性资产交换、债务重组、企业合并以及存货盘盈等。通过提供劳务取得的存货，其成本按从事劳务提供人员的直接人工和其他直接费用以及可归属于该存货的间接费用确定。

在实际成本核算的方式下，企业可以采用的发出存货的计价方法包括个别计价法、先进先出法、月末一次加权平均法和移动加权平均法。

在资产负债表日，存货应当按照成本与可变现净值孰低计量。如果企业存货成本平时是按计划成本核算的应调整为实际成本。存货成本高于其可变现净值的，按其差额计提存货跌价准备，计入当期损益；存货成本低于其可变现净值的，按其成本计量，不计提存货跌价准备，但原已计提存货跌价准备的，应在已计提存货跌价准备金额的范围内转回。

关键词

存货　存货确认条件　实地盘存制　永续盘存制　个别计价法　加权平均法　移动加权平均法　先进先出法　原材料　包装物　低值易耗品　一次转销法　五五摊销法　库存商品　毛利率法　售价金额核算法　成本与可变现净值孰低

本章思考题

1. 企业的存货包括哪些内容?
2. 存货采用实际成本核算时，可以采用哪些方法来确定发出存货的成本?
3. 存货采用计划成本核算时，如何计算发出材料的成本差异分配率?
4. 存货采用计划成本核算时，应如何进行会计处理?
5. 可变现净值的含义是什么?举例说明如何计算确定存货的可变现净值?
6. 怎样进行存货跌价准备的会计处理?
7. 存货发生盘亏时应如何进行会计处理?

第三章　固定资产、无形资产和投资性房地产

【学习目的与要求】

本章主要阐述固定资产、无形资产和投资性房地产的确认、计量及相关的账务处理问题。本章的学习要求是：

1. 掌握固定资产、无形资产和投资性房地产的概念、特征、确认。

2. 掌握固定资产、无形资产和投资性房地产的初始计量、后续计量原则、方法及账务处理。

第一节　固定资产

一、固定资产的特征、分类及确认条件

（一）固定资产的特征

固定资产是企业重要的生产要素之一，是企业赖以生存的物质基础，其本质属性是主要劳动资料。我国会计准则规定，固定资产是指同时具有以下特征的有形资产：

（1）为生产商品、提供劳务、出租给他人或为了经营管理目的而持有；

（2）使用寿命超过一个会计年度。

（二）固定资产分类

企业的固定资产种类繁多，规格不一，为加强管理，便于组织会计核算，有必要对其进行科学、合理的分类。根据不同的管理需要和不同的分类标准，可以对固定资产进行不同的分类，主要有以下几种：

1. 按固定资产的经济用途分类，可分为生产经营用固定资产和非生产经营用固定资产

（1）生产经营用固定资产，是指直接参加或服务于企业生产经营过程的各种固定资产。如生产经营用的房屋、建筑物、机器、设备、器具、工具等。

（2）非生产经营用固定资产，是指不直接服务于生产经营过程的各种固定资产。如职工宿舍、食堂、浴室、理发室等使用的房屋、设备和其他固定资产等。

2. 按固定资产使用情况分类，可分为使用中固定资产、未使用固定资产和不需用固定资产

3. 按固定资产的所有权进行分类，可分为自有固定资产和租入固定资产

由于企业的经营性质不同，经营规模各异，对固定资产的分类不可能完全一致，企业可以根据各自的具体情况和经营管理、会计核算的需要进行必要的分类。

（三）固定资产的确认

固定资产在符合定义的前提下，还应当同时具备以下两个条件，才能加以确认。

1. 与该固定资产有关的经济利益很可能流入企业

资产最重要的特征是预期会给企业带来经济利益。企业在确认固定资产时，需要判断与该项固定资产有关的经济利益是否很可能流入企业。如果与该项固定资产有关的经济利益很可能流入企业，并同时满足固定资产确认的其他条件，那么，企业应将其确认为固定资产；否则，不应将其确认为固定资产。

2. 该固定资产的成本能够可靠地计量

成本能够可靠地计量是资产确认的一项基本条件。固定资产的成本能够可靠计量，要求支撑计量依据的证据应当充分、确凿、可靠。有时需要依据所获得的最新资料，对某项固定资产的成本加以合理的估计。比如，已达到预定可使用状态的固定资产，尚未办理竣工决算前，可以根据工程预算等相关资料合理地估计入账，待办理竣工决算后再作调整，也应当认为其成本能够可靠地计量。

二、固定资产的初始计量

（一）固定资产的初始计量原则及核算科目设置

1. 固定资产的初始计量原则

固定资产的成本，是指企业构建某项固定资产达到预定可使用状态前所发生的一切合理、必要的支出。这些支出既包括直接发生的价款、运杂费、包装费和安装成本等，也包括间接发生的，如应承担的借款利息、外币借款折算差额以及应分摊的其他间接费用。

对于特殊行业的特定固定资产，确定其成本时，还应考虑预计弃置费用因素。

2. 核算科目设置

为了监督反映固定资产的增减变动情况，在核算时应设置“固定资产”“累计折旧”“在建工程”“工程物资”等科目。

（二）固定资产的初始计量及账务处理

1. 购入的固定资产

购入的固定资产以实际支付的价款及其为使该项固定资产达到预定可使用状态前所支付的各项费用，包括支付的买价、税金、途中的包装费、保险费、运杂费和购入后的安装调试费等内容，按照新实施的增值税法的规定，为购入机器设备而支付的增值进项税额可以抵扣销项税额。

企业购入的固定资产通常分为不需要安装和需要安装两种，在会计处理上有其差别：

（1）外购不需要安装的固定资产。企业购入不需安装的固定资产，购入后即可达到预定可使用状态，构成固定资产成本，所以直接交付使用的固定资产，按实际支付的价款（包括买价、运杂费、进口关税等相关税费，增值税除外）入账。

【例3-1】柳林公司2016年10月购入一台新设备，取得的增值税发票价格180 000元，增值进项税额30 600元，其他费用15 400元。款项已全部付清。会计处理如下：

借：固定资产	195 400
应交税费——应交增值税（进项税额）	30 600
贷：银行存款	226 000

（2）购入需要安装的固定资产。企业购入需要安装的固定资产，只有安装调试后，达到设计要求或合同规定的标准，该项固定资产才可发挥作用，才意味着达到预定可使用状态，所以在安装前该固定资产不具有独立的经济用途，因此应先在“在建工程”科目核算，待安装完毕交付使用时再按其实际成本从“在建工程”科目转入“固定资产”科目。

【例3-2】柳林公司为一般纳税人，2016年10月用存款购买一台设备，支付买价300 000元，增值进项税额51 000元，途中运杂费和保险费等其他费用12 000元，验收入库待安装；该设备由基本生产车间组织人力安装，结算耗费生产用材料5 000元，耗用人工10 000元，辅助生产车间提供水电费1 867元；该设备安装完工验收合格，并已交付使用。会计处理如下：

（1）借：在建工程	312 000
应交税费——应交增值税（进项税额）	51 000
贷：银行存款	363 000
（2）借：在建工程	16 867
贷：原材料	5 000
应付职工薪酬	10 000
生产成本——辅助生产成本	1 867
（3）借：固定资产	328 867
贷：在建工程	328 867

另外，由于固定资产在购买时付款方式不同，在采用分期付款方式购买固定资产时，如果合同规定的付款期限较长，超过了正常信用条件（通常在3年以上）的，在这种情况下，该项合同实质上具有融资性质，购入固定资产的成本不能以各期付款额之和来确定，而应以各期付款额的现值之和来确定。

固定资产购买价款的现值，应当按照各期支付的价款选择适当的折现率进行折现后的金额加以确定。各期实际支付的价款之和与其现值之间的差额，符合《企业会计准则第17号——借款费用》中规定的资本化条件的，应当计入固定资产成本，其余部分应当在信用期间内确认为财务费用，计入当期损益。在购入时，按购买价款的现值记入“固定资产”或“在建工程”科目，按应支付的金额记入“长期应付款”科目，两者的差额记入“未确认融资费用”科目。

以一笔款项购入多项没有单独标价的固定资产，应当按照各项固定资产的公允价值比例对总成本进行分配，分别确定各项固定资产的成本。

2. 自行建造的固定资产

自行建造的固定资产的成本，由建造该项固定资产达到预定可使用状态前所发生的一切合理必要的支出构成。包括耗用的物资、人工费、交纳的相关税费、应予资本化的借款费用以及应分摊的间接费用等。企业自行建造固定资产分为自营建造和出包建造两种方式，其价值的确定如下：

（1）自行建造的固定资产，按建造过程中所发生的一切支出作为固定资产入账价值。

企业通过自营方式建造固定资产，其入账价值应当按照建造该固定资产达到预定可使用状态前所发生的必要支出确定，包括直接材料、直接人工、直接机械施工费等。企业为在建工程准备的各种物资，应当将实际支付的买价、不能抵扣的增值税税额、运输费、保险费等相关税费作为实际成本，并按照各种专项物资的种类进行明细核算。

工程完工后剩余的工程物资，如转作本企业库存材料，按其实际成本或计划成本转作企业的库存材料；若材料存在可抵扣的增值税进项税额，则按减去增值税进项税额后的实际成本或计划成本，转作企业的库存材料。盘盈、盘亏、报废、毁损的工程物资，减去保险公司、过失人赔偿后的差额，工程尚未完工的，计入或冲减工程项目的成本；工程已经完工的，属于筹建期的计入或冲减管理费用，不属于筹建期的计入或冲减当期营业外收支。非正常原因造成的报废或损毁，应将其净损失直接计入当期营业外收支。

企业建造的固定资产已达到预定可使用状态，但尚未办理竣工结算的，应当自达到预定可使用状态之日起，根据工程预算等，按暂估价值转入固定资产，并按有关计提固定资产折旧的规定，计提固定资产折旧。待办理竣工决算手续后再调整原来的暂估价值，但不需要调整原已计提的折旧额。

高危行业企业按照国家规定提取的安全生产费，应当计入相关产品的成本或当期损益，同时记入“专项储备”科目。企业使用提取的安全生产费形成固定资产的，应当通过“在建工程”科目归集所发生的支出，待安全项目完工达到预定可使用状态时确认为固定资产；同时，按照形成固定资产的成本冲减专项储备，并确认相同金额的累计折旧。该固定资产在以后期间不再计提折旧。

【例 3－3】2016 年 10 月，柳林公司自行建造一座厂房，以银行存款购入一批价款为 100 000 元的工程物资，支付增值税进项税额为 17 000 元。工程共领用工程物资 105 300元（含增值税税额）；剩余的工程物资转为公司存货，其所含增值税进项税额可以抵扣；领用公司产成品，成本为 3 000 元，计税价格为 4 000 元，适用增值税税率为 17%；领用原材料一批，实际成本为 2 000 元，购入该原材料时支付的增值税进项税额为 340 元；辅助生产车间为工程提供有关劳务支出 5 000 元；应支付工程人员薪酬 15 000 元；12 月底，工程达到预定可使用状态并交付使用。不考虑其他税费。会计处理如下：

①购入工程物资

借：工程物资　117 000

　贷：银行存款　117 000

②领用工程物资

借：在建工程　105 300

　贷：工程物资　105 300

③领用公司产成品

借：在建工程　3 680

　贷：库存商品　3 000

　　应交税费——应交增值税（销项税额）　680

④领用原材料

借：在建工程　2 340

　贷：原材料　2 000

　　应交税费——应交增值税（进项税额转出）　340

⑤辅助生产车间为工程提供有关劳务支出

借：在建工程　5 000

　贷：生产成本——辅助生产成本　5 000

⑥应支付工程人员薪酬

借：在建工程　15 000

　贷：应付职工薪酬　15 000

⑦工程达到预定可使用状态并交付使用

借：固定资产　131 320

　贷：在建工程　131 320

⑧剩余的工程物资转为公司存货

借：原材料　10 000

　应交税费——应交增值税（进项税额）　1 700

　贷：工程物资　11 700

（2）出包工程建造的固定资产，按实际支付的价款计价。

企业通过出包方式建造固定资产的，其入账价值应当按照建造该固定资产达到预定可使用状态前所发生的必要支出确定，包括建筑工程支出、安装工程支出、在安装设备支出以及需分摊计入的待摊支出。在出包方式下，企业将与建造承包商结算的工程价款作为工程成本，通过“在建工程”科目进行核算，在工程达到预定可使用状态时再从“在建工程”转入“固定资产”。

【例3－4】2016年1月，柳林公司将厂房建造工程出包给华升公司，合同约定价款为1 500 000元。柳林公司预付工程款500 000元；工程发生的管理费、监理费共计100 000元；工程期间，工程的一处因地震倒塌，损失18 000元，保险公司承诺支付10 000元；2016年10月，工程完工，柳林公司收到华升公司有关工程结算单据后，补付剩余工程款。柳林公司的账务处理如下：

①预付工程款

借：预付账款　500 000

　贷：银行存款　500 000

②工程发生的管理费、监理费

借：在建工程　100 000

　贷：银行存款　100 000

③地震造成工程的一处倒塌

借：营业外支出　80 00

　其他应收款　100 00

　贷：在建工程　180 00

④结算工程款并补付剩余工程款

借：在建工程　1 500 000

　贷：银行存款　1 000 000

　　预付账款　500 000

⑤结转固定资产

借：固定资产　1 582 000

　贷：在建工程　1 582 000

（3）存在弃置费用的固定资产。对于特殊行业的特定固定资产，确定其初始成本时，还应考虑弃置费用。弃置费用通常是指根据国家法律和行政法规、国际公约等规定，企业承担的环境保护和生态恢复等义务所确定的支出，如核电站核设施等的弃置和恢复环境义务。

弃置费用要考虑货币时间价值，应按照现值计算确定应计入固定资产成本的金额和相应的预计负债。在固定资产的使用寿命内按照预计负债的摊余成本和实际利率计算确定的利息费用应当在发生时计入财务费用。

三、固定资产的后续计量

（一）固定资产折旧

1. 固定资产折旧的性质及影响因素

固定资产折旧是指固定资产在预计使用年限内，按照一定方法对固定资产原值扣除预计净残值的损耗额进行的摊销。

固定资产折旧，本质上是一种耗费。这种耗费与它的损耗程度联系紧密，损耗分为有形损耗和无形损耗。有形损耗是指固定资产由于使用和自然力的影响而引起的使用价值和价值的损失，如机器设备的磨损和自然条件的侵蚀等；无形损耗是指由于科学技术的进步等而引起固定资产价值的损失。随着科学技术的迅猛发展，无形损耗比有形损耗更为严重，对折旧的计算影响更大。对于这些损耗，会计上应按权责发生制要求、根据受益情况，采用系统合理的分配程序和方法，对它的价值在使用周期内进行合理分摊。为了正确核算固定资产折旧，必须认识影响折旧的因素和了解计提折旧的范围。

固定资产折旧确认正确与否，取决于对影响折旧因素的认识，其主要因素有原始价值、折旧年限、净残值和减值准备。

（1）固定资产的原值

无论采用哪种方法所确认的固定资产账面原值，都是计提固定资产折旧的依据。假设固定资产报废时没有净残值，按照投资收回理论，计提的折旧数额不能大于账面的原值，即最大数额是原值。由此可见，原值是计提固定资产折旧的基数，它的确认是否正确，直接或间接影响固定资产在寿命期内折旧的总额。

（2）固定资产的使用寿命（折旧年限）

固定资产折旧年限的长短，直接影响固定资产折旧速度及各期折旧额的大小，彼此的关系是逆向关系。由于固定资产损耗本身很难确定，致使固定资产折旧年限是最难确认的因素，也是影响能否到期收回固定资产投资，各期费用成本合理确认的最主要因素。

为了防止任意延长或压缩固定资产折旧年限，会计实务中企业在确定固定资产折旧年限时，为了选择企业最适用的折旧年限，应当考虑下列因素：①该项资产预计生产能力或实物产量；②该项资产预计有形损耗；③该项资产预计无形损耗；④法律或者类似规定对该项资产使用的限制。如：融资租赁的固定资产，根据《企业会计准则第21号——租赁》规定，能够合理确定租赁期届满时将会取得租赁资产的所有权的，应当在租赁资产使用寿命期内计提折旧；如果无法合理确定租赁期届满时能够取得租赁资产的所有权的，应当在租赁期和租赁资产使用寿命两者中较短者的期间内计提折旧。

（3）固定资产的净残值

一般固定资产在报废清理时，都要发生一定清理费和残值收入，两者的差额为净残值。在确认固定资产折旧标准时，应以固定资产的原值为基数，减去预计净残值后的余额，才是理想的应提固定资产折旧总额。

固定资产预计净残值是一项未确定的因素。为了防止人为随意估计，会计准则规定固定资产预计净残值率应结合企业的实际情况进行制定，一经确定不得随意变更，如需变更应当符合《企业会计准则第4号——固定资产》的规定。

（4）固定资产减值准备

固定资产的可收回金额低于其账面价值时，即表明固定资产发生了减值，企业应当确认固定资产减值准备。固定资产计提了减值准备后，应当在剩余使用寿命期内根据调整后的固定资产账面价值（固定资产账面余额扣减累计折旧和累计减值准备后的金额）和预计净残值重新计算确定折旧率和折旧额。

2. 固定资产折旧的范围

按照准则的规定，除以下情况外，企业应对所有固定资产计提折旧：①已提足折旧仍继续使用的固定资产。②按照规定单独估价作为固定资产入账的土地。③企业一般应当按月计提折旧，对于当月增加的固定资产，当月不提折旧，从下月起计提折旧；

当月减少的固定资产，当月照提折旧，从下月起不提折旧。④固定资产提足折旧后，不管是否继续使用，均不再提折旧；提前报废的固定资产，也不再补提折旧。⑤已达到预定可使用状态但尚未办理竣工决算的固定资产，应当按照估计价值确定其成本，并计提折旧；待办理竣工决算后再按实际成本调整原来的暂估价值，重新确定其每期的折旧额，但不需对前期已计提的折旧进行调整。

3. 折旧方法的选择

影响固定资产折旧速度的不仅有时间，而且还有方法。按照固定资产损耗减少价值，分摊计入费用成本速度的方法，主要有平均折旧法和加速折旧法。平均折旧法是指按固定资产折旧年限、工作总量、产量总量等平均计算折旧额的方法，包括平均年限法、工作量法等。加速折旧法是指每期提取固定资产折旧时，早期较多，逐年呈递减趋势，使固定资产价值得到更快速度补偿的计算方法，包括年限总和法、双倍余额法等。

企业应当根据与固定资产有关的经济利益的预期实现方式，合理选择折旧方法，折旧方法一经确定不得随意变更，如需变更应当符合固定资产准则第十九条的规定。

（1）年限平均法

年限平均法是指将固定资产的折旧额均衡地分摊到各期的一种方法。由于这种方法各期计提的折旧额相同，并随年限累计呈一条直线上升趋势，因而也称为直线法。该方法的计算公式如下：

$$年折旧额=\frac{固定资产原值-预计净残值}{预计使用年限}$$

$$月折旧额=\frac{年折旧额}{12}=\frac{固定资产原值-预计净残值}{预计使用年限\times 12}$$

（2）工作量法

工作量法是指按固定资产实际工作量计提折旧额的一种方法。这种方法的特点是以单位工作量的折旧额作为各期计提固定资产折旧的不变折旧率；其变量是各期的实际工作量愈多，提取的折旧费数额就愈大，与固定资产的有形损耗密切联系。工作量法的计算公式如下：

单位工作量折旧额 =（固定资产原值 - 预计净残值）÷ 预计工作总量

某月折旧额 = 该月实际工作量 × 单位工作量折旧额

公式中的预计工作总量是指固定资产在预计使用年限内，预计完成的工作量。

（3）年限总和法

年限总和法是指以固定资产原值减去预计净残值后的余额，乘以年限总和的逐年递减分数，计算各年折旧额的一种方法，又称为合计年限法。这种方法的主要特点：一是各年计提固定资产折旧均以应提折旧额为基础，不发生变化；二是各年折旧率是变量，计提折旧额随各年折旧率的分子递减而递减。年限总和法的计算公式如下：

某年折旧额 =（固定资产原值 - 预计净残值）× 该年折旧率

某月折旧额 = 该年折旧额 ÷ 12

$年限总和=1+2+\cdots+n=n(n+1)/2$

$$某年折旧率=\frac{尚可使用年限}{年限总和}=\frac{2(n-t+1)}{n(n+1)}$$

式中：n 为预计的使用年限；t 为第几年；预计的折旧年限减去已折旧年限，则为还可折旧的剩余年限，又称为尚可使用的年限。

【例3-5】某项固定资产原值 8 万元，预计折旧年限为 5 年，预计净残值率为 4%，计算各年的折旧额（见表3-1）。

表3-1

年份	原值-净残值（元）	年折旧率	年折旧额（元）	累计折旧额（元）	账面净值（元）
1	76 800	5/15	25 600	25 600	54 400
2	76 800	4/15	20 480	46 080	33 920
3	76 800	3/15	15 360	61 440	18 560
4	76 800	2/15	10 240	71 680	8 320
5	76 800	1/15	5 120	76 800	3 200

（4）双倍余额法

双倍余额法是指按固定资产各期期初账面净值，乘以双倍直线法折旧率，计算各年折旧额的一种方法。这种方法的主要特点：一是计算各年固定资产折旧的折旧率不变，固定资产折旧额随各年初账面的净值递减呈递减趋势；二是在确定固定资产折旧率时，不考虑预计净残值，直接按年限平均法的双倍确定。由于每年年初固定资产净值没有扣除预计净残值，因此应用这种方法计算折旧额时，必须注意不能使固定资产账面折余价值降低到其预计净残值以下，所以，应在其折旧年限到期前两年内将固定资产净值扣除预计净残值后的余额平均摊销。该种方法的计算公式如下：

$$年折旧率=\frac{1}{预计使用年限}\times 2\times 100\%$$

某年折旧额＝该期期初账面净值×年折旧率

最后两年平均折旧额＝（账面价值－已折旧额）/2

上述四种折旧方法中，年限平均法计算折旧方法比较简单，计算各期折旧额相同。工作量法弥补了各期固定资产使用不均衡。年限平均法有分摊折旧费不合理的局限性，直接将费用与损耗相联系，计算简便，但按项目计算工作量繁重复杂，因此适用生产经营业务单一的交通运输、矿业开采等特殊行业。加速折旧法更适应科技发展迅速所带来的风险影响，更能均衡固定资产的使用成本，贯彻执行谨慎性和配比的要求。

4. 固定资产折旧的账务处理

为了反映监督企业固定资产折旧额的增减变动情况，应设置“累计折旧”科目进行核算，该科目属于固定资产的抵减调整科目，贷方登记因固定资产按期计提的折旧而增加的累计折旧额，借方登记因固定资产盘亏、处置等原因冲减原已计提的折旧额导致的减少累计折旧额，余额在贷方反映实有固定资产已计提的折旧额累计数。

会计实务中，一般都是按月计提折旧。本月计提的折旧额是以上月所计提的折旧额为基础，加上月增加固定资产本月应计提的折旧额，减上月减少固定资产和已提足折旧固定资产计提的折旧额。加速折旧法按年计算折旧额是加速的，而一年中的每一个月却是平均折旧。固定资产折旧的日常核算，根据固定资产登记簿提供的资料，按车间、部门和固定资产类别，编制“固定资产折旧计算表”。

【例3－6】柳林公司2016年5月编制的固定资产折旧计算表（见表3－2）。

表3－2　　固定资产折旧计算汇总表

2016年5月　　单位：元

使用部门	类别	上月折旧额	上月增加			上月减少及上月已提足折旧			本月折旧额
			原值	折旧率	折旧额	原值	折旧率	折旧额	
一车间	厂房	7 200							7 200
	设备	19 200	600 000	0.60%	3 600				22 800
	小计	26 400	600 000		3 600				30 000
二车间	厂房	6 400							6 400
	设备	24 000				400 000	0.60%	2 400	21 600
	小计	30 400				400 000		2 400	28 000
行政部门	办公楼	3 400							3 400
	设备	2 100							2 100
	小计	5 500							5 500
租出设备		1 200							1 200
合计		63 500	600 000		3 600	400 000		2 400	64 700

根据上述固定资产折旧计算表，会计处理如下：

借：制造费用　　58 000

　　管理费用　　5 500

　　其他业务成本　　1 200

　贷：累计折旧　　64 700

5. 固定资产使用寿命、预计净残值和折旧方法的复核

企业至少应当于每年每季度终了时，对固定资产的使用寿命、预计净残值和折旧方法进行复核。

（二）固定资产的后续支出

固定资产的后续支出是指固定资产购建完成投入使用后发生的更新改造支出、修理费用等。

后续支出的处理原则为：与固定资产有关的后续支出，符合固定资产确认条件的，应当计入固定资产成本，同时将被替换部分的账面价值扣除；不符合固定资产确认条件的，发生时直接计入当期损益。

1. 固定资产的修理

修理是固定资产管理的重要内容。在固定资产长期使用中，由于各组成部分耐用、磨损程度不同，使用条件各异，再加上管理存在问题等，都可能造成某些零部件损坏。若不及时修理或保养，则很难使固定资产处于正常工作状态，甚至带来严重危害。

固定资产的修理费用等支出只是确保固定资产的正常工作，一般不会产生未来的经济利益。因此不符合固定资产的确认条件，在发生时直接计入当期损益。企业生产车间和行政管理部门等发生的固定资产修理费用记入“管理费用”；企业设置专设销售机构的，其发生的与专设销售机构相关的固定资产修理费用记入“销售费用”。

【例3－7】2016年10月柳林公司行政办公楼的窗子被大风损坏，由修理工人领用修理材料价值200元，发生修理工人工资20元。会计处理如下：

借：管理费用	254
贷：原材料	200
应交税费——应交增值税（进项税额转出）	34
应付职工薪酬	20

2. 固定资产的更新改造

固定资产的更新改造，包括改建与扩建。其动因是为了适应市场竞争和发展的需要，以较少支出来达到获取良好的企业效益和社会效益的目的。一般而言，通过更新改造后，生产能力大大提高，能够为企业带来更多的经济利益，改扩建的支出金额也能可靠计量，因此符合固定资产的确认条件，应计入固定资产成本，这与固定资产修理不同。更新改造必须具备以下条件之一：①使固定资产的使用年限延长；②使固定资产的生产能力增加；③使产品质量提高；④使企业生产成本降低；⑤使产品品种、性能等发生良好变化；⑥使企业经营管理环境或条件改善。

企业固定资产在更新改造期间一般不提取折旧，企业一般应该将固定资产的原价、已计提的累计折旧和减值准备转销，将固定资产的账面价值转入在建工程，并在此基础上重新确定固定资产原价。

四、固定资产清查及处置

1. 固定资产的清查

由于固定资产种类多、结构复杂、存放地点及用途各异，如果管理制度不严密可能造成账实不符，甚至被损坏。为此应至少每年组织一次，对固定资产全面盘点。其目的不仅是保护它的安全完整，做到账实相符；更重要的是为了掌握固定资产有效利用情况，该修的要准备修理，该处置的应及时处置，未使用的应尽早投入使用。总之减少无效资源占用与提高固定资产使用效率，是固定资产管理的重要内容。

清查中发现盘盈的固定资产与存货相比，较为少见，应当按照前期差错更正处理。在按管理权限报经批准处理前应当按照重置价值通过“以前年度损益调整”科目核算。

【例3－8】柳林公司2016年年末清查发现有一台在用设备无账面记录，通过对市场进行调查如果重新购置该项新的设备需要支付16 000元，经过技术鉴定该设备只有六成新。会计处理如下：

借：固定资产　9 600

　贷：以前年度损益调整　9 600

清查中发现盘亏的固定资产应将其账面价值转销，在按管理权限报经批准处理前，应先通过“待处理财产损溢”科目核算。

【例3－9】柳林公司2016年年末清查发现有一台在车间替换的设备不知去向，该设备原值8 000元，已提折旧3 800元，经上级批准决定由主要直接责任者赔偿600元。会计处理如下：

①报请上级处理前

借：累计折旧　3 800

　　待处理财产损溢——待处理固定资产损溢　4 200

　贷：固定资产　8 000

②批准后

借：其他应收款　600

　　营业外支出　3 600

　贷：待处理财产损溢——待处理固定资产损溢　4 200

2. 固定资产处置

(1) 固定资产处置的性质及步骤

固定资产的处置，是指对固定资产退出现有工作状态所进行的处理。

固定资产退出现有工作状态的原因较多，一般分为主动退出和被动退出两大类。主动退出的目的是为了满足企业某种需要而把固定资产转让给外单位，一般有对外投资，对外捐赠及与其他企业进行资产交换等，这些都要办理产权移交手续。被动退出的原因一般有：①由于技术过时或生产任务改变等原因，使固定资产不再适用而被出售；②火灾、水灾、地震、法庭判决等非正常退出；③固定资产正常报废而退出现有工作状态。

本章所涉及的固定资产处置，包括固定资产的出售、转让、报废和毁损、对外投资、非货币性资产交换、债务重组等。固定资产处置一般通过“固定资产清理”科目核算。固定资产清理业务和步骤如下：

①办理固定资产清理手续。固定资产清理首先要有清理的报告，或取得清理的凭据、决定；然后抽出固定资产卡片，计算清理项目的累计折旧。

②注销固定资产和累计折旧及固定资产减值准备的账面金额，将固定资产净值转入“固定资产清理”账户。

③将清理过程中发生的拆卸、搬运等人工和其他费用，以及交纳的税金等，列入固定资产的清理支出。

④将固定资产出售、报废毁损收回的残值等变价收入，保险赔偿或责任赔偿的收入等，列入固定资产的清理收入。

⑤确认固定资产清理的净损益。企业固定资产的清理过程，同时也是清理损益的确认过程。固定资产清理结束时，应将“固定资产清理”账户转入的净值和发生的各种清理费支出，与发生的各种清理收入进行对比，并将清理损益转入营业外收支。

（2）固定资产终止确认的条件

固定资产满足下列条件之一的应当终止确认：

①固定资产处于处置状态。处于处置状态的固定资产不再用于生产商品、提供劳务、出租或经营管理，因此不再符合固定资产的定义，应予终止确认。

②固定资产预期通过使用或处置不能产生经济利益。固定资产确认条件之一是“与该固定资产有关的经济利益很可能流入企业”，如果一项固定资产预期通过使用或处置不能产生经济利益，那么它就不再符合固定资产的定义和确认条件，应予终止确认。

（3）固定资产处置的账务处理

企业出售、转让、报废固定资产或发生固定资产毁损，应当将处置收入扣除账面价值和相关税费后的金额计入当期损益。

【例3-10】2016年12月31日，柳林公司某设备因遭受火灾发生严重毁损，于是该公司决定对其进行处置。该设备原价300万元，已计提折旧40万元和资产减值准备20万元，处置时取得残料变价收入10万元、保险公司赔偿款30万元，发生清理费用3万元。款项均以银行存款收付，不考虑其他相关税费。

①借：固定资产清理	2 400 000	
累计折旧	400 000	
固定资产减值准备	200 000	
贷：固定资产		3 000 000
②借：银行存款	400 000	
贷：固定资产清理		400 000
③借：固定资产清理	30 000	
贷：银行存款		30 000
④借：营业外支出	2 030 000	
贷：固定资产清理		2 030 000

第二节　无形资产

一、无形资产的性质、特点、确认条件和分类

（一）无形资产性质及特点

无形资产是指企业拥有或控制的没有实物形态的可辨认非货币性资产，主要包括专利权、非专利技术、商标权、著作权、土地使用权、特许权等。无形资产具有以下基本特征：

（1）无形资产应当为企业拥有或控制并能为其带来未来经济利益。

（2）无形资产是一种没有实物形态但却可以辨认的资产。不具有独立的物质实体，是无形资产区别于其他资产的显著标志。

虽然无形资产没有实物形态，但是却可以辨认，该资产必须是能够区别于其他资产可单独辨认的，正是因为它的可辨认性，才确定了无形资产的存在。这一特征主要区别于商誉等经济资源。符合以下条件之一的，则认为其具有可辨认性：①能够从企业中分离或者划分出来，并能单独或者与相关合同、资产或负债一起，用于出售、转移、授予许可、租赁或者交换。某些情况下无形资产可能需要与有关的合同一起用于出售、转让等，这种情况下也可视为可辨认无形资产。②产生于合同性权力或其他法定权利，无论这些权利是否可以从企业或其他权利和义务中转移或分离。

（3）无形资产是非货币性长期资产。

（4）无形资产所提供的未来经济效益，具有很大的不确定性。

对无形资产未来的经济效益估计必须持慎重态度，低估会造成企业现有经济资源的流失，高估会导致企业长期决策失误。这一特点决定了无形资产的取得成本必须在其有效持有期内，按系统合理的方式进行分期摊销。

（二）无形资产的确认

无形资产应该在符合定义的前提下，同时满足以下两个条件时予以确认：

（1）与该资产有关的经济利益很可能流入企业。资产最重要的特征是预期会给企业带来经济利益。企业在确认无形资产时，需要判断与该项资产有关的经济利益是否很可能流入企业。如果与该项资产有关的经济利益很可能流入企业，并同时满足资产确认的其他条件，那么，企业应将其确认为无形资产；否则，不应将其确认为无形资产。

（2）该资产的成本能够可靠地计量。

（三）无形资产的分类

为了更好地认识和管理无形资产，有必要对无形资产进行科学分类。按照不同的标准，无形资产可以分为以下几类：

1. 按使用寿命是否确定分类

无形资产分为使用寿命有限和使用寿命不确定两种。

一般使用寿命有限是指经过申请批准，具有法定有效期限的、有合同依据的或能预见无形资产为企业带来未来经济利益期限的无形资产，如土地使用权、商标权、专利权、专营权和版权等；使用寿命不确定的无形资产是指在法律上没有具体规定有效期限的、无合同依据的或无法预见无形资产为企业带来未来经济利益期限的，应当视为使用寿命不确定的无形资产，如非专利技术。

2. 按来源分类

无形资产按其来源，划分为购入无形资产、自创的无形资产、其他单位或个人投资的无形资产和接受捐赠的无形资产等种类。

这种分类的目的主要有两个，一是了解如何确认无形资产。除自创无形资产之外，其他取得的无形资产，一般都可根据相关资料计入无形资产的成本；而准则将自创无形资产过程分为研究阶段与开发阶段，根据谨慎性原则和效益性原则要求，准则规定研究阶段的支出应当于发生时计入当期损益，开发阶段的支出，要满足一定的条件，才能予以资本化，计入无形资产的成本，不符合条件的计入当期损益。二是对各类无形资产进行会计处理。无形资产来源不同，会计处理亦有一定的区别。

二、无形资产的初始计量

（一）无形资产的初始计量原则及核算科目设置

1. 无形资产的初始计量原则

企业取得的无形资产，只有在其经济利益很可能流入企业且其成本能够可靠地计量的情况下，才能加以确认。无形资产通常是按实际成本计量，即取得的无形资产并使之达到预定用途而发生的全部支出，作为无形资产的成本。

在会计实务中，鉴于无形资产的特性和确认条件，对于它的入账价值，应遵循的基本原则是：只有那些与该项无形资产有关，并能客观确认未来经济效益的实际费用支出，才能予以资本化，计入无形资产的取得成本，否则只能计入当期损益。

2. 无形资产的核算科目设置

为了监督反映不同来源渠道取得的无形资产的增减变动情况，在核算时主要应设置“无形资产”“研发支出——资本化支出”“研发支出——费用化支出”等科目。

（1）“研发支出——资本化支出”科目主要用于归集自行开发研究的无形资产，符合资本化条件的，在无形资产达到预定用途前所发生的全部支出。该科目借方登记费用的发生，贷方登记达到预定用途时结转入“无形资产”构成无形资产成本的数额，余额在借方反映尚未达到预定用途的无形资产在开发过程中发生的支出。

（2）“研发支出——费用化支出”科目主要用于归集自行开发研究的无形资产，由于不符合资本化条件不能确认为无形资产的费用。该科目借方登记费用的发生，贷方登记期末结转入当期损益的数额，一般情况下该科目期末结转后应无余额。

（二）无形资产的初始计量及账务处理

在会计实务中，由于无形资产取得方式不同，其初始计量方法存在一定差异。

1. 外购无形资产

（1）外购无形资产的成本，包括购买价款、相关税费以及直接归属于使该项资产达到预定用途所发生的其他支出。

企业外购无形资产，应根据已办理产权交接手续和实际支付的全部价款，在付款时借记“无形资产”账户，贷记“银行存款”账户。

（2）购买无形资产的价款超过正常信用条件的延期支付，实质上具有融资性质的，无形资产的成本以购买价款的现值为基础确定。实际支付的价款与购买价款的现值之间的差额，除应予资本化的以外，应当在信用期间内计入当期损益。

企业外购无形资产，价款超过正常信用条件的延期支付，实质上具有融资性质的，在取得该项无形资产时，按照购买价款的现值借记“无形资产”科目，按应付价款贷记“长期应付款”。按二者之间的差额借记“未确认融资费用”，在付款期间内按照实际利率法摊销。

【例 3－11】2016 年 1 月 5 日，柳林公司从光华公司购买一项商标权。由于柳林公司资金周转比较紧张，经与光华公司协议，采用分期付款方式支付款项。合同规定，该项商标权总计600 万元，每年末付款200 万元，三年付清。假定银行同期贷款利率为10%。为了简化核算，假定不考虑其他有关税费，其会计处理如下：

无形资产现值 $=200\times(1+10\%)^{-1}+200\times(1+10\%)^{-2}+200\times(1+10\%)^{-3}$

$=497.3704$（万元）

未确认融资费用 =6 000 000 −4 973 704 =1 026 296（元）

第一年应确认的融资费用 =4 973 704 ×10% =497 370（元）

第二年应确认的融资费用 =（4 973 704 −2 000 000 +497 370）×10%

=347 107（元）

第三年应确认的融资费用 =1 026 296 −497 370 −347 107 =181 819（元）

2016 年1 月5 日购买该无形资产时：

借：无形资产——商标权	4 973 704
未确认融资费用	1 026 296
贷：长期应付款	6 000 000

2016 年底付款时：

借：长期应付款	2 000 000
贷：银行存款	2 000 000
借：财务费用	497 370
贷：未确认融资费用	497 370

2017 年底付款时：

借：长期应付款	2 000 000
贷：银行存款	2 000 000
借：财务费用	347 107
贷：未确认融资费用	347 107

2018 年底付款时：

借：长期应付款	2 000 000
贷：银行存款	2 000 000
借：财务费用	181 819
贷：未确认融资费用	181 819

2. 自行开发的无形资产

企业内部研究开发项目的支出，应当区分研究阶段支出与开发阶段支出。研究是指为获取并理解新的科学或技术知识而进行的独创性的有计划调查；开发是指在进行商业性生产或使用前，将研究成果或其他知识应用于某项计划或设计，以生产出新的或具有实质性改进的材料、装置、产品等。研究阶段的支出，应当于发生时计入当期损益。

自行开发的无形资产的成本应包括自满足无形资产确认条件后到达到预定用途前所发生的支出总额，但对于以前期间已经费用化的支出不再调整。企业自创商誉以及内部产生的品牌、报刊名等，不应确认为无形资产。

企业内部研究开发无形资产，研究阶段的支出全部费用化，计入当期损益（管理费用）；开发阶段的支出符合条件的才能资本化，不符合资本化条件的计入当期损益（首先在研究开发支出中归集，期末结转管理费用）。如果确实无法区分研究阶段的支出和开发阶段的支出，应将其所发生的所有研发支出全部费用化，计入当期损益。具体账务处理方法如下：

（1）企业自行开发无形资产发生的研发支出，不满足资本化条件的，借记"研发支出——费用化支出"科目；满足资本化条件的，借记"研发支出——资本化支出"科目，贷记"原材料""应付职工薪酬""银行存款"等科目。

（2）企业以其他方式取得的正在研究开发中的无形资产项目，应按确定的金额借记"研发支出——资本化支出"科目，贷记"银行存款"等科目。以后发生的研发支出，比照上述第一条的方法进行处理。

（3）研究开发项目达到预定用途形成无形资产的，应按"研发支出——资本化支出"科目的余额，借记"无形资产"科目，贷记"研发支出——资本化支出"科目。

【例3-12】柳林公司自行研究开发一项新产品专利技术，在研究开发过程中发生材料费3 000万元、人工工资1 000万元，以及其他费用2 000万元，总计6 000万元，其中，符合资本化条件的支出为4 000万元，期末，该专利技术已经达到预定用途。账务处理如下：

发生研发支出：

借：研发支出——费用化支出	20 000 000
——资本化支出	40 000 000
贷：原材料	30 000 000
应付职工薪酬	10 000 000
银行存款	20 000 000

期末，该专利技术已经达到预定用途：

借：管理费用	20 000 000
无形资产	40 000 000
贷：研发支出——费用化支出	20 000 000
——资本化支出	40 000 000

3. 投资者投入的无形资产

投资者投入的无形资产的成本，应按照投资合同或协议约定的价值确定。如果投资合同或协议约定价值不公允，应当按照无形资产的公允价值作为初始成本入账。

投资者投入的无形资产的成本，应按照投资合同或协议约定的价值加上支付的相关税费借记"无形资产"科目，按投资合同或协议约定的价值贷记"实收资本"等科目，按支付的相关税费贷记"银行存款"等科目。

4. 其他方式取得的无形资产

企业以其他方式取得的无形资产主要有：①通过政府补助取得的无形资产；②非货币性资产交换换入的无形资产；③债务重组取得的无形资产；④通过企业合并取得

的无形资产等。这些方式取得的无形资产，按照相关准则的规定处理。

三、无形资产的后续计量

准则规定，对使用寿命有限的无形资产，应当在其预计的使用寿命期内采用系统合理的方法对应摊销金额进行摊销；对使用寿命不确定的无形资产不予摊销，只记减值。因此，要对无形资产进行摊销，就要确定该无形资产的寿命是有限的还是无限的。这里有三个问题需要解决：一是摊销期的确定；二是摊销金额的确定；三是摊销方法的确定。

1. 摊销期的确定

准则规定，企业摊销无形资产，应当自无形资产可供使用时起，至不再作为无形资产确认时止。即无形资产摊销的起始和停止日期为：当月增加的无形资产，当月开始摊销；当月减少的无形资产，当月不再摊销。

由于无形资产的使用寿命是否有限直接决定着该项无形资产是否需要摊销，而且，对于使用寿命有限的无形资产的摊销期的确定必须依赖于该项无形资产的使用寿命。

无法预见无形资产为企业带来未来经济利益期限的，应当视为使用寿命不确定的无形资产。对于使用寿命不确定的无形资产，在持有期间内不需要摊销，但应当在每个会计期末进行减值测试，如经减值测试表明已发生减值，则需计提相应的减值准备。

2. 摊销金额的确定

无形资产的应摊销金额为其成本扣除预计残值后的金额。已计提减值准备的无形资产，还应扣除已计提的无形资产减值准备累计金额。无形资产的残值一般视为零，但下列情况除外：①有第三方承诺在无形资产使用寿命结束时购买该无形资产；②可以根据活跃市场得到预计残值信息，并且该市场在无形资产使用寿命结束时很可能存在。

3. 摊销方法及账务处理

无形资产的摊销方法包括直线法、生产总量法等。企业选择的无形资产摊销方法，应当反映与该项无形资产有关的经济利益的预期实现方式，并一致地运用于不同的会计期间。如有特定产量限制的专利权，应采用产量法进行摊销；受技术陈旧因素影响较大的专利权和专有技术等无形资产，可采用类似固定资产加速折旧的方法进行摊销。无法可靠确定预期实现方式的，应当采用直线法摊销。

无形资产的摊销金额一般应当计入当期损益，无形资产摊销时，按每期应摊销金额，借记“管理费用”，贷记“累计摊销”。但如果某项无形资产是专门用于生产某种产品或者其他资产，其所包含的经济利益是通过转入到所生产的产品或其他资产中实现的，则无形资产的摊销费用应当计入相关资产的成本。例如，某项专门用于生产过程中的专利技术，其摊销费用应计入生产该产品的制造费用，最后归集到该产品的生产成本中。

【例3－13】柳林公司一项专利权价值36万元，专利权预计使用年限为10年。按直线法摊销，则每月应摊销无形资产3 000元（360 000÷10÷12＝3 000元）。

每月对该项专利权摊销时的会计处理如下：

借：管理费用——无形资产摊销　　3 000

贷：累计摊销——专利权　　3 000

四、无形资产的处置

（一）无形资产的转让

无形资产是一种很有潜力的特殊经济资源，在不影响企业经营前提下，尽可能将这一有限资源对外转让。这不仅能实现企业经营效益最大化目标，而且也能充分发挥无形资产的社会效益。无形资产转让方式有两种：一是转让所有权（出售），二是转让使用权（出租）。

1. 无形资产的出售

无形资产所有权的转让，实质是出售无形资产。所有权是指企业依法对拥有资产享有的占有、使用和收益处置的权利。出售无形资产应将所取得的价款与该无形资产账面价值的差额计入当期损益。出售无形资产时，应按实际收到的金额，借记“银行存款”等科目；按已计提的累计摊销，借记“累计摊销”科目；原已计提减值准备的，借记“无形资产减值准备”科目；按应支付的相关税费，贷记“应交税费”等科目；按其账面余额，贷记“无形资产”科目；按其差额贷记“营业外收入——处置非流动资产利得”科目或借记“营业外支出——处置非流动资产损失”科目。

【例3－14】柳林公司2016年将F3专利权出售给其他单位，双方按合同协议已收付款800万元，应纳营业税等相关税费40万元，该项专利取得的成本为1 200万元，已摊销金额为400万元，已计提的减值准备为100万元。会计处理如下：

借：银行存款　　8 000 000
　　累计摊销　　4 000 000
　　无形资产减值准备　　1 000 000
　贷：无形资产　　12 000 000
　　　应交税费——应交营业税　　400 000
　　　营业外收入——处置非流动资产利得　　600 000

2. 无形资产的出租

企业将拥有除土地使用权外的其他无形资产的部分使用权对外转让，即出租无形资产，承租人没有对无形资产的占有和收益的处置权利，只有使用该资产的权利和支付租金的义务。出租人不需办理产权移交手续，只需将取得的租金收入作为其他业务收入，计算本期无形资产的应摊销数及其交纳的营业税等支出，转入其他业务成本。无形资产的出租收入应在符合以下条件时予以确认：①与出租交易相关的经济利益能够流入企业；②租金收入的金额能够可靠地计量。同时，租金收入应按合同或协议规定计算确定。确认无形资产的出租收入时，借记“银行存款”等科目，贷记“其他业务收入”；摊销出租无形资产的成本与转让有关的各种费用支出时，借记“其他业务成本”科目，贷记“累计摊销”“应交税费——应交营业税”等科目。

【例3－15】2016年1月1日柳林公司将一项专利技术出租给光华公司使用，该项无形资产账面余额为800万元，摊销期限为10年，出租合同规定，承租方每销售一件用该专利生产的产品，必须支付给出租方10元专利技术使用费。假定承租方当年销售该产品12万件，应交营业税8万元。柳林公司账务处理如下：

取得该项专利技术使用费时：

借：银行存款　　1 200 000

　贷：其他业务收入　　1 200 000

按年对该项专利技术进行摊销并计算应交营业税：

借：其他业务成本　　880 000

　贷：累计摊销　　800 000

　　应交税费——应交营业税　　80 000

(二) 无形资产的报废

如果无形资产预期不能为企业带来经济利益，如该项无形资产已被其他新技术所替代或超过法律保护期，则不再符合无形资产的定义，应将其报废并予以转销，其账面价值转作当期损益。转销时，应按已计提的累计摊销，借记“累计摊销”科目；按其账面价值，贷记“无形资产”科目；按其差额，借记“营业外支出”科目。已计提减值准备的，还应同时结转减值准备。

【例3-16】柳林公司拥有某项非专利技术，根据市场调研，用其生产的产品已没有市场，故决定予以转销。转销时，该项非专利技术账面余额为800万元，摊销期限为8年，已摊销了5年。已计提减值准备100万元，假定残值为零，不考虑其他相关因素。柳林公司账务处理如下：

借：累计摊销　　5 000 000

　无形资产减值准备　　1 000 000

　营业外支出——处置无形资产损失　　2 000 000

　贷：无形资产——非专利技术　　8 000 000

第三节　投资性房地产

一、投资性房地产概述

投资性房地产是指为赚取租金或资本增值，或者两者兼有而持有的房地产。投资性房地产应当能够单独计量和出售。

(一) 投资性房地产的范围

根据投资性房地产准则的规定，投资性房地产的范围限定为已出租的土地使用权、持有并准备增值后转让的土地使用权、已出租的建筑物。

1. 已出租的土地使用权

已出租的土地使用权，是指企业通过出让或转让方式取得的，以经营租赁方式出租的土地使用权。企业取得的土地使用权通常包括在一级市场上以交纳土地出让金的方式取得的土地使用权，也包括在二级市场上接受其他单位转让的土地使用权。对于以经营租赁方式租入土地使用权再转租给其他单位的，不能确认为投资性房地产。

2. 持有并准备增值后转让的土地使用权

持有并准备增值后转让的土地使用权，是指企业取得的、准备增值后转让的土地使用权。这类土地使用权很可能给企业带来资本增值收益，符合投资性房地产的定义。例如，企业发生转产或厂址搬迁，部分土地使用权停止自用，管理层继续持有这部分土地使用权，待其增值后转让以赚取增值收益。按照国家有关规定认定的闲置土地，不属于持有并准备增值后转让的土地使用权，也就不属于投资性房地产。

3. 已出租的建筑物

已出租的建筑物是指企业拥有产权的、以经营租赁方式出租的建筑物，包括自行建造或开发活动完成后用于出租的建筑物。例如，甲公司将其拥有的某栋厂房整体出租给乙公司，租赁期2年。对于甲公司而言，自租赁期开始日起，该栋厂房属于投资性房地产。企业在判断和确认已出租的建筑物时，应当把握以下要点：

（1）用于出租的建筑物是指企业拥有产权的建筑物。

（2）已出租的建筑物是企业已经与其他方签订了租赁协议，约定以经营租赁方式出租的建筑物。

（3）企业将建筑物出租，按租赁协议向承租人提供的相关辅助服务在整个协议中不重大的应当将该建筑物确认为投资性房地产。

（二）不属于投资性房地产的项目

1. 自用房地产

自用房地产是指为生产商品、提供劳务或者经营管理而持有的房地产，如企业生产经营用的厂房和办公楼属于固定资产，企业生产经营用的土地使用权属于无形资产。自用房地产的特征在于服务于企业自身的生产经营，其价值会随着房地产的使用而逐渐转移到企业的产品或服务中去，通过销售商品或提供服务为企业带来经济利益，在产生现金流量的过程中与企业持有的其他资产密切相关。

2. 作为存货的房地产

作为存货的房地产通常是指房地产开发企业在正常经营过程中销售的或为销售而正在开发的商品房和土地。这部分房地产属于房地产开发企业的存货，其生产、销售构成企业的主营业务活动，产生的现金流量也与企业的其他资产密切相关。因此，具有存货性质的房地产不属于投资性房地产。

从事房地产经营开发的企业依法取得的、用于开发后出售的土地使用权，属于房地产开发企业的存货，即使房地产开发企业决定待增值后再转让其开发的土地，也不得将其确认为投资性房地产。

（三）投资性房地产的确认

投资性房地产要同时满足下列条件的，才能予以确认：

（1）与该投资性房地产有关的经济利益很可能流入企业；

（2）该投资性房地产的成本能够可靠地计量。

二、投资性房地产的初始计量

根据投资性房地产准则的规定，投资性房地产应当按照成本进行初始确认和计量。

（一）外购的投资性房地产

外购的投资性房地产的成本，包括购买价款、相关税费和可直接归属于该资产的其他支出。

（二）自行建造的投资性房地产

自行建造的投资性房地产的成本，包括由建造该项资产达到预定可使用状态前发生的必要支出。

【例3－17】2016年3月，柳林公司从其他单位购入一块土地的使用权，该块土地使用权的成本为600万元。柳林公司在该块土地上开始自行建造三栋房屋，计划一栋用于对外出租，其余两栋作为厂房。2016年7月5日，购买工程用的各种物资800 000元，支付增值税136 000元，物资全部用于房屋建设。支付工程人员工资150 000元，为工程发生借款费用50 000元。2017年8月，柳林公司预计工程将要完工，与某公司签订租赁合同，该工程完工（达到预定可使用状态）时开始起租。2017年9月，工程完工（达到预定可使用状态）。柳林公司的账务处理如下：

（1）购入土地的使用权

借：无形资产——土地使用权	6 000 000
贷：银行存款	6 000 000

（2）购入工程用的各种物资

借：工程物资	936 000
贷：银行存款	936 000

（3）工程领用工程物资

借：在建工程	936 000
贷：工程物资	936 000

（4）支付工程人员工资

借：在建工程	150 000
贷：应付职工薪酬	150 000

（5）工程借款发生借款费用

借：在建工程	50 000
贷：长期借款	50 000

（6）工程完工（达到预定可使用状态）

工程造价总额＝6 000 000＋936 000＋150 000＋50 000＝7 136 000（元）

投资性房地产工程造价＝7 136 000/3＝2 378 666（元）

借：投资性房地产	2 378 666
固定资产	4 757 334

贷：在建工程　　1 136 000

　　无形资产——土地使用权　　6 000 000

（三）以其他方式取得的投资性房地产

以其他方式取得的投资性房地产的成本，按相关会计准则的规定确定。如：接受投资方式取得的投资性房地产，其成本为双方的确认价或协商价；债务重组方式取得的投资性房地产，其成本为公允价值；以非货币性交易换入的投资性房地产，应以公允价值（或者账面价值）和应支付的相关税费作为换入资产的成本。

三、投资性房地产的后续计量

投资性房地产在后续计量时，通常应当采用成本模式，满足特定条件的情况下也可以采用公允价值模式。但是，同一企业只能采用一种模式对所有投资性房地产进行后续计量，不得同时采用两种计量模式。为保证会计信息的可比性，企业对投资性房地产的计量模式一经确定，不得随意变更。只有在房地产市场比较成熟、能够满足采用公允价值模式条件的情况下，才允许企业对投资性房地产从成本模式计量变更为公允价值模式计量。

已采用公允价值模式计量的投资性房地产，不得从公允价值模式转为成本模式。

（一）采用成本模式计量的投资性房地产

1. 采用成本模式计量的投资性房地产的后续计量

成本模式的会计处理比较简单，主要涉及“投资性房地产”“投资性房地产累计折旧（摊销）”“投资性房地产减值准备”等科目，可比照“固定资产”“无形资产”“累计折旧”“累计摊销”“固定资产减值准备”“无形资产减值准备”等相关科目进行处理。

采用成本模式进行后续计量的投资性房地产，应当按照固定资产或无形资产的有关规定，按期（月）计提折旧或摊销，借记“其他业务成本”等科目，贷记“投资性房地产累计折旧（摊销）”。取得的租金收入，借记“银行存款”等科目，贷记“其他业务收入”等科目。

投资性房地产存在减值迹象的，还应当适用资产减值的有关规定。经减值测试后确定发生减值的，应当计提减值准备，借记“资产减值损失”科目，贷记“投资性房地产减值准备”科目。如果已经计提减值准备的投资性房地产的价值又得以恢复，不得转回。

【例3－18】柳林公司将一栋办公楼出租给光华公司使用，已确认为投资性房地产，采用成本模式进行后续计量。假设该栋办公楼的成本为1 800万元，按照直线法计提折旧，使用寿命为20年，预计净残值为零。按照经营租赁合同约定，光华公司每月支付柳林公司租金10万元。第十年的12月，这栋办公楼发生减值迹象，经减值测试，其可收回金额为800万元，以前未计提减值准备。

柳林公司的账务处理如下：

（1）计提折旧

每月计提折旧 1 800/20/12 = 7.5（万元）

借：其他业务成本　75 000

　贷：投资性房地产累计折旧（摊销）　75 000

（2）确认租金

借：银行存款（或其他应收款）　100 000

　贷：其他业务收入　100 000

（3）计提减值准备

计提减值准备时，柳林公司办公楼账面价值 = 1 800/20 × 10 = 900（万元）

资产减值损失 = 900 - 800 = 100（万元）

借：资产减值损失　1 000 000

　贷：投资性房地产减值准备　1 000 000

2. 与投资性房地产有关的后续支出

（1）资本化的后续支出

与投资性房地产有关的后续支出，满足投资性房地产确认条件的应当计入投资性房地产成本。例如，企业为了提高投资性房地产的使用效能，往往需要对投资性房地产进行改建、扩建而使其更加坚固耐用，或者通过装修而改善其室内装潢，改扩建或装修支出满足确认条件的，应当将其资本化。

【例 3 - 19】2016 年 3 月，柳林公司与光华公司的一项厂房经营租赁合同即将到期，该厂房按照成本模式进行后续计量，原价为 3 000 万元，已计提折旧 800 万元。为了提高厂房的租金收入，柳林公司决定在租赁期满后对厂房进行改扩建，并与温江公司签订了经营租赁合同，约定自改扩建完工时将厂房出租给温江公司。3 月 15 日，与光华公司的租赁合同到期，厂房随即进入改扩建工程。12 月 26 日，厂房改扩建工程完工，共发生支出 160 万元，即日按照租赁合同出租给温江公司。

本例中，改扩建支出属于资本化的后续支出，应当计入投资性房地产的成本。

柳林公司的账务处理如下：

（1）2016 年 3 月 15 日，投资性房地产转入改扩建工程

借：在建工程　22 000 000

　　投资性房地产累计折旧（摊销）　8 000 000

　贷：投资性房地产——厂房　30 000 000

（2）2016 年 3 月 15 日—12 月 26 日

借：在建工程　1 600 000

　贷：银行存款　1 600 000

（3）2016 年 12 月 26 日，改扩建工程完工

借：投资性房地产——厂房　23 600 000

　贷：在建工程　23 600 000

（2）费用化的后续支出

与投资性房地产有关的后续支出，不满足投资性房地产确认条件的，应当在发生时计入当期损益。

(二) 采用公允价值模式计量的投资性房地产

1. 采用公允价值模式计量的投资性房地产的后续计量

企业只有存在确凿证据表明其公允价值能够持续可靠取得的，才允许采用公允价值计量模式。企业一旦选择公允价值模式，就应当对其所有投资性房地产采用公允价值模式进行后续计量。采用公允价值模式计量投资性房地产，应当同时满足以下两个条件：

（1）投资性房地产所在地有活跃的房地产交易市场；

（2）企业能够从房地产交易市场上取得同类或类似房地产的市场价格及其他相关信息，从而对投资性房地产的公允价值作出科学合理的估计。

这两个条件必须同时具备，缺一不可。

企业可以参照活跃市场上同类或类似房地产的现行市场价格（市场公开报价）来确定投资性房地产的公允价值；无法取得同类或类似房地产现行市场价格的，可以参照活跃市场上同类或类似房地产的最近交易价格，并考虑交易情况、交易日期、所在区域等因素予以确定。

投资性房地产采用公允价值模式计量的，不计提折旧或摊销，应当以资产负债表日的公允价值计量。资产负债表日，投资性房地产的公允价值高于其账面余额的差额，借记“投资性房地产——公允价值变动”科目，贷记“公允价值变动损益”科目，公允价值低于其账面余额的差额作相反分录。

【例3－20】柳林公司是从事房地产经营开发的企业。2016年8月，该公司与光华公司签订租赁协议，约定将柳林公司开发的一栋精装修的写字楼于开发完成的同时开始租赁给光华公司使用，租赁期限为10年。当年10月1日，该写字楼开发完成并开始起租，写字楼的造价为9 000万元。2016年12月31日，该写字楼的公允价值为9 300万元。假设柳林公司对投资性房地产采用公允价值模式计量。

柳林公司的账务处理如下：

（1）2016年10月1日，柳林公司开发完成写字楼并出租：

借：投资性房地产——成本　　90 000 000
　贷：生产成本　　90 000 000

（2）2016年12月31日，按照公允价值为基础调整其账面价值，公允价值与原账面价值之间的差额计入当期损益：

借：投资性房地产——公允价值变动　　3 000 000
　贷：公允价值变动损益　　3 000 000

（3）2016年12月31日，该写字楼的公允价值如果为8 900万元，公允价值与原账面价值之间的差额计入当期损益：

借：公允价值变动损益　　1 000 000
　贷：投资性房地产——公允价值变动　　1 000 000

2. 与投资性房地产有关的后续支出

（1）资本化的后续支出

与投资性房地产有关的后续支出，满足投资性房地产确认条件的，应当计入投资性房地产成本。

【例 3－21】2016 年 3 月，柳林公司与光华公司的一项厂房经营租赁合同即将到期。为了提高厂房的租金收入，柳林公司决定在租赁期满后对厂房进行改扩建，并与温江公司签订了经营租赁合同，约定自改扩建完工时将厂房出租给温江公司。3 月 15 日，与光华公司的租赁合同到期，厂房随即进入改扩建工程。11 月 10 日，厂房改扩建工程完工，共发生支出 150 万元，即日按照租赁合同出租给温江公司。3 月 15 日厂房账面余额为 1 200 万元，其中成本 1 000 万元，累计公允价值变动 200 万元。假设柳林公司对投资性房地产采用公允价值模式计量。

本例中，改扩建支出属于资本化的后续支出，应当计入投资性房地产的成本。

柳林公司的账务处理如下：

（1）2016 年 3 月 15 日，投资性房地产转入改扩建工程

借：在建工程	12 000 000	
贷：投资性房地产——成本		10 000 000
——公允价值变动		2 000 000

（2）2016 年 3 月 15 日—11 月 10 日

借：在建工程	1 500 000	
贷：银行存款		1 500 000

（3）2016 年 11 月 10 日，改扩建工程完工

借：投资性房地产——成本	13 500 000	
贷：在建工程		13 500 000

（2）费用化的后续支出

与投资性房地产有关的后续支出，不满足投资性房地产确认条件的应当在发生时计入其他业务成本等当期损益。

四、投资性房地产的转换与处置

（一）投资性房地产转换

房地产的转换，实质上是因房地产用途发生改变而对房地产进行重新分类。企业必须有确凿证据表明房地产用途发生改变，才能将投资性房地产转换为非投资性房地产或者将非投资性房地产转换为投资性房地产。这里的确凿证据包括两个方面：一是企业管理当局应当就改变房地产用途形成正式的书面决议；二是房地产因用途改变发生实际状态的改变，如从自用状态改为出租状态。

1. 在成本模式计量下的转换

在成本模式下，应当将房地产转换前的账面价值作为转换后的入账价值。即非投资性房地产转换为投资性房地产时，应将非投资性房地产的账面价值作为投资性房地

产的账面价值；投资性房地产转换为非投资性房地产时，应将投资性房地产的账面价值作为非投资性房地产的账面价值。

（1）非投资性房地产转换为投资性房地产

①作为存货的房地产转换为投资性房地产

作为存货的房地产转换为投资性房地产，通常指房地产开发企业将其持有的开发产品以经营租赁的方式出租，存货相应地转换为投资性房地产。这种情况下，转换日为房地产的租赁开始日。租赁期开始日是指承租人有权行使其使用租赁资产权利的日期。

企业将作为存货的房地产转换为采用成本模式计量的投资性房地产，应当按该项存货在转换日的账面价值，借记“投资性房地产”科目，原已计提跌价准备的，借记“存货跌价准备”科目，按其账面余额，贷记“开发产品”等科目。

②自用房地产转换为投资性房地产

企业将原本用于生产商品、提供劳务或者经营管理的房地产改用于出租，应于租赁期开始日，将相应的固定资产或无形资产转换为投资性房地产。

企业将自用土地使用权或建筑物转换为以成本模式计量的投资性房地产时，应当按该项建筑物或土地使用权在转换日的原价、累计折旧、减值准备等，分别转入“投资性房地产”“投资性房地产累计折旧（摊销）”“投资性房地产减值准备”科目，按其账面余额，借记“投资性房地产”科目，贷记“固定资产”或“无形资产”科目；按已计提的折旧或摊销，借记“累计折旧”或“累计摊销”科目，贷记“投资性房地产累计折旧（摊销）”科目；原已计提减值准备的，借记“固定资产减值准备”或“无形资产减值准备”科目，贷记“投资性房地产减值准备”科目。

【例3－22】柳林公司拥有一栋办公楼，用于本企业总部办公。2016年3月10日，柳林公司与光华公司签订了经营租赁协议，将这栋办公楼整体出租给光华公司使用，租赁期开始日为2016年4月1日，为期5年。2016年4月1日，这栋办公楼的账面余额5 000万元，已计提折旧300万元，已计提固定资产减值准备100万元。

2016年4月1日，柳林公司的账务处理如下：

借：投资性房地产——写字楼	50 000 000	
累计折旧	3 000 000	
固定资产减值准备	1 000 000	
贷：固定资产		50 000 000
投资性房地产累计折旧（摊销）		3 000 000
投资性房地产减值准备		1 000 000

（2）投资性房地产转换非投资性房地产

企业将原本用于赚取租金或资本增值的房地产改用于生产商品、提供劳务或者经营管理，投资性房地产相应地转换为固定资产或无形资产。例如，企业将出租的厂房收回，并用于生产本企业的产品。在此种情况下，转换日为房地产达到自用状态，企业开始将房地产用于生产商品、提供劳务或者经营管理的日期。

企业将投资性房地产转换为自用房地产时，应当按该项投资性房地产在转换日的账面余额、累计折旧、减值准备等，分别转入“固定资产”“累计折旧”“固定资产减值准备”等科目；按投资性房地产的账面余额，借记“固定资产”或“无形资产”科目，贷记“投资性房地产”科目；按已计提的折旧或摊销，借记“投资性房地产累计折旧（摊销）”科目，贷记“累计折旧”或“累计摊销”科目；原已计提减值准备的，借记“投资性房地产减值准备”科目，贷记“固定资产减值准备”或“无形资产减值准备”科目。

【例3-23】2016年8月1日，柳林公司将出租在外的厂房收回，开始用于本企业生产商品。该项房地产在转换前采用成本模式计量，其账面净值3 000万元，其中，原价5 000万元，累计已提折旧2 000万元。

柳林公司的账务处理如下：

借：固定资产	50 000 000	
投资性房地产累计折旧（摊销）	20 000 000	
贷：投资性房地产——厂房		50 000 000
累计折旧		20 000 000

2. 在公允价值模式计量下的转换

（1）非投资性房地产转换为投资性房地产

①作为存货的房地产转换为投资性房地产

企业将作为存货的房地产转换为采用公允价值模式计量的投资性房地产时，应当按该项房地产在转换日的公允价值，借记“投资性房地产（成本）”科目；原已计提跌价准备的，借记“存货跌价准备”科目；按其账面余额，贷记“开发产品”等科目。同时，转换日的公允价值小于账面价值的，按其差额，借记“公允价值变动损益”科目；转换日的公允价值大于账面价值的，按其差额，贷记“其他综合收益”科目。待该项投资性房地产处置时，因转换计入其他综合收益的部分应转入当期的其他业务收入，借记“其他综合收益”科目，贷记“其他业务收入”科目。

【例3-24】柳林公司是从事房地产开发业务的企业，2016年3月10日，柳林公司与光华公司签订了租赁协议，将其开发的一栋写字楼出租给光华公司使用，租赁期开始日为2016年4月15日。2016年4月15日，该写字楼的账面余额5 000万元。该企业采用公允价值模式计量，转换日该投资性房地产公允价值为5 500万元。

柳林公司的账务处理如下：

2016年4月15日

借：投资性房地产——写字楼	55 000 000	
贷：开发产品		50 000 000
其他综合收益		5 000 000

②自用房地产转换为投资性房地产

企业将自用房地产转换为采用公允价值模式计量的投资性房地产时，应当按该项土地使用权或建筑物在转换日的公允价值，借记“投资性房地产（成本）”科目；按已计提的累计摊销或累计折旧，借记“累计摊销”或“累计折旧”科目；原已计提减值准备的，借记“无形资产减值准备”“固定资产减值准备”科目；按其账面余额，贷记“固定资产”或“无形资产”科目。同时，转换日的公允价值小于账面价值的，按其差额，借记“公允价值变动损益”科目；转换日的公允价值大于账面价值的，按其差额，贷记“其他综合收益”科目。待该项投资性房地产处置时，因转换计入资本公积的部分应转入当期的营业收入，借记“其他综合收益”科目，贷记“其他业务收入”科目。

【例3－25】2016年6月，柳林公司打算搬迁至新建办公楼，由于原办公楼处于商业繁华地段，柳林公司准备将其出租，以赚取租金收入。2016年10月，柳林公司完成了搬迁工作，原办公楼停止自用。2016年12月，柳林公司与光华公司签订了租赁协议，将其原办公楼租赁给光华公司使用，租赁期开始日为2017年1月1日，租赁期限为3年。2017年1月1日，该办公楼的公允价值为35 000万元，其原价为5亿元，已提折旧14 000万元，假设柳林公司对投资性房地产采用公允价值模式计量。

柳林公司的账务处理如下：

柳林公司应当于租赁开始日（2017年1月1日）将自用房地产转换为投资性房地产。

借：投资性房地产——成本	350 000 000
公允价值变动损益	10 000 000
累计折旧	140 000 000
贷：固定资产	500 000 000

（2）投资性房地产转换为非投资性房地产（自用房地产）

企业将采用公允价值模式计量的投资性房地产转换为自用房地产时，应当以其转换当日的公允价值作为自用房地产的账面价值，公允价值与原账面价值的差额计入当期损益。

转换日，按该项投资性房地产的公允价值，借记“固定资产”或“无形资产”科目；按该项投资性房地产的成本，贷记“投资性房地产——成本”科目；按该项投资性房地产的累计公允价值变动，借记或贷记“投资性房地产——公允价值变动”科目；按其差额，借记或贷记“公允价值变动损益”科目。

【例3－26】2016年10月15日，柳林公司因租赁期满，将出租的写字楼收回，准备作为办公楼用于本企业的行政管理。2016年12月1日，该写字楼正式开始自用，相应由投资性房地产转为自用房地产，当日的公允价值为4 800万元。该项房地产在转换前采用公允价值模式计量，原账面价值为4 750万元，其中：成本为4 500万元，公允价值变动为增值250万元。

2016年12月1日，柳林公司的账务处理如下：

借：固定资产	48 000 000
贷：投资性房地产——成本	45 000 000
——公允价值变动	2 500 000
公允价值变动损益	500 000

（二）投资性房地产的处置

当投资性房地产被处置，或者永久退出使用，预计不能从其处置中取得经济利益时，应当终止确认该项投资性房地产。

企业可以通过对外出售或转让的方式处置投资性房地产，取得投资收益。对于那些由于使用而不断磨损直到最终报废，或者由于遭受自然灾害等非正常损失发生毁损的投资性房地产应当及时进行清理。此外，企业因其他原因，如非货币性交易等而减少投资性房地产也属于投资性房地产的处置。企业出售、转让、报废投资性房地产或者发生投资性房地产毁损，应当将处置收入扣除其账面价值和相关税费后的金额计入当期损益。

1. 采用成本模式计量的投资性房地产的处置

处置采用成本模式计量的投资性房地产时，应当按实际收到的金额，借记“银行存款”等科目，贷记“其他业务收入”科目；按该项投资性房地产的账面价值，借记“其他业务成本”科目；按其账面余额，贷记“投资性房地产”科目；按照已计提的折旧或摊销，借记“投资性房地产累计折旧（摊销）”科目；原已计提减值准备的，借记“投资性房地产减值准备”科目。

2. 采用公允价值模式计量的投资性房地产的处置

处置采用公允价值模式计量的投资性房地产时，应当按实际收到的金额，借记“银行存款”等科目，贷记“其他业务收入”科目；按该项投资性房地产的账面余额，借记“其他业务成本”科目；按其成本，贷记“投资性房地产——成本”科目；按其累计公允价值变动，贷记或借记“投资性房地产——公允价值变动”科目。同时，将投资性房地产累计公允价值变动转入其他业务收入，借记或贷记“公允价值变动损益”科目，贷记或借记“其他业务收入”科目。若存在原转换日计入其他综合收益的金额，也一并转入其他业务收入，借记“其他综合收益”科目，贷记“其他业务收入”科目。

【例3-27】柳林公司为一家房地产开发企业。2016年3月10日，柳林公司与光华公司签订了租赁协议，将其开发的一栋写字楼出租给光华公司使用，租赁期开始日为2016年4月15日。2016年4月15日，该写字楼的账面余额45 000万元，公允价值为47 000万元。2016年12月31日，该项投资性房地产的公允价值为48 000万元。2017年6月租赁期届满，企业收回该项投资性房地产，并以55 000万元出售，出售款项已收讫。假设柳林公司采用公允价值模式计量。

柳林公司的账务处理如下：

（1）2016年4月15日，存货转换为投资性房地产：

借：投资性房地产——成本	470 000 000	
贷：开发产品		450 000 000
其他综合收益		20 000 000

（2）2016年12月31日，公允价值变动：

借：投资性房地产——公允价值变动	10 000 000	
贷：公允价值变动损益		10 000 000

（3）2017年6月，收回并出售投资性房地产：

借：银行存款	550 000 000	
贷：其他业务收入		550 000 000
借：其他业务成本	480 000 000	

贷：投资性房地产——成本　470 000 000
——公允价值变动　10 000 000

同时，将投资性房地产累计公允价值变动损益转入其他业务收入：

借：公允价值变动损益　10 000 000
贷：其他业务收入　10 000 000

同时，将转换时原计入资本公积的部分转入其他业务收入：

借：其他综合收益　20 000 000
贷：其他业务收入　20 000 000

本章小结

本章主要阐述固定资产、无形资产和投资性房地产的确认、计量及相关的账务处理问题。主要内容包括：

固定资产应当按成本进行初始计量，在其预计使用年限内，应该按照一定方法对固定资产原值扣除预计净残值的损耗额进行折旧，影响折旧的因素主要有原始价值、折旧年限和净残值，折旧的方法主要有年限平均法、工作量法、年限总和法、双倍余额法。固定资产的后续支出的处理原则为：与固定资产有关的后续支出，符合固定资产确认条件的，应当计入固定资产成本，同时将被替换部分的账面价值扣除；不符合固定资产确认条件的，发生时直接计入当期损益。盘盈的固定资产应当通过“以前年度损益调整”科目按照前期差错更正处理，盘亏的固定资产应通过“待处理财产损溢”科目将其账面价值转销。固定资产处置一般通过“固定资产清理”科目核算。

无形资产通常是按实际成本计量，即取得无形资产并使之达到预定用途而发生的全部支出，作为无形资产的成本。企业内部研究开发项目的支出，应当区分研究阶段支出与开发阶段支出：研究阶段的支出，应当于发生时计入当期损益；开发阶段的支出符合条件的才能资本化，不符合资本化条件的计入当期损益。对使用寿命有限的无形资产，应当在其预计的使用寿命期内采用系统合理的方法对应摊销金额进行摊销；对使用寿命不确定的无形资产不予摊销，只记减值。

投资性房地产的范围限定为已出租的土地使用权、持有并准备增值后转让的土地使用权、已出租的建筑物。投资性房地产应当按照成本进行初始确认和计量，在后续计量时，通常应当采用成本模式，满足特定条件的情况下也可以采用公允价值模式。已采用公允价值模式计量的投资性房地产，不得从公允价值模式转为成本模式。

关键词

固定资产　固定资产确认　固定资产的成本　弃置费用　固定资产折旧　年限平均法　工作量法　年限总和法　双倍余额法　固定资产终止确认　无形资产　投资性房地产　投资性房地产后续计量

本章思考题

1. 固定资产确认的条件是什么？
2. 固定资产初始计量的原则是什么？
3. 固定资产折旧方法有哪些？各有什么特点？
4. 影响折旧的因素有哪些？
5. 无形资产确认的条件是什么？
6. 无形资产初始计量的原则是什么？
7. 投资性房地产确认的范围及条件是什么？
8. 与投资性房地产有关的后续支出应怎么处理？
9. 投资性房地产后续计量有哪几种模式？各自又有什么特点？
10. 投资性房地产的转换包含哪些内容？

第四章　金融资产

【学习目的与要求】

本章主要阐述金融资产的分类，金融资产各组成内容的确认、计量和记录问题。本章的学习要求是：

1. 掌握金融资产的范围和分类。
2. 掌握货币资金和应收款项的内容和会计处理。
3. 掌握交易性金融资产、持有至到期投资、可供出售金融资产的概念和会计处理。

第一节　金融资产概述

金融资产通常是指企业的下列资产：库存现金、银行存款、应收账款、应收票据、其他应收款项、贷款、股权投资、债权投资、衍生金融资产等。

企业应当结合自身业务特点和风险管理要求，将取得的金融资产在初始确认时分为以下几类：①以公允价值计量且其变动计入当期损益的金融资产；②持有至到期投资；③贷款和应收款项；④可供出售金融资产。

金融资产的计量与其分类密切相关，不同类别的金融资产其初始计量和后续计量采用的计量基础也不完全相同。因此，金融资产的分类一旦确定，不得随意改变。

第二节　货币资金及应收款项

一、货币资金

现金的定义有广义和狭义之分。广义的现金是指库存现金、银行存款以及其他符合现金定义的票证；狭义的现金仅指库存现金。本章所提的现金是狭义的现金，即库存现金。

（一）库存现金

1. 现金的内容

根据国务院发布的《现金管理暂行条例》的规定，现金管理制度主要包括以下内容：

（1）现金的使用范围

①职工工资、津贴；

②个人劳务报酬；

③根据国家规定颁发给个人的科学技术、文化艺术、体育等各种奖金；

④各种劳保、福利费用以及国家规定对个人的其他支出；

⑤向个人收购农副产品和其他物资的款项；

⑥出差人员必须随身携带的差旅费；

⑦结算起点（1 000 元）以下的零星开支；

⑧中国人民银行确定需要支付现金的其他支出。

除上述情况可以用现金支付外，其他款项的支付应通过银行转账结算。

（2）现金的库存限额

现金的库存限额是指为了保证企业日常零星开支的需要，允许企业留存现金的最高数额。这一限额由开户银行根据企业的规模大小、日常现金开支的多少、企业距离银行的远近以及交通是否便利等实际情况来核定。库存现金限额一般为 3 ~5 天的日常零星开支需要量，边远地区和交通不便地区可适当多保留，但不能超过企业 15 天零星开支所需。核定后的库存限额企业应严格遵守，超过部分应及时送存银行，库存现金低于限额时可向银行提取现金补足。

（3）现金的收支管理

企业收入的现金应及时送存开户银行。企业支付现金时，可以从本企业的库存现金限额中支付，也可从银行存款账户中提取现金支付，但不能用经营业务收入的现金直接支付，即不得“坐支”现金。因特殊情况需要坐支现金的，应事先报经有关部门审查批准，并在核定的范围和限额内支付。企业从开户银行提取现金时，应如实写明提取现金的用途，由本单位财会部门负责人签字盖章，并经开户银行审查批准后予以支付。

此外，企业不准用不符合财务制度的凭证顶替库存现金，即不得“白条顶库”；不准谎报用途套取现金；不准用银行账户代其他单位和个人存入或支取现金；不准将单位收入的现金以个人名义存入储蓄；不准保留账外公款，即不得“公款私存”，不得设置小金库等。银行对于违反上述规定的单位，将按照违规金额的一定比例予以处罚。

2. 现金的核算

为了总括反映企业库存现金的收入、支出和结存情况，应当设置“库存现金”总分类账户。该账户的借方记录企业库存现金的增加，贷方记录库存现金的减少，余额在借方，表示企业实际持有的库存现金的金额。

为了加强企业库存现金的管理，及时反映库存现金收入、支出和结存的情况，企业应当设置“现金日记账”，由出纳人员根据收、付款凭证，按照经济业务发生的先后顺序逐日逐笔登记。每日终了，应当计算当日的现金收入合计、支出合计和结余数，并将结余数与现金实际库存数核对，做到账款相符。

月度终了，企业现金日记账的余额应当与现金总账的余额核对，做到账账相符。

3. 现金的清查

企业应对现金进行定期或不定期的清查，以保证现金的安全完整。

现金的清查主要是采用实地盘点的方法。清查时，出纳员必须在场。通过实地盘点确定现金实际库存数，并将其与现金日记账的余额相核对。现金清查的结果应填制“库存现金盘点报告表”，并由清查人员和出纳员共同签章方能生效。

对清查中发现的有待查明原因的现金短缺或溢余，应通过“待处理财产损溢”账户核算。

属于现金短缺，应该按照实际短缺的金额借记“待处理财产损溢”账户，贷记“库存现金”；属于现金溢余，按照实际溢余的金额，应借记“库存现金”，贷记“待处理财产损溢”账户。

待查明原因后，对发生现金短缺的处理是：如属于应由责任人赔偿的部分，借记“其他应收款——应收现金短缺款（××责任人)”或“库存现金”；属于应由保险公司赔偿的部分，借记“其他应收款——应收保险赔款”；属于无法查明的其他原因，经过批准后，借记“管理费用——现金短缺”。作上述处理时，同时贷记“待处理财产损溢”账户。

对发生现金溢余的处理是：如属于应支付给有关人员或单位的，贷记“其他应付款——应付现金溢余款（××个人或单位)”；属于无法查明的其他原因的现金溢余，经过批准后，贷记“营业外收入——现金溢余”。作上述处理时，同时借记“待处理财产损溢”账户。

（二）银行存款

银行存款是指企业存放在银行或其他金融机构的货币资金。

1. 银行存款的管理

按照国家有关规定，凡是独立核算的单位都必须在当地银行开设账户。

企业在银行开设的账户分为基本存款账户、一般存款账户、临时存款账户和专用存款账户。

基本存款账户是企业办理日常结算和现金收付的账户。企业的工资、奖金等现金的支取，只能通过基本存款账户办理。一家企业只能选择一家银行开立一个基本存款账户。一般存款账户是企业在基本存款账户以外的银行借款转存、与基本存款账户的企业不在同一地点的附属非独立核算单位的账户，企业可通过此账户办理转账结算和现金缴存，但不能办理现金的支取。临时存款账户是企业因临时经营活动需要开立的账户，企业可通过本账户办理转账结算和根据国家现金管理的规定办理现金收付。专用存款账户是企业因特定用途需要开立的账户。

企业的一切货币资金收支，除了在规定的范围内可以用现金支付外，其余一律通过银行存款账户办理转账结算。

企业通过银行办理转账结算时，应遵守中国人民银行《支付结算办法》的有关规定，不准签发没有资金保证的票据和远期支票，套取银行信用；不准签发、取得和转让没有真实交易和债权债务的票据，套取银行和他人资金；不准无理拒绝付款，任意占用他人资金；不准违反规定开立和使用账户。

2. 银行结算方式

根据中国人民银行《支付结算办法》的有关规定，现行银行转账结算方式主要包括银行汇票、商业汇票、银行本票、支票、汇兑、委托收款、异地托收承付、信用卡和信用证九种。

3. 银行存款的核算

为了总括反映企业银行存款的增加、减少和结存情况，应该设置“银行存款”总分类账户进行核算。在各种支付结算方式下，存入或转入款项时，借记“银行存款”账户，贷记有关账户；提取或支付在银行的存款时，借记有关账户，贷记“银行存款”账户；该账户期末余额在借方，表示企业期末银行存款的实际结余数。

企业应加强对银行存款的核算和管理，及时掌握银行存款收付动态以及结存情况，设置“银行存款日记账”，进行银行存款的序时核算。“银行存款日记账”由企业出纳人员根据收付款凭证，按照经济业务发生的先后顺序逐日逐笔登记，并随时结出余额。银行存款日记账应定期与银行对账单核对。月份终了时，银行存款日记账余额必须与银行存款总账余额核对相符。

4. 银行存款的清查

为了保证企业银行存款账目的正确性，查明银行存款的实际余额，企业必须对银行存款定期进行清查。银行存款的清查是采用与开户银行核对账目的方法进行，即将企业登记的“银行存款日记账”与开户银行送来的对账单逐笔进行核对，至少每月应核对一次。通过核对，若双方余额相符，则说明基本正确；若发现双方余额不相符，其原因一般有两种：一是双方各自的记账过程中出现错误；二是由于未达账项所致。

未达账项是指企业与银行对同一笔收付款业务，由于结算凭证在传递时间上的差异，使得一方先得到结算凭证已经入账，另一方尚未取得结算凭证而未入账的项目。未达账项的情况有以下四种：

（1）企业已经收款入账，而银行尚未收款入账；

（2）企业已经付款入账，而银行尚未付款入账；

（3）银行已经收款入账，而企业尚未收款入账；

（4）银行已经付款入账，而企业尚未付款入账。

企业在将银行存款日记账与开户银行对账单核对发现未达账项时，可以通过编制“银行存款余额调节表”对双方的余额进行调节，即根据核对中发现的未达账项填制在“银行存款余额调节表”内，若调节后双方余额一致，则表明记账正确；若调节后双方余额仍不相符，则说明双方记账过程可能存在错误，需要进一步查明错误所在，加以更正。

“银行存款余额调节表”的编制方法举例如下：

【例4－1】2016 年 9 月 30 日，柳林公司“银行存款日记账”的账面余额为 834 028 元，开户银行对账单余额为 841 250 元。经逐笔核对，发现有下列未达账项：

①公司收到客户支付货款 11 500 元的转账支票，银行尚未入账；

②银行已代公司支付到期货款 10 028 元，公司尚未入账；

③银行已收到外单位汇来产品货款 26 000 元，公司尚未入账；

④公司开出转账支票支付咨询费 2 750 元，持票人尚未到银行办理转账手续。

根据上述资料编制“银行存款余额调节表”见表 4－1。

表 4－1　　银行存款余额调节表

2016 年 9 月 30 日　　金额单位：元

项　目	金　额	项　目	金　额
公司银行存款日记账余额	834 028	银行对账单余额	841 250
加：银行已收，企业未收	26 000	加：企业已收，银行未收	11 500
减：银行已付，企业未付	10 028	减：企业已付，银行未付	2 750
调节后余额	850 000	调节后余额	850 000

需要说明的是，“银行存款余额调节表”只能用来与开户银行对账单余额进行核对，检查其账户记录是否一致，不能据此来更改企业“银行存款日记账”或更改开户银行对账单的记录。对于未达账项的入账只有当结算凭证达到并具有相关的记账凭证后才能进行。

（三）其他货币资金

1. 其他货币资金的内容

其他货币资金是指企业除库存现金、银行存款以外的各种货币资金，包括外埠存款、银行汇票存款、银行本票存款、信用卡存款、信用证保证金存款、存出投资款等。

外埠存款是指企业到外地进行临时或零星采购时，汇往采购地银行开立采购专户的款项。

银行汇票存款是指企业为取得银行汇票按规定存入银行的款项。

银行本票存款是指企业为取得银行本票按规定存入银行的款项。

信用卡存款是指企业为取得信用卡按规定存入银行信用卡专户的款项。

信用证保证金存款是指采用信用证结算方式的企业为开具信用证而存入银行信用证保证金专户的款项。

存出投资款是指企业已经存入证券公司但尚未进行投资的资金。

2. 其他货币资金的核算

为了核算其他货币资金的增减变化和结存情况，应当设置“其他货币资金”总分类账户，账户的借方记录其他货币资金的增加，贷方记录其他货币资金的减少，期末余额在借方，反映企业实际持有的其他货币资金。同时，按照其他货币资金反映的内容分别设置“外埠存款”“银行汇票存款”“银行本票存款”“信用卡存款”“信用证保证金存款”和“存出投资款”等明细分类账户，进行明细分类核算。

二、贷款和应收款项

（一）贷款和应收款项概述

贷款和应收款项是指在活跃市场中没有报价、回收金额固定或可确定的非衍生金融资产。

贷款和应收款项泛指一类金融资产，包括金融企业发放的贷款和其他债权、非金融企业持有的现金和银行存款、销售商品或提供劳务形成的应收款项、持有的其他企业的债权（不包括在活跃市场上有报价的债务工具）等，只要符合贷款和应收款项的定义，可以划分为这一类。划分为贷款和应收款项的金融资产，与划分为持有至到期投资的金融资产，其主要区别在于前者不是在活跃市场上有报价的金融资产。

由于本教材主要针对非金融企业，因此下面主要介绍非金融企业应收票据和应收款项的会计处理。

（二）应收票据

应收票据是指企业因销售商品、提供劳务等收到的，尚未到期兑现的商业汇票。

商业汇票按其承兑人不同分为商业承兑汇票和银行承兑汇票，按其是否带息分为带息商业汇票和不带息商业汇票。带息票据指票据上注明了利率，到期除按票据面额收款外，还要收取利息；不带息票据是指票据上没有注明利率，票据到期时只能按面额收回款项。

应收票据入账价值的确定有两种方法：一种是按照票据的面值确定，另一种是按照票据的未来现金流量的现值确定。由于我国目前允许使用的商业汇票的期限一般较短（最长6个月），利息金额相对来说不大，为了简化核算，应收票据一般按其面值计价入账。对于带息票据，应于期末（主要指中期期末和年度终了）按应收票据的票面价值和确定的利率计提利息，计提的利息应增加应收票据的账面价值。

1. 应收票据利息及到期日的计算

应收票据利息的计算公式为：

票据利息 = 票据面值 × 票面利率 × 时间

在计算票据利息时，应注意利率和时间要一致。利率一般为年利率，时间如果是按月或按天表示的，应将其调整为一致。按月表示的除以12换算成月利率，按天表示的除以360换算成日利率。

应收票据到期日的确定，如果票据期限是按月表示的，应以到期月份中与出票日的同日为到期日。如5月10日签发的两月期票据，到期日为7月10日。月末签发的票据，到期月份的天数少于出票月份，应以到期月份的末日为到期日。如果票据期限是按天表示的，应按实际天数计算，出票日和到期日只能算其中一天，通常“算尾不算头”。如5月10日签发的60天票据，到期日为7月9日。

2. 应收票据一般业务的会计处理

为了反映企业的应收票据的取得和收回情况，企业应设置“应收票据”账户。该账户的借方登记企业因销售商品、提供劳务等收到的商业汇票的面值及期末（中期或年终）计提的带息票据的利息；贷方登记商业汇票的到期收回、背书转让以及贴现的金额；借方余额表示尚未收回的票据价值。

（1）销售商品，收到票据

【例4-2】柳林公司销售一批商品给光华公司，货已发出，增值税专用发票上注明的商品价款为100 000元，增值税销项税额为17 000元，当日收到光华公司签发的不带息商业承兑汇票一张，该票据期限为3个月。

借：应收票据 117 000

贷：主营业务收入 100 000

应交税费——应交增值税（销项税额） 17 000

（2）票据到期，收到票款

【例4-3】续【例4-2】，3个月后柳林公司持有的光华公司票据到期，如期收回票款存入银行。

借：银行存款 117 000

贷：应收票据 117 000

3. 应收票据贴现

（1）应收票据贴现的性质

企业持有的应收票据在到期前，如果出现资金短缺，可以向银行申请贴现，以获得所需资金。所谓应收票据贴现，是指票据持有人将未到期的票据在背书后转让给银行，银行受理后，从票据中扣除按银行贴现率计算的贴现利息，然后将余款付给持票人的行为。贴现实质上是融通资金的一种形式。

（2）应收票据贴现的计算和账务处理

应收票据贴现的计算步骤为：第一步，计算票据的到期值。不带息票据到期值等于其面值。带息票据到期值=票据面值+利息。第二步，计算贴现期。贴现期是指从贴现日起至票据到期日止实际经过的天数。第三步，计算贴现息。贴现息=票据到期值×贴现率×贴现期。第四步，计算贴现净额。贴现净额=票据到期值-贴现息。

（三）应收账款

1. 应收账款概述

应收账款指企业因销售商品或提供劳务而应向购货单位或接受劳务单位收取的款项，它代表企业获得未来经济利益（未来现金流入）的权利。

在市场经济条件下，商业信用日趋发达，企业发生的应收账款越来越多。应收账款是由于企业赊销而形成的，赊销虽然能扩大销售量，给企业带来更多的利润，但同时也存在着一部分货款不能收回的风险。因此，在应收账款的管理上，企业应采用全过程的管理方式：事前应调查客户的信用状况，合理制定赊销额度；事中应按一定比例提取坏账准备；事后应加强应收账款的催收。

2. 应收账款入账价值的确定

应收账款作为一种在未来能够收取的债权，应该按照未来现金流量的现值入账，但由于应收账款转化为现金的期限一般不会超过一年，其现值与交易发生时的金额不会有很大差别，因此在实际工作中，对应收账款都是以交易日的实际发生额计价入账。

在确定应收账款的入账价值时，应注意商业折扣和现金折扣。

商业折扣是指企业可以从货品价目单上规定的价格中扣减的一定金额，它是企业的一种促销手段。商业折扣通常用百分比来表示，如折扣10%、15%、20%等，从货品价目单中扣减商业折扣后的净额才是发票金额即实际销售价格。因此，在存在商业折扣的情况下，企业应收账款的入账金额应按扣除商业折扣以后的实际售价加以确认。

现金折扣是指企业为了鼓励客户在一定时期内早日偿还货款而给予的一种折扣优待。现金折扣通常表示为：2/10，1/20，N/30 等。其含义为：10 天内付款折扣 2%，20 天内付款折扣 1%，30 天内全价付款。

在现金折扣的情况下，应收账款入账价值的确定有两种方法：总价法和净价法。所谓总价法，是指将未减除现金折扣前的金额作为应收账款的入账金额，把销售方给予客户的现金折扣看作是一种理财费用；所谓净价法，则是将扣减最优现金折扣后的金额作为应收账款的入账金额，而把由于客户超过折扣期付款而多收入的金额，视为理财收入，冲减财务费用。在我国目前的会计实务中，所采用的是总价法。

3. 应收账款的会计处理

企业因销售商品、提供劳务等经营活动应收取的款项，应设置“应收账款”账户核算。

该账户借方登记企业因销售商品、提供劳务等应收取的各种款项；贷方登记企业已收回或已转销的坏账损失；期末余额在借方，反映企业尚未收回的应收账款。

【例 4－4】柳林公司销售一批产品给光华公司，价值 20 000 元，规定的现金折扣条件为：2/10，1/20，n/30，适用的增值税率为 17%，产品交付并办妥托收手续（现金折扣核算采用总价法）。

（1）销售实现时：

借：应收账款	23 400	
贷：主营业务收入		20 000
应交税费——应交增值税（销项税额）		3 400

（2）如果上述货款在 10 天内收到，会计分录如下：

借：银行存款	22 932	
财务费用	468	
贷：应收账款		23 400

（3）如果上述货款在 20 天内收到，会计分录如下：

借：银行存款	23 166	
财务费用	234	
贷：应收账款		23 400

（4）如果超过了现金折扣的最后期限收到货款，会计分录如下：

借：银行存款	23 400	
贷：应收账款		23 400

4. 应收款项的减值

在市场经济条件下，企业的经营活动存在着大量风险，应收款项在未来是否能够收回存在着不确定性。当企业应收款项无法收回或收回的可能性极小时意味着应收款项发生了减值即坏账，由于产生坏账而给企业造成的损失称为坏账损失。根据企业会计准则的规定，企业应在资产负债表日对应收款项的账面价值进行检查，有客观证据表明该应收款项发生减值的，应当确认减值损失，计提减值（坏账）准备。

（1）应收款项减值损失的计量

企业应在资产负债表日对应收款项进行减值测试，根据本单位的实际情况分为单项金额重大和非重大的应收款项，分别进行减值测试，计算确定减值损失，计提坏账准备。

对于单项金额重大的应收款项，应当单独进行减值测试，有客观证据表明其发生了减值的，应当根据其未来现金流量现值低于其账面价值的差额，确认减值损失，计提坏账准备。

对于单项金额非重大的应收款项以及单独测试后未发生减值的应收款项，可以采用组合方式进行减值测试，将这些应收款项按类似信用风险特征划分为若干组合，再按这些应收款项组合在资产负债表日余额的一定比例计算确定减值损失，计提坏账准备。

企业应当根据以前年度与之相同或相类似的、具有类似信用风险特征的应收款项组合的实际损失率为基础，结合现时情况确定本期各项组合计提坏账准备的比例。

（2）应收款项减值损失的会计处理

对于坏账损失的会计处理，会计核算上有直接转销法和备抵法两种方法。

直接转销法是指在实际发生坏账时，确认坏账损失，计入期间费用，同时注销该笔应收款项，其账务处理为借记“资产减值损失”，贷记应收款项类账户。但这种方法不符合权责发生制，会造成虚增企业利润和夸大应收款项可变现净值。

备抵法则是按期估计坏账损失，计入期间费用，同时提取坏账准备，待实际发生坏账损失时，冲减坏账准备，同时转销相应的应收款项金额。采用备抵法核算避免了直接转销法的缺点。因此，我国现行会计规范要求企业采用备抵法进行坏账损失的会计处理。

采用备抵法，企业应当设置“坏账准备”账户，核算应收款项坏账准备的计提、转销等情况。该账户贷方登记当期计提的坏账准备金额，借方登记实际发生的坏账损失和冲减的坏账准备金额，期末余额一般在贷方，反映企业已计提但尚未转销的坏账。

计提坏账准备的方法主要有余额百分比法、账龄分析法等。下面主要以应收账款为例说明坏账损失的会计处理。

①余额百分比法

该方法是按照期末应收账款余额的一定百分比估计坏账损失的方法。采用余额百分比法计提坏账准备，可按以下公式计算：

本期应提坏账准备金额＝应收账款年末余额×计提比例

本期实提坏账准备金额＝本期应提坏账准备金额－调整前“坏账准备”贷方余额

或　本期实提坏账准备金额＝本期应提坏账准备金额＋调整前“坏账准备”借方余额

相关的会计分录如下：

A. 计提坏账准备时

借：资产减值损失

　贷：坏账准备

B. 发生坏账时

借：坏账准备

　贷：应收账款

C. 冲销的应收账款又收回时

借：应收账款

　贷：坏账准备

借：银行存款

　贷：应收账款

【例4-5】柳林公司对应收账款按照余额百分比法计提坏账准备，计提比例定为10%。2016年年末应收账款余额为250万元。假设此前没有计提坏账准备，则2016年年末计提坏账准备如下（单位为万元）：

借：资产减值损失　　250 000

　贷：坏账准备　　250 000（2 500 000×10% =250 000）

2017年12月8日应收账款中客户A所欠30万元无法收回，确认为坏账，账务处理如下：

借：坏账准备　　300 000

　贷：应收账款——A　　300 000

2017年年末，计提坏账准备前，"坏账准备"科目为借方余额5万元。2017年年末，应收账款余额为300万元，则计提坏账准备的账务处理如下：

3 000 000×10% =300 000（应提额）

300 000 +50 000 =350 000（实提额）

借：资产减值损失　　350 000

　贷：坏账准备　　350 000

2018年5月10日，上年已冲销的坏账又收回10万元，账务处理如下：

借：应收账款　　100 000

　贷：坏账准备　　100 000

借：银行存款　　100 000

　贷：应收账款　　100 000

2018年年末，计提坏账准备前"坏账准备"科目为贷方余额40万元（30+10）。2018年年末，应收账款余额为450万元，则计提坏账准备的账务处理如下：

4 500 000×10% =450 000（应提额）

450 000 -400 000 =50 000（实提额）

借：资产减值损失　　50 000

　贷：坏账准备　　50 000

②账龄分析法

账龄分析法是根据应收账款账龄的长短来估计坏账损失的方法。通常而言，应收账款的账龄越长，发生坏账的可能性越大。为此，将企业的应收账款按账龄长短进行分组，并根据前期坏账实际发生的有关资料，确定各账龄组的计提坏账准备的比例，再将各账龄组的应收账款金额乘以对应的计提比例，计算出各组的估计坏账损失额之和，即为当期的坏账损失预计金额。

第三节 其他金融资产

一、交易性金融资产

交易性金融资产主要指企业为了近期内出售而持有的金融资产。例如企业以赚取差价为目的从二级市场购入的股票、债券、基金等。

根据企业会计准则对金融资产的分类，交易性金融资产属于以公允价值计量且其变动计入当期损益的金融资产。

交易性金融资产是以进行交易为目的而持有的，在进行交易前发生的公允价值变动直接影响交易性金融资产的价值。因此，为了使企业会计信息使用者了解和掌握交易性金融资产的现有价值，企业应当设置“交易性金融资产”“公允价值变动损益”等账户进行核算。

“交易性金融资产”账户核算企业为交易目的而持有的股票、债券、基金等交易性金融资产的公允价值。账户借方登记交易性金融资产的取得成本、资产负债表日其公允价值高于账面余额的差额等；贷方登记资产负债表日其公允价值低于账面余额的差额，以及企业出售交易性金融资产时结转的成本和公允价值变动损益。该账户下面分别设置“成本”“公允价值变动”等明细账户进行核算。

“公允价值变动损益”账户核算企业交易性金融资产等因公允价值变动而形成的应计入当期损益的利得或损失。账户贷方登记资产负债表日交易性金融资产公允价值高于账面余额的差额，借方登记资产负债表日交易性金融资产公允价值低于账面余额的差额。

（一）交易性金融资产的取得

交易性金融资产应当按照取得时的公允价值作为初始确认金额，相关的交易费用（如印花税、手续费、佣金等）在发生时计入当期损益。如果实际支付的价款中包含已宣告但尚未发放的现金股利或已到付息期但尚未领取的利息，应当单独确认为应收项目，不计入交易性金融资产的初始确认金额。

企业取得交易性金融资产时，按取得时的公允价值，借记“交易性金融资产——成本”账户；按发生的交易费用，借记“投资收益”账户；按实际支付的价款中包含的已宣告但尚未发放的现金股利或已到付息期但尚未领取的利息，借记“应收股利”或“应收利息”账户；按实际支付的金额，贷记“银行存款”账户。

【例4-6】2016年3月1日柳林公司从股票市场上购入光华公司股票20 000股作为交易性金融资产，每股买价10元，另支付交易费用1 000元，款项以银行存款支付。

借：交易性金融资产——成本　　200 000

投资收益 1 000

贷：银行存款 201 000

【例4－7】2016年6月30日柳林公司从证券市场上购入光华公司债券，实际支付822 000元，以进行交易为目的，不准备持有至到期。买价中包含已到付息期但尚未领取的利息5 000元，交易费用2 000元，款项以存入证券公司的投资款支付。

借：交易性金融资产——成本 815 000

应收利息 5 000

投资收益 2 000

贷：其他货币资金——存出投资款 822 000

（二）交易性金融资产持有期间的现金股利和利息

企业持有交易性金融资产期间，被投资单位宣告发放的现金股利，或在资产负债表日按分期付息、一次还本债券的票面利率计算的利息，应作为交易性金融资产持有期间的投资收益，借记“应收股利”或“应收利息”账户，贷记“投资收益”账户。

（三）交易性金融资产的期末计价

交易性金融资产在最初取得时，是按取得时的公允价值入账的，反映企业取得交易性金融资产的实际成本。但交易性金融资产的公允价值是不断变化的，会计期末的公允价值则代表了交易性金融资产的现时可变现价值。根据会计准则的规定，交易性金融资产的价值应按资产负债表日的公允价值反映，公允价值的变动计入当期损益。

资产负债表日，应将交易性金融资产的公允价值与账面余额的差额计入当期损益。交易性金融资产的公允价值高于其账面余额时，按其差额借记“交易性金融资产——公允价值变动”账户，贷记“公允价值变动损益”账户；交易性金融资产的公允价值低于其账面余额时，应按其差额作相反的分录。

【例4－8】续【例4－6】，6月30日柳林公司持有的光华公司股票20 000股期末市价为160 000元。

借：公允价值变动损益 40 000

贷：交易性金融资产——公允价值变动 40 000

【例4－9】续【例4－7】，12月31日柳林公司持有的光华公司债券的期末市价为840 000元。

借：交易性金融资产——公允价值变动 25 000

贷：公允价值变动损益 25 000

（四）交易性金融资产的处置

企业处置交易性金融资产时，应按处置后实际收到的价款与交易性金融资产账面余额的差额作为处置损益。其中，交易性金融资产的账面余额，是指交易性金融资产的初始确认金额加或减公允价值变动的金额。

处置交易性金融资产时，企业应按实际收到的金额，借记“银行存款”等账户；按该交易性金融资产的账面余额贷记“交易性金融资产”账户；按其差额贷记或借记

"投资收益"账户。同时，将原计入该交易性金融资产的公允价值变动损益转出，借记或贷记"公允价值变动损益"账户，贷记或借记"投资收益"账户。

【例4－10】续【例4－6】、【例4－8】，7月5日柳林公司将光华公司股票20 000股出售，出售净收入为210 000元，款项已收存银行。

借：银行存款	210 000	
交易性金融资产——公允价值变动	40 000	
贷：交易性金融资产——成本		200 000
投资收益		50 000

同时，将该交易性金融资产持有期间已确认的公允价值变动损益40 000元作为已实现的损益，转到"投资收益"账户。

借：投资收益	40 000	
贷：公允价值变动损益		40 000

二、持有至到期投资

持有至到期投资是指到期日固定、回收金额固定或可确定，且企业有明确意图和能力持有至到期的非衍生金融资产。持有至到期投资通常指债权性的投资，如企业购入的国债、企业债券等。持有至到期投资通常具有长期性质，但期限较短（1年以内）的债券投资，符合持有至到期条件的，也可将其划分为持有至到期投资。

为了反映企业持有至到期投资的取得、收益、处置等情况，应设置"持有至到期投资"账户，该账户下面分别设置"成本""利息调整""应计利息"等明细账户分别进行核算。

（一）持有至到期投资的取得

1. 持有至到期投资的取得方式

企业购入的准备持有至到期投资的债券，其购买方式有三种：按债券面值购入，即平价购入；按高于债券面值的价格购入，即溢价购入；按低于债券面值的价格购入，即折价购入。

债券的溢价、折价，主要是由于债券的票面利率与债券的实际利率不一致造成的。票面利率是债券票面上标明的年利率，是支付利息的标准。实际利率是将金融资产在预计存续期内的未来现金流量，折现为该金融资产当前账面价值所使用的利率。

当债券票面利率高于实际利率时，债券发行者按债券票面利率会多支付利息，在这种情况下，债券可能会采取溢价发行。这部分溢价差额，相当于债券购买者由于日后会多获利息而给予债券发行者的利息返还。反之，当债券票面利率低于实际利率时，债券发行者按债券票面利率会少支付利息，在这种情况下，债券可能会采取折价发行，这部分折价差额，相当于债券发行者由于日后会少支付利息而给予债券购买者的利息补偿。

2. 持有至到期投资取得的会计处理

取得持有至到期投资时，应当按取得时的公允价值与相关交易费用之和作为初始确认金额。如果实际支付的价款中包含已到付息期但尚未领取的利息，应当单独确认为应收项目。

当企业取得持有至到期投资时，应按该投资的面值，借记“持有至到期投资——成本”账户；按实际支付的价款中包含的已到付息期但尚未领取的利息，借记“应收利息”账户；按实际支付的金额，贷记“银行存款”账户；按其差额，借记或贷记“持有至到期投资——利息调整”账户。

【例4-11】柳林公司于2016年1月1日以20 220元的价格购入光华公司当日发行的5年期面值总额为20 000元的公司债券，确认为持有至到期投资，另支付交易费用200元。该债券每年12月31日付息、到期还本，票面年利率为6%。

购入时：

借：持有至到期投资——成本　　20 000

　　　　　　　　——利息调整　　420

　贷：银行存款　　20 420

（二）持有至到期投资持有期间的会计处理

持有至到期投资在持有期间应当按照其摊余成本和实际利率计算确认各期利息收入，并进行溢价、折价的摊销。

持有至到期投资如为分期付息、到期一次还本的债券投资，应于资产负债表日按票面利率计算确定应收未收利息，借记“应收利息”账户；按持有至到期投资摊余成本和实际利率计算确定的利息收入，贷记“投资收益”账户；按其差额，借记或贷记“持有至到期投资——利息调整”账户。

持有至到期投资如为到期一次还本付息的债券投资，应于资产负债表日按票面利率计算确定应收未收利息，借记“持有至到期投资——应计利息”账户；按持有至到期投资摊余成本和实际利率计算确定的利息收入，贷记“投资收益”账户；按其差额，借记或贷记“持有至到期投资——利息调整”账户。

【例4-12】续【例4-11】，柳林公司对持有的光华公司债券于每年年末采用实际利率法确认利息收入，并进行溢价的摊销。

该债券的实际利率计算如下：

该债券年利息额 $=20\,000\times6\%=1\,200$（元）

设实际利率为R，则：

$1\,200/(1+R)+1\,200/(1+R)^2+1\,200/(1+R)^3+1\,200/(1+R)^4+21\,200/(1+R)^5=20\,420$（元）

R的确定可使用插值法计算。

先按5%作为折现率测算。通过查年金现值系数表和复利现值系数表可知，5期、5%的年金现值系数和复利现值系数分别为4.329 5和0.783 5，得出：

R=5%时，当前账面价值 $=1\,200\times4.329\,5+20\,000\times0.783\,5=20\,865.4$（元）$>20\,420$（元）

上式计算结果大于取得光华公司债券的实际成本，说明实际利率大于5%。再按

6%作为折现率测算。通过查表可知，5 期、6%的年金现值系数和复利现值系数分别为 4.212 4 和0.747 3，得出：

R=6%时，当前账面价值=1 200×4.212 4+20 000×0.747 3=20 000（元）

<20 420（元）

上式计算结果小于取得光华公司债券的实际成本，说明实际利率小于6%。因此，实际利率介于5%和6%之间。使用插值法计算实际利率如下：

R=5%+（6%-5%）×（20 865.4-20 420）/（20 865.4-20 000）=5.515%

柳林公司持有光华公司债券期间各期投资收益、溢价摊销和期末摊余成本见下表。

表 4-2　　债券溢价摊销表

（实际利率法）

计息日期	票面利息	投资收益	溢价摊销	摊余成本
	① = 面值×6%	②=上一期④×R	③ = ①-②	④=上一期④-③
2016.01.01				20 420
2016.12.31	1 200	1 126.16	73.84	20 346.16
2017.12.31	1 200	1 122.09	77.91	20 268.25
2018.12.31	1 200	1 117.79	82.21	20 186.04
2019.12.31	1 200	1 113.26	86.74	20 099.30
2020.12.31	1 200	1 100.7 *	99.30	20 000
合计	6 000	5 580	420	—

注：* 含小数点尾差。

根据上表计算结果，柳林公司各年年末编制会计分录如下：

(1) 2016 年12 月31 日，确认利息收入和摊销溢价：

借：应收利息　　1 200

　贷：投资收益　　1 126.16

　　持有至到期投资——利息调整　　73.84

（2）收到票面利息：

借：银行存款　　1 200

　贷：应收利息　　1 200

以后各年确认利息收入和摊销溢价、收取利息的会计分录以此类推，此略。

（三）持有至到期投资的转换

企业将持有至到期投资在到期前处置或重分类，通常表明其违背了将投资持有到期的最初意图。如果处置或重分类的金额占该类投资的金额较大，则企业在处置或重分类后应立即将其剩余的部分重分类为可供出售金融资产，并以公允价值进行后续计量。重分类日，该投资剩余部分的账面价值与其公允价值的差额计入其他综合收益，在该金融资产发生减值或处置时转出，计入当期损益（投资收益）。

【例4-13】2016 年5 月1 日，由于利率调整和其他市场因素的影响，柳林公司将持有的原划分为持有至到期投资的光华公司债券转换为可供出售金融资产。转换时，该债券“成本”明细科目2 000万元，“利息调整”明细科目（借方）37万元，转换当日该债券公允价值为2 100万元。

会计分录如下：

借：可供出售金融资产——成本　　2 100
　贷：持有至到期投资——成本　　2 000
　　　　　　　　　　——利息调整　　37
　　其他综合收益　　63

假设5月20日，柳林公司将持有的光华公司债券全部出售，收取价款2 200万元，则相关账务处理为：

借：银行存款　　2 200
　贷：可供出售金融资产——成本　　2 100
　　投资收益　　100
借：其他综合收益　　63
　贷：投资收益　　63

（四）持有至到期投资的减值

企业应当在资产负债表日对持有至到期投资的账面价值进行检查，有客观证据表明该金融资产发生减值的，应当计提减值准备。持有至到期投资发生减值时，应当将该金融资产的账面价值减记至预计未来现金流量现值，减记的金额确认为资产减值损失，计入当期损益。按减记的金额，借记“资产减值损失”账户，贷记“持有至到期投资减值准备”账户。

持有至到期投资确认减值损失后，如有客观证据表明该金融资产价值已恢复，且客观上与确认该损失后发生的事项有关，原确认的减值损失应当予以转回，计入当期损益。但是，该转回后的账面价值不应当超过假定不计提减值准备情况下该金融资产在转回日的摊余成本。

三、可供出售金融资产

可供出售金融资产是指初始确认时即被指定为可供出售的非衍生金融资产。

金融资产的分类，是企业管理层风险管理、投资决策等意图的体现。对于在活跃市场上有报价的金融资产，既可划分为以公允价值计量且其变动计入当期损益的金融资产，也可划分为可供出售金融资产；如果属于到期日固定、回收金额固定或可确定的金融资产，则还可划分为持有至到期投资。

企业应当设置“可供出售金融资产”账户，核算持有的可供出售金融资产的公允价值，该账户下面分别设置“成本”“利息调整”“应计利息”“公允价值变动”等明细账户分别进行核算。

（一）可供出售金融资产的会计处理

可供出售金融资产的会计处理，与交易性金融资产的会计处理有些类似，例如，均要求按公允价值进行后续计量。但不同之处是：①可供出售金融资产取得时发生的交易费用应当计入初始确认金额；②可供出售金融资产后续计量时公允价值变动计入其他综合收益。

可供出售金融资产的主要账务处理如下：

（1）企业取得可供出售的金融资产，应按其公允价值与交易费用之和，借记“可供出售金融资产——成本”账户；按支付的价款中包含的已宣告但尚未发放的现金股利，借记“应收股利”账户；按实际支付的金额，贷记“银行存款”等账户。

企业取得可供出售金融资产为债券投资的，应按债券的面值，借记“可供出售金融资产——成本”账户；按支付的价款中包含的已到付息期但尚未领取的利息，借记“应收利息”账户；按实际支付的金额，贷记“银行存款”等账户；按其差额，借记或贷记“可供出售金融资产——利息调整”账户。

（2）资产负债表日，企业持有的可供出售债券，应按期根据债券票面利率计算确定应收未收利息，借记“应收利息”账户（分期付息、一次还本债券）或“可供出售金融资产——应计利息”账户（到期一次还本付息债券）；按可供出售债券的摊余成本和实际利率计算确定的利息收入，贷记“投资收益”账户；按其差额，借记或贷记“可供出售金融资产——利息调整”账户。

（3）资产负债表日，可供出售金融资产的公允价值高于其账面余额的差额，借记“可供出售金融资产——公允价值变动”账户，贷记“其他综合收益”账户；公允价值低于其账面余额的差额，做相反的会计分录。

（4）出售可供出售金融资产时，应按实际收到的金额，借记“银行存款”等账户；按其账面余额，贷记“可供出售金融资产——成本、应计利息”账户，贷记或借记“可供出售金融资产——公允价值变动、利息调整”账户；按应从其他综合收益中转出的公允价值累计变动额，借记或贷记“其他综合收益”账户；按其差额，贷记或借记“投资收益”账户。

【例4－14】柳林公司于2016年7月1日购入股票100 000股，每股市价15元，交易费用20 000元。该股票为可供出售金融资产。柳林公司至2016年12月31日仍持有该股票，当时的市价为每股18元。2017年1月21日，柳林公司将该股票出售，售价为每股13元，另支付交易费用10 000元。柳林公司有关账务处理如下：

（1）2016年7月1日购入股票

借：可供出售金融资产——成本	1 520 000	
贷：银行存款		1 520 000

（2）2016年12月31日期末计价

借：可供出售金融资产——公允价值变动	280 000	
贷：其他综合收益		280 000

（3）2017年1月21日出售股票

借：银行存款	1 290 000	
其他综合收益	280 000	
投资收益	230 000	

贷：可供出售金融资产——成本　　1 520 000

——公允价值变动　　280 000

（二）可供出售金融资产的减值

按照企业会计准则，企业应当在资产负债表日对以公允价值计量且其变动计入当期损益的金融资产（交易性金融资产）以外的金融资产的账面价值进行检查，有客观证据表明该金融资产发生减值的，应当计提减值准备。交易性金融资产其公允价值的变动已计入持有期间的损益，故不用计提减值准备。

1. 可供出售金融资产减值损失的计量

可供出售金融资产发生减值时，即使该金融资产没有终止确认，原直接计入其他综合收益的因公允价值下降形成的累计损失，也应当予以转出，计入当期损益。该转出的累计损失，为可供出售金融资产的初始取得成本扣除已收回本金和已摊销金额、当前公允价值和原已计入损益的减值损失后的余额。

对于已确认减值损失的可供出售债务工具，在随后的会计期间公允价值已上升且客观上与原减值损失确认后发生的事项有关的，原确认的减值损失应当予以转回，计入当期损益（资产减值损失）。

可供出售权益工具投资发生的减值损失，不得通过损益转回，但可通过其他综合收益转回。但是，在活跃市场中没有报价且其公允价值不能可靠计量的权益工具投资，或与该权益工具挂钩并须通过交付该权益工具结算的衍生金融资产发生的减值损失，不得转回。

可供出售金融资产发生减值后，利息收入应当按照确定减值损失时对未来现金流量进行折现采用的折现率作为利率计算确认。

2. 可供出售金融资产减值损失的会计处理

根据金融工具确认和计量准则确定可供出售金融资产发生减值的，按应减记的金额，借记“资产减值损失”账户；同时，按应从所有者权益中转出的累计损失，贷记“其他综合收益”账户；按其差额，贷记“可供出售金融资产——公允价值变动”账户。

【例4－15】柳林公司2016年4月10日通过拍卖方式取得光华公司的法人股100万股作为可供出售金融资产，每股3元，另支付相关费用2万元。6月30日每股公允价值为2.8元，9月30日每股公允价值为2.6元。12月31日由于光华公司发生严重财务困难，每股公允价值为1元，柳林公司应对光华公司的法人股计提减值准备。2017年光华公司经济情况好转，至3月31日，光华公司股票的市价大幅上升到每股售价为1.5元。假设柳林公司按季度对外提供财务报告。

柳林公司有关会计处理如下：

（1）2016年4月10日

借：可供出售金融资产——成本　　3 020 000（3×1 000 000＋20 000）

贷：银行存款　　3 020 000

(2) 2016 年 6 月 30 日

借：其他综合收益 220 000（3 020 000－1 000 000×2.8）

  贷：可供出售金融资产——公允价值变动 220 000

(3) 2016 年 9 月 30 日

借：其他综合收益 200 000（2 800 000－1000 000×2.6）

  贷：可供出售金融资产——公允价值变动 200 000

(4) 2016 年 12 月 31 日

借：资产减值损失 2 020 000

  贷：其他综合收益 420 000

    可供出售金融资产——公允价值变动

1 600 000（2 600 000－1 000 000×1）

(5) 2017 年 3 月 31 日

借：可供出售金融资产——公允价值变动 500 000

  贷：其他综合收益 500 000

本章小结

本章主要阐述了金融资产的分类，金融资产各组成内容的确认、计量和记录问题。本章主要内容包括：

取得的金融资产在初始确认时分为：公允价值计量且其变动计入当期损益的金融资产、持有至到期投资、贷款和应收款项、可供出售金融资产。

“公允价值变动损益”账户核算企业交易性金融资产等因公允价值变动而形成的应计入当期损益的利得或损失。账户贷方登记资产负债表日交易性金融资产公允价值高于账面余额的差额；借方登记资产负债表日交易性金融资产公允价值低于账面余额的差额。

持有至到期投资是指到期日固定、回收金额固定或可确定，且企业有明确意图和能力持有至到期的非衍生金融资产。持有至到期投资通常是指债权性的投资，比如企业购入的国债、企业债券等。持有至到期投资通常具有长期性质，但期限较短（1 年以内）的债券投资，符合持有至到期条件的，也可将其划分为持有至到期投资。

债券的溢价、折价，主要是由于债券的票面利率与债券的实际利率不一致造成的。票面利率是债券票面上标明的年利率，是支付利息的标准。实际利率是将金融资产在预计存续期内的未来现金流量，折现为该金融资产当前账面价值所使用的利率。

资产负债表日，可供出售金融资产的公允价值高于其账面余额的差额，借记“可供出售金融资产——公允价值变动”账户，贷记“其他综合收益”账户；公允价值低于其账面余额的差额，做相反的会计分录。

按照企业会计准则，企业应当在资产负债表日对以公允价值计量且其变动计入当期损益的金融资产（交易性金融资产）以外的金融资产的账面价值进行检查，有客观证据表明该金融资产发生减值的，应当计提减值准备。交易性金融资产其公允价值的变动已计入持有期间的损益，故不用计提减值准备。

关键词

金融资产　银行存款　未达账项　其他货币资金　应收票据　应收票据贴现　应收账款　商业折扣　现金折扣　备抵法　交易性金融资产　持有至到期投资　可供出售金融资产

本章思考题

1. 哪些资产属于金融资产？
2. 交易性金融资产的特征有哪些？
3. 要将某项金融资产划分为持有至到期投资，应满足的条件是什么？
4. 何谓实际利率？何谓摊余成本？如何确定持有至到期投资的摊余成本？
5. 可供出售金融资产与持有至到期投资在会计处理上有哪些异同？
6. 如何进行应收款项减值的会计处理？

第五章　长期股权投资

【学习目的与要求】

本章主要阐述长期股权投资的种类、初始确认、初始计量、后续计量和处置。本章的学习要求是：

1. 掌握长期股权投资概念及其种类。
2. 掌握长期股权投资的初始计量。
3. 掌握长期股权投资的后续计量。
4. 掌握成本法和权益法的适用范围及会计处理。
5. 掌握长期股权投资处置的会计处理。

第一节　长期股权投资概述

投资是企业为了获得收益或实现资本增值向被投资单位投放资金的经济行为。企业对外进行的投资，可以有不同的分类。从性质上划分，可以分为债权性投资与权益性投资；从管理层持有意图划分，可以分为交易性投资、可供出售投资、持有至到期投资等。①

长期股权投资是投资企业为长期持有目的对被投资单位的权益性资本的投资。具体而言，长期股权投资包括：①投资企业能够对被投资单位实施控制的权益性投资，即对子公司投资；②投资企业与其他合营方一同对被投资单位实施共同控制的权益性投资，即对合营企业投资；③投资企业对被投资单位具有重大影响的权益性投资，即对联营企业投资。

一、控制

控制指有权决定一个企业的财务和经营政策，并能据以从该企业的经营活动中获取利益。我国控制的方式具体如下：

1. 投资企业直接拥有被投资企业半数以上表决权资本

如A公司直接拥有B公司发行的普通股总数的51%，在这种情况下，B公司就成为A公司的子公司，A公司编制合并会计报表时，必须将B公司纳入其合并范围。

2. 投资企业虽然直接拥有被投资企业50%或以下的表决权资本，但具有实质控

① 本章只讲解长期股权投资，其他类型的投资见第四章金融资产。

制权

判断标准有：通过与其他投资者的协议，投资企业拥有被投资单位50%以上表决权资本的控制权；根据章程或协议，投资企业有权控制被投资单位的财务和经营政策；有权任命被投资单位董事会等类似权力机构的多数成员；在董事会或类似权力机构会议上有半数以上投票权等。

二、共同控制

共同控制是指按照合同约定对某项经济活动共有的控制。与联营企业等投资方式不同，其特点在于合营企业的合营各方均受到合营合同的限制和约束。一般在合营企业设立时，合营各方在投资合同或协议中约定在所设立合营企业的重要财务和生产经营决策制定过程中，必须由合营各方均同意才能通过。该约定可能体现为不同的形式，例如可以通过在合营企业的章程中规定，也可以通过制定单独的合同作出约定。共同控制的实质是通过合同约定建立起来的，合营各方对合营企业共有的控制。在确定是否构成共同控制时，一般可以考虑以下情况：①任何一个合营方均不能单独控制合营企业的生产经营活动；②涉及合营企业基本经营活动的决策需要各合营方一致同意；③各合营方可能通过合同或协议的形式任命其中的一个合营方对合营企业的日常活动进行管理，但其必须在各合营方已经一致同意的财务和经营政策范围内行使管理权。

三、重大影响

重大影响是指对一个企业的财务和经营政策有参与决策的权力，但并不能够控制或者与其他方一起共同控制这些政策的制定。实务中，较为常见的重大影响体现为在被投资单位的董事会或类似权力机构中派有代表，通过在被投资单位生产经营决策制定过程中的发言权实施重大影响。投资企业直接或通过子公司间接拥有被投资单位20%以上但低于50%的表决权股份时，一般认为对被投资单位具有重大影响，除非有明确的证据表明该种情况下不能参与被投资单位的生产经营决策，不形成重大影响。

此外，虽然投资企业直接拥有被投资单位20%以下的表决权资本，但符合以下条件之一的，也应确认为对被投资单位具有重大影响：

（1）在被投资单位的董事会或类似权力机构中派有代表。这种情况下，由于在被投资单位的董事会或类似权力机构中派有代表，并享有相应的实质性的参与决策权，投资企业可以通过该代表参与被投资单位经营政策的制定，对被投资单位施加重大影响。

（2）参与被投资单位的政策制定过程，包括股利分配政策等的制定。这种情况下，因可以参与被投资单位的政策制定过程，在制定政策过程中可以为其自身利益提出建议和意见，从而可以对被投资单位施加重大影响。

（3）与被投资单位之间发生重要交易。有关的交易因对被投资单位的日常经营具有重要性，进而一定程度上可以影响到被投资单位的生产经营决策。

（4）向被投资单位派出管理人员。这种情况下，通过投资企业对被投资单位派出管理人员，管理人员有权力负责被投资单位的财务和经营活动，从而能够对被投资单位施加重大影响。

(5) 向被投资单位提供关键技术资料。因被投资单位的生产经营需要依赖投资企业的技术或技术资料，表明投资企业对被投资单位具有重大影响。

在确定能否对被投资单位施加重大影响时，一方面应考虑投资企业直接或间接持有被投资单位的表决权股份，同时要考虑企业及其他方持有的现行可执行潜在表决权在假定转换为对被投资单位的股权后产生的影响，如被投资单位发行的现行可转换的认股权证、股份期权及可转换公司债券等的影响。

第二节 长期股权投资的初始计量

长期股权投资取得时的初始投资成本，是指取得长期股权投资时支付的全部价款，或放弃非现金资产的公允价值，以及支付的税金、手续费等相关费用。企业可用现金资产、非现金资产（如存货、固定资产和无形资产等）或承担债务的方式取得被投资单位的权益性资本，也可以通过合并的方式取得被投资单位的权益性资本。

一、企业合并形成的长期股权投资

企业合并形成的长期股权投资，应区分企业合并的类型，分为同一控制下的合并与非同一控制下的合并确定其初始投资成本。

(一) 同一控制下企业合并形成的长期股权投资

合并方以支付现金、转让非现金资产或承担债务方式作为合并对价的，应当在合并日按照取得被合并方所有者权益账面价值的份额作为长期股权投资的初始投资成本。长期股权投资的初始投资成本与支付的现金、转让的非现金资产及所承担债务账面价值之间的差额，应当调整资本公积（资本溢价或股本溢价）；资本公积（资本溢价或股本溢价）的余额不足冲减的，调整留存收益。合并方发生的审计、法律服务、评估咨询等中介费用以及其他相关管理费用，应当于发生时计入当期管理费用。

具体进行会计处理时，合并方在合并日按取得被合并方所有者权益账面价值的份额，借记“长期股权投资”科目；按应享有被投资单位已宣告但尚未发放的现金股利或利润，借记“应收股利”科目；按支付的合并对价的账面价值，贷记有关资产或借记有关负债科目；按其差额，贷记“资本公积——资本溢价或股本溢价”科目，如为借方差额，应借记“资本公积——资本溢价或股本溢价”科目，资本公积（资本溢价或股本溢价）不足冲减的，借记“盈余公积”“利润分配——未分配利润”科目。

合并方以发行权益性证券作为合并对价的，应按发行股份的面值总额作为股本，长期股权投资的初始投资成本与所发行股份面值总额之间的差额，应当调整资本公积（资本溢价或股本溢价）；资本公积（资本溢价或股本溢价）不足冲减的，调整留存收益。

具体进行会计处理时，在合并日应按取得被合并方所有者权益账面价值的份额，借记“长期股权投资”科目；按应享有被投资单位已宣告但尚未发放的现金股利或利润，借记“应收股利”科目；按发行权益性证券的面值，贷记“股本”科目；按其差额，贷记“资本公积——资本溢价或股本溢价”科目，如为借方差额，应借记“资本公积——资本溢价或股本溢价”科目，资本公积（资本溢价或股本溢价）不足冲减的，借记“盈余公积”“利润分配——未分配利润”科目。

应该关注的是，在上述按照合并日应享有被合并方账面所有者权益的份额确定长期股权投资的初始投资成本时，前提是合并前合并方与被合并方采用的会计政策一致。企业合并前合并方与被合并方采用的会计政策不同的，在以被合并方账面所有者权益为基础确定形成的长期股权投资成本时，首先应基于重要性原则，统一合并方与被合并方的会计政策。在按照合并方的会计政策对被合并方资产、负债的账面价值进行调整的基础上，计算确定形成长期股权投资的初始投资成本。

被合并方账面所有者权益是指被合并方的所有者权益相对于最终控制方面而言的账面价值。

同一控制下的企业合并形成的长期股权投资，如果子公司按照改制时确定的资产、负债经评估确认的价值调整资产、负债账面价值的，合并方应当按照取得子公司经评估确认的净资产的份额作为长期股权投资的初始投资成本。

如果被合并方本身编制合并财务报表的，被合并方的账面所有者权益的价值应当以其合并财务报表为基础确定。

【例5－1】2016年6月30日，柳林公司向同一集团内光华公司的原股东定向增发1 000万股普通股（每股面值为1元，市价为7.8元），取得光华公司100%的股权，并于当日起能够对光华公司实施控制。合并后光华公司仍维持其独立法人资格继续经营。两公司在企业合并前采用的会计政策相同。合并日，光华公司所有者权益的总额为5 600万元。

光华公司在合并后维持其法人资格继续经营，合并日柳林公司应确认对光华公司的长期股权投资，其成本为合并日享有光华公司账面所有者权益的份额，账务处理为：

借：长期股权投资	56 000 000	
贷：股本		10 000 000
资本公积——股本溢价		46 000 000

通过多次交换交易，分步取得股权最终形成企业合并的，在个别财务报表中，应当以持股比例计算的合并日应享有被合并方账面所有者权益份额作为该项投资的初始投资成本。初始投资成本与其原长期股权投资账面价值加上合并日取得进一步股份新支付对价的公允价值之和的差额，调整资本公积（资本溢价或股本溢价），资本公积不足冲减的，冲减留存收益。

（二）非同一控制下企业合并形成的长期股权投资

非同一控制下的控股合并中，购买方应当按照确定的企业合并成本作为长期股权投资的初始投资成本。企业合并成本包括购买方付出的资产、发生或承担的负债、发行的权益性证券的公允价值之和。

具体进行会计处理时，对于非同一控制下企业合并形成的长期股权投资，应在购买日按企业合并成本（不含应向被投资单位收取的现金股利或利润），借记“长期股权投资”科目；按享有被投资单位已宣告但尚未发放的现金股利或利润，借记“应收股利”科目；按支付合并对价的账面价值，贷记有关资产或借记有关负债科目；按其差额，贷记“营业外收入”或“投资收益”等科目，或借记“营业外支出”“投资收益”等科目；按发生的直接相关费用，借记“管理费用”科目，贷记“银行存款”等科目。可供出售金融资产持有期间公允价值变动形成的其他综合收益应一并转入投资收益，借记“其他综合收益”科目，贷记“投资收益”科目。

【例5－2】柳林公司于2016年3月31日取得光华公司70%的股权，取得该部分股权后能够控制光华公司的生产经营决策。为核实光华公司的资产价值，柳林公司聘请专业资产评估机构对光华公司的资产进行评估，支付评估费用100万元。合并中，柳林公司支付的有关资产在购买日的账面价值与公允价值如表5－1所示。本例中假定合并前柳林公司与光华公司不存在任何关联方关系。

表5－1　　2016年3月31日　　单位：元

项目	账面价值	公允价值
土地使用权（自用）	40 000 000	64 000 000
专利技术	16 000 000	20 000 000
银行存款	16 000 000	16 000 000
合计	72 000 000	100 000 000

注：柳林公司用作合并对价的土地使用权和专利技术原价为6 400万元，至企业合并发生时已累计摊销800万元。

本例中因柳林公司与光华公司在合并前不存在任何关联方关系，应作为非同一控制下的企业合并处理。柳林公司对于合并形成的对光华公司的长期股权投资，应进行的账务处理为：

借：长期股权投资　　100 000 000
　　管理费用　　1 000 000
　　累计摊销　　8 000 000
　贷：无形资产　　64 000 000
　　　银行存款　　17 000 000
　　　营业外收入　　28 000 000

通过多次交换交易，分步取得股权最终形成企业合并的，在个别财务报表中，应当以购买日之前所持被购买方的股权投资的账面价值与购买日新增投资成本之和，作为该项投资的初始投资成本。其中，达到企业合并前对持有的长期股权投资采用成本法核算的，长期股权投资在购买日的初始投资成本应为原成本法下的账面价值加上购买日取得进一步股份新支付对价的公允价值之和；达到企业合并前对长期股权投资采用权益法核算的，长期股权投资在购买日的投资成本应为原权益法下的账面价值加上购买日取得进一步股份新支付对价的公允价值之和；达到企业合并前对长期股权投资采用公允价值计量的（例如，原分类为可供出售金融资产的股权投资），长期股权投资在购买日的初始投资成本为原公允价值计量的账面价值加上购买日取得进一步股份新支付对价的公允价值之和。购买日之前所持有的被购买方的股权涉及其他综合收益的，应当在处置该项投资时将与其相关的其他综合收益（例如，可供出售金融资产公允价值变动计入其他综合收益的部分）转入当期投资收益。

【例 5-3】柳林公司于 2016 年 3 月以 8 000 万元取得光华公司 30% 的股权，因能够对光华公司施加重大影响，对所取得的长期股权投资采用权益法核算，于 2016 年确认对光华公司的投资收益 200 万元。2017 年 4 月，柳林公司又斥资 12 000 万元取得光华公司另外 30% 的股权。本例中假定柳林公司在取得对光华公司的长期股权投资以后，光华公司并未宣告发放现金股利或利润，柳林公司按净利润的 10% 提取盈余公积。柳林公司对该项长期股权投资未计提任何减值准备。本例中柳林公司是通过分步购买最终达到对光华公司实施控制，形成企业合并。在 2017 年购买日，柳林公司应进行以下会计处理（假定不考虑所得税影响）：

借：长期股权投资	120 000 000	
贷：银行存款		120 000 000

购买日柳林公司对光华公司长期股权投资的账面余额 =（8 000 + 200）+ 12 000 = 20 200 万元。

二、企业合并以外的其他方式取得的长期股权投资

长期股权投资可以通过不同的方式取得，除企业合并形成的长期股权投资外，其他方式取得的长期股权投资初始投资成本的确定应遵循以下规定。

（一）以支付现金取得的长期股权投资

以支付现金取得的长期股权投资，应当按照实际支付的购买价款作为初始投资成本，包括购买过程中支付的手续费等必要支出，但所支付价款中包含的被投资单位已宣告但尚未发放的现金股利或利润应作为应收项目核算，不构成取得长期股权投资的成本。

【例 5-4】柳林公司于 2016 年 2 月 10 日自公开市场中买入光华公司 20% 的股份，实际支付价款 12 000 万元。另外，在购买过程中支付手续费等相关费用 300 万元。柳林公司取得该部分股权后能够对光华公司的生产经营决策施加重大影响。

柳林公司应当按照实际支付的购买价款作为取得长期股权投资的成本，其账务处理为：

借：长期股权投资	123 000 000	
贷：银行存款		123 000 000

（二）以发行权益性证券方式取得的长期股权投资

以发行权益性证券方式取得的长期股权投资，其成本为所发行权益性证券的公允价值。发行权益性证券支付给有关证券承销机构等的手续费、佣金等与权益性证券发

行直接相关的费用，不构成取得长期股权投资的成本。该部分费用应从权益性证券的溢价发行收入中扣除，权益性证券的溢价收入不足冲减的，应冲减盈余公积和未分配利润。

【例5－5】2016年3月，柳林公司通过增发5 000万股本公司普通股（每股面值1元）取得光华公司20%的股权，按照增发前后的平均股价计算，该5 000万股股份的公允价值为10 400万元。为增发该部分股份，柳林公司向证券承销机构等支付了300万元的佣金和手续费。假定柳林公司取得该部分股权后能够对光华公司的生产经营决策施加重大影响。

本例中柳林公司应当以所发行股份的公允价值作为取得长期股权投资的成本：

借：长期股权投资　　104 000 000

　贷：股本　　50 000 000

　　　资本公积——股本溢价　　54 000 000

发行权益性证券过程中支付的佣金和手续费，应冲减权益性证券的溢价发行收入：

借：资本公积——股本溢价　　3 000 000

　贷：银行存款　　3 000 000

（三）投资者投入的长期股权投资

投资者投入的长期股权投资，应当按照投资合同或协议约定的价值作为初始投资成本，但合同或协议约定的价值不公允的除外。

投资者投入的长期股权投资，是指投资者以其持有的对第三方的投资作为出资投入企业，接受投资的企业原则上应当按照投资各方在投资合同或协议中约定的价值作为取得投资的初始投资成本，但有明确证据表明合同或协议中约定的价值不公允的除外。

在确定投资者投入的长期股权投资的公允价值时，有关权益性投资存在活跃市场的，应当参照活跃市场中的市价确定其公允价值；不存在活跃市场，无法按照市场信息确定其公允价值的情况下，应当将按照一定的估值技术等合理的方法确定的价值作为其公允价值。

【例5－6】柳林公司设立时，其主要出资方之一华新公司以其持有的对光华公司的长期股权投资作为出资投入柳林公司。投资各方在投资合同中约定，作为出资的该项长期股权投资作价4 000万元，该作价是按照光华公司股票的市价经考虑相关调整因素后确定的。柳林公司注册资本为16 000万元。华新公司出资占柳林公司注册资本的20%，取得该项投资后，柳林公司根据其持股比例，能够派人参与光华公司的财务和生产经营决策。

本例中，柳林公司对于投资者投入的该项长期股权投资，应进行的账务处理为：

借：长期股权投资　　40 000 000

　贷：实收资本　　32 000 000

　　　资本公积——资本溢价　　8 000 000

(四) 其他方式

以债务重组、非货币性资产交换等方式取得的长期股权投资，其初始投资成本应按照《企业会计准则第12号——债务重组》和《企业会计准则第7号——非货币性资产交换》规定的原则确定。

三、投资成本中包含的已宣告尚未发放现金股利或利润的处理

企业无论是以何种方式取得长期股权投资，取得投资时对于支付对价中包含的应享有被投资单位已经宣告但尚未发放的现金股利或利润应作为应收项目单独核算，不构成取得长期股权投资的初始投资成本。即企业在支付对价取得长期股权投资时，实际支付的价款中包含的对方已经宣告但尚未发放的现金股利或利润，应作为应收款，构成企业的一项债权。

【例5-7】假定柳林公司以1 520万元取得光华公司投资时，光华公司已经宣告但尚未发放现金股利，柳林公司按其持股比例计算确定可分得20万元。则柳林公司在确认该长期股权投资时，应将包含的现金股利部分单独核算：

借：长期股权投资	15 000 000
应收股利	200 000
贷：银行存款	15 200 000

第三节 长期股权投资的后续计量

长期股权投资在持有期间，根据投资企业对被投资单位的影响程度进行划分，应当分别采用成本法及权益法进行核算。

一、长期股权投资的成本法

(一) 成本法的适用范围

成本法，是指投资按成本计价的方法。长期股权投资成本法的核算适用于企业持有的、能够对被投资单位实施控制的长期股权投资，即企业持有的对子公司的投资。

(二) 成本法核算下长期股权投资账面价值的调整及投资损益的确认

采用成本法核算的长期股权投资，初始投资或追加投资时按照初始投资或追加投资的成本增加长期股权投资的账面价值。根据《企业会计准则解释第3号》，采用成本法核算的长期股权投资，除取得投资时实际支付的价款或对价中包含的已宣告但尚未发放的现金股利或利润外，投资企业应当按照享有被投资单位宣告发放的现金股利或利润确认投资收益。

【例5-8】柳林公司2016年1月1日以2 000万元购买光华公司10%的股份，另支付相关费用20万元。光华公司为一家非上市公司，其股票不存在活跃的交易市场。

柳林公司取得股权后对光华公司不具有重大影响。取得投资后，光华公司2016年实现净利润1 000万，2017年3月10日宣告分配2016年利润800万。

在本例中，依据《企业会计准则解释第3号》应做的会计处理：

借：应收股利　　800 000

　贷：投资收益　　800 000

二、长期股权投资的权益法

权益法是指投资以初始成本计量后，在投资持有期间根据投资企业享有被投资单位所有者权益份额的变动对投资的账面价值进行调整的方法。长期股权投资准则规定，应当采用权益法核算的长期股权投资包括两类：一是对合营企业投资；二是对联营企业投资。

长期股权投资采用权益法核算的情况下，进行初始投资或追加投资时，按照初始投资或追加投资后的初始投资成本作为长期股权投资的账面价值；投资后，随着被投资单位所有者权益的变动而相应增加或减少长期股权投资的账面价值。长期股权投资采用权益法核算，在会计核算上需要解决的问题有：初始投资成本与应享有被投资单位所有者权益份额差额的处理，即初始投资成本的调整；投资企业在投资后被投资单位实现净利润或发生净亏损的处理，即投资收益的确认；被投资单位除净损益以外其他所有者权益变动的处理。

（一）初始投资成本的调整

投资企业取得对联营企业或合营企业的投资以后，对于取得投资时初始投资成本与应享有被投资单位可辨认净资产公允价值份额之间的差额，应区别情况处理。

（1）初始投资成本大于取得投资时应享有被投资单位可辨认净资产公允价值份额的，该部分差额是投资企业在取得投资过程中通过作价体现出的与所取得股权份额相对应的商誉及不符合确认条件的资产价值，这种情况下不要求对长期股权投资的成本进行调整。

（2）初始投资成本小于取得投资时应享有被投资单位可辨认净资产公允价值份额的，该部分差额体现为双方在交易作价过程中转让方的让步，或是出于其他方面的考虑，被投资单位的原有股东无偿赠与投资企业的价值，因而应确认为当期收益处理，计入取得投资当期的营业外收入，同时调整增加长期股权投资的账面价值。

【例5－9】柳林企业于2016年1月取得光华公司30%的股权，支付价款5 000万元。取得投资时，被投资单位净资产账面价值为12 000万元（假定被投资单位各项可辨认资产，负债的公允价值与其账面价值相同）。

柳林企业在取得光华公司的股权后，能够对光华公司施加重大影响，对该投资采用权益法核算。取得投资时，柳林企业应进行以下账务处理：

借：长期股权投资——投资成本　　50 000 000

　贷：银行存款　　50 000 000

长期股权投资的初始投资成本5 000万元大于取得投资时应享有被投资单位可辨认

净资产公允价值的份额 3 600 万元（12 000×30%），该差额不调整长期股权投资的账面价值。

假定本例中取得投资时被投资单位可辨认净资产的公允价值为 18 000 万元，柳林企业按持股比例30%计算确定应享有5 400 万元，则初始投资成本与应享有被投资单位可辨认净资产公允价值份额之间的差额 400 万元应计入取得投资当期的营业外收入。有关账务处理为：

借：长期股权投资——投资成本	54 000 000
贷：银行存款	50 000 000
营业外收入	4 000 000

（二）投资损益的确认

持有长期股权投资期间，投资企业根据被投资单位实现的净利润计算应享有的份额，借记“长期股权投资（损益调整）”科目，贷记“投资收益”科目，被投资单位发生净亏损作相反的会计分录，但以本科目的账面价值减记至零为限（后面单独说明），借记“投资收益”科目，贷记“长期股权投资（损益调整）”科目。

采用权益法核算的长期股权投资，在确认应享有或应分担被投资单位的净利润或净亏损时，在被投资单位账面净利润的基础上，应考虑以下因素的影响进行适当调整：

（1）被投资单位采用的会计政策及会计期间与投资企业不一致的，应按投资企业的会计政策及会计期间对被投资单位的财务报表进行调整。

权益法下，是将投资企业与被投资单位作为一个整体对待，作为一个整体其所产生的损益，应当在一致的会计政策基础上确定，被投资企业采用的会计政策与投资企业不同的，投资企业应当基于重要性原则，按照本企业的会计政策对被投资单位的损益进行调整。另外，投资企业与被投资单位采用的会计期间不同的，也应进行相关调整。

（2）以取得投资时被投资单位固定资产、无形资产的公允价值为基础计提的折旧额或摊销额，以及以投资企业取得投资时有关资产的公允价值为基础计算确定的资产减值准备金额等对被投资单位净利润的影响。

被投资单位个别利润表中的净利润是以其持有的资产、负债账面价值为基础持续计算的，而投资企业在取得投资时，是以被投资单位有关资产、负债的公允价值为基础确定投资成本，取得投资后应确认的投资收益代表的是被投资单位资产、负债在公允价值计量的情况下在未来期间通过经营产生的损益中归属于投资企业的部分。取得投资时有关资产、负债的公允价值与其账面价值不同的未来期间，在计算归属于投资企业应享有的净利润或应承担的净亏损时，应考虑对被投资单位计提的折旧额、摊销额以及资产减值准备金额等进行调整。

应予关注的是，在对被投资单位的净利润进行调整时，应考虑重要性原则，不具有重要性的项目可不予调整。符合下列条件之一的，投资企业可以被投资单位的账面净利润为基础，计算确认投资损益，同时应在附注中说明不能按照准则中规定进行核算的原因：

（1）投资企业无法合理确定取得投资时被投资单位各项可辨认资产等的公允价值。

某些情况下，投资的作价可能因为受到一些因素的影响，不是完全以被投资单位可辨认净资产的公允价值为基础，或者因为被投资单位持有的可辨认资产相对比较特殊，无法取得其公允价值。这种情况下，因被投资单位可辨认资产的公允价值无法取得，则无法以公允价值为基础对被投资单位的净损益进行调整。

（2）投资时被投资单位可辨认资产的公允价值与其账面价值相比，两者之间的差额不具重要性的。该种情况下，因为被投资单位可辨认资产的公允价值与其账面价值差额不大，要求进行调整不符合重要性原则及成本效益原则。

（3）其他原因导致无法取得被投资单位的有关资料，不能按照准则中规定的原则对被投资单位的净损益进行调整的。例如，要对被投资单位的净利润按照准则中规定进行调整，需要了解被投资单位的会计政策以及对有关资产价值量的判断等信息，在无法获得被投资单位相关信息的情况下，则无法对净利润进行调整。

【例5－10】沿用【例5－9】中的有关资料，假定长期股权投资的成本大于取得投资时被投资单位可辨认净资产公允价值份额的情况下，取得投资当年被投资单位实现净利润1 700万元。投资企业与被投资单位均以公历年度作为会计年度，两者之间采用的会计政策相同。由于投资时被投资单位各项资产、负债的账面价值与其公允价值相同，不需要对被投资单位实现的净损益进行调整，投资企业应确认的投资收益为510万元（1 700×30%）。

【例5－11】柳林公司于2016年1月10日购入光华公司30%的股份，购买价款为2 200万元，并自取得投资之日起派人参与光华公司的生产经营决策。取得投资当日，光华公司可辨认净资产公允价值为6 000万元，除表5－2所列项目外，光华公司其他资产、负债的公允价值与账面价值相同。

表5－2　　　　单位：万元

	账面原价	已提折旧或摊销	公允价值	光华公司预计使用年限	柳林公司取得投资后剩余使用年限
存货	500		700		
固定资产	1 200	240	1 600	20	16
无形资产	700	140	800	10	8
小计	2 400	380	3 100		

假定光华公司于2015年实现净利润600万元，其中在柳林公司取得投资时的账面存货有80%对外出售，柳林公司与光华公司的会计年度及采用的会计政策相同。固定资产、无形资产均按直线法提取折旧或摊销，预计净残值均为0。

柳林公司在确定其应享有的投资收益时，应在光华公司实现净利润的基础上，根据取得投资时光华公司有关资产的账面价值与其公允价值差额的影响进行调整（假定不考虑所得税影响）：

存货账面价值与公允价值的差额应调整的利润＝（700－500）×80%＝160（万元）

固定资产公允价值与账面价值差额应调整增加的折旧额＝1 600/16－1 200/20＝40

（万元）

无形资产公允价值与账面价值差额应调整增加的摊销额 = 800/8 − 700/10 = 30（万元）

调整后的净利润 = 600 − 160 − 40 − 30 = 370（万元）

柳林公司应享有份额 = 370 × 30% = 111（万元）

确认投资收益的账务处理为：

借：长期股权投资——损益调整 1 110 000

　贷：投资收益 1 110 000

（三）取得现金股利或利润的处理

被投资单位宣告分派现金股利或利润时，投资企业计算应分得的部分，借记“应收股利”科目，贷记“长期股权投资（损益调整）”科目。

（四）超额亏损的确认

长期股权投资准则规定，投资企业确认应分担被投资单位发生的损失，原则上应以长期股权投资及其他实质上构成对被投资单位净投资的长期权益减记至零为限，投资企业负有承担额外损失义务的除外。

投资企业在确认应分担被投资单位发生的亏损时，应将长期股权投资及其他实质上构成对被投资单位净投资的长期权益项目的账面价值综合起来考虑，在长期股权投资的账面价值减记至零的情况下，如果仍有未确认的投资损失，应以其他长期权益的账面价值为基础继续确认。另外，投资企业在确认应分担被投资单位的净损失时，除应考虑长期股权投资及其他长期权益的账面价值以外，如果在投资合同或协议中约定将履行其他额外的损失补偿义务，还应按照《企业会计准则第 13 号——或有事项》的规定确认预计将承担的损失金额。

企业在实务操作过程中，在发生投资损失时，应借记“投资收益”科目，贷记“长期股权投资（损益调整）”科目。在长期股权投资的账面价值减记至零以后，考虑其他实质上构成对被投资单位净投资的长期权益，继续确认的投资损失应借记“投资收益”科目，贷记“长期应收款”科目，因投资合同或协议约定导致投资企业需要承担额外义务的，按照或有事项准则的规定，对于符合确认条件的义务，应确认为当期损失，同时确认预计负债，借记“投资收益”科目，贷记“预计负债”科目。

在确认了有关的投资损失以后，被投资单位于以后期间实现盈利的，应按以上相反顺序分别减记已确认的预计负债、恢复其他长期权益及长期股权投资的账面价值，同时确认投资收益。即应当按顺序分别借记“预计负债”“长期应收款”“长期股权投资”科目，贷记“投资收益”科目。

【例 5 − 12】柳林企业持有光华企业 40% 的股权，能够对光华企业施加重大影响。2015 年 12 月 31 日该项长期股权投资的账面价值为 4 000 万元。光华企业 2016 年由于一项主要经营业务市场条件发生变化，当年度亏损 6 000 万元。假定柳林企业在取得该投资时，光华企业各项可辨认资产、负债的公允价值与其账面价值相等，双方所采用的会计政策及会计期间也相同，则柳林企业当年度应确认的投资损失为 2 400 万元。确认上述投资损失后，长期股权投资的账面价值变为 1 600 万元。

如果光华企业 2016 年的亏损额为 12 000 万元，柳林企业按其持股比例确认应分担的损失为 4 800 万元，但长期股权投资的账面价值仅为 4 000 万元，如果没有其他实质上构成对被投资单位净投资的长期权益项目，则柳林企业应确认的投资损失仅为 4 000 万元，超额损失在账外进行备查登记。在确认了 4 000 万元的投资损失，长期股权投资的账面价值减记至零以后，如果柳林企业账上仍有应收光华企业的长期应收款 1 600 万元，该款项从目前情况看，没有明确的清偿计划（并非产生于商品购销等日常活动），则柳林企业应进行的账务处理为：

借：投资收益　40 000 000

　贷：长期股权投资——损益调整　40 000 000

借：投资收益　8 000 000

　贷：长期应收款　8 000 000

（五）其他综合收益的处理

在权益法核算下，被投资单位确认的其他综合收益及其变动，也会影响被投资单位所有者权益总额，进而影响投资企业应享有被投资单位所有者权益的份额。因此，当被投资单位其他综合收益发生变动时，投资企业应当按照归属于本企业的部分，相应调整长期股权投资的账面价值，同时增加或减少其他综合收益。

【例 5－13】柳林企业持有光华企业 20% 的股份，并能对光华企业施加重大影响。当期，光华企业将作为存货的房地产转换为以公允价值模式计量的投资性房地产，转换日公允价值大于账面价值 1 000 万元，计入了其他综合收益。不考虑其他因素，柳林企业当期按照权益法核算应确认的其他综合收益的会计处理如下：

按权益法核算柳林企业应确认的其他综合收益 = 1 000 × 20% = 200（万元）

借：长期股权投资——其他综合收益　2 000 000

　贷：其他综合收益　2 000 000

（六）被投资单位所有者权益其他变动的处理

采用权益法核算时，投资企业对于被投资单位除净损益、其他综合收益以及利润分配以外所有者权益的其他变动，应按照持股比例与被投资单位所有者权益的其他变动计算的归属于本企业的部分，相应调整长期股权投资的账面价值，同时增加或减少资本公积（其他资本公积）。被投资单位除净损益、其他综合收益以及利润分配以外的所有者权益的其他变动，主要包括：被投资单位接受其他股东的资本性投入、被投资单位发行可分离交易的可转换公司债券中包含的权益成分、以权益结算的股份支付等。

【例 5－14】柳林企业持有光华企业 20% 的股份，能够对光华企业施加重大影响。光华企业为上市公司。当期光华企业的母公司向光华企业捐赠 1 200 万元，该捐赠实质上属于资本性投入，光华企业将其计入资本公积（资本溢价）。不考虑其他因素，柳林企业按照权益法作如下会计处理：

借：长期股权投资——其他权益其他变动　2 400 000

　贷：资本公积——其他资本公积　2 400 000

（七）股票股利的处理

被投资单位分派的股票股利，投资企业不作账务处理，但应于除权日注明所增加的股数，以反映股份的变化情况。

三、长期股权投资的减值

长期股权投资在按照规定进行核算确定其账面价值的基础上，如果存在减值迹象的，应当按照相关准则的规定计提减值准备。其中对于公司、联营企业及合营企业的投资，应当按照《企业会计准则第 8 号——资产减值》的相关内容确定其可收回金额及应予计提的减值准备；企业持有的对被投资单位不具有共同控制或重大影响、在活跃市场中没有报价、公允价值不能可靠计量的长期股权投资，应当按照《企业会计准则第 22 号——金融工具确认和计量》的规定确定其可收回金额及应予计提的减值准备。

企业按照《企业会计准则解释第 3 号》规定采用成本法核算的长期股权投资，投资企业取得被投资单位宣告发放的现金股利或利润，确认自被投资单位应分得的现金股利或利润后，应当考虑长期股权投资是否发生减值。在判断该类长期股权投资是否存在减值迹象时，应当关注长期股权投资的账面价值是否大于享有被投资单位净资产（包括相关商誉）账面价值的份额等类似情况。出现类似情况时，企业应当按照《企业会计准则第 8 号——资产减值》对长期股权投资进行减值测试，可收回金额低于长期股权投资账面价值的，应当计提减值准备。

第四节　长期股权投资的处置

企业持有长期股权投资的过程中，由于各方面的考虑，决定将所持有的对被投资单位的股权全部或部分对外出售时，应相应结转与所售股权相对应的长期股权投资的账面价值，出售所得价款与处置长期股权投资账面价值之间的差额，应确认为处置损益。

采用权益法核算的长期股权投资，原计入其他综合收益（不能结转损益的除外）或资本公积（其他资本公积）中的金额，在处置时亦应进行结转，将与所出售股权相对应的部分在处置时自其他综合收益或资本公积转入当期损益。

【例 5 - 15】柳林企业原持有光华企业 40% 的股权，2016 年 12 月 20 日，柳林企业决定出售其持有的光华企业股权的 1/4，出售时柳林企业账面上对光华企业长期股权投资的构成为：投资成本 1 000 万元，损益调整 320 万元，可转入损益的其他综合收益 150 万元，其他权益变动 50 万元，出售取得价款 470 万元。

柳林企业应确认的处置损益为：

借：银行存款　　4 700 000

　贷：长期股权投资　　3 800 000

投资收益　　900 000

同时，还应将原计入其他综合收益或资本公积的部分按比例转入当期损益：

借：资本公积——其他资本公积　　125 000

其他综合收益　　375 000

贷：投资收益　　500 000

本章小结

本章首先对长期股权投资的概念和内容种类进行了描述，细致地讲解了长期股权投资的初始确认和计量、后续计量和处置。本章的主要内容有：

同一控制下企业合并形成的长期股权投资，合并方以支付现金、转让非现金资产或承担债务方式作为合并对价的，应当在合并日按照取得被合并方所有者权益账面价值的份额作为长期股权投资的初始投资成本。长期股权投资的初始投资成本与支付的现金、转让的非现金资产及所承担债务账面价值之间的差额，应当调整资本公积（资本溢价或股本溢价）；资本公积（资本溢价或股本溢价）的余额不足冲减的，调整留存收益。合并方发生的审计、法律服务、评估咨询等中介费用以及其他相关管理费用，应当于发生时计入当期管理费用。

非同一控制下的控股合并中，购买方应当按照确定的企业合并成本作为长期股权投资的初始投资成本。企业合并成本包括购买方付出的资产、发生或承担的负债、发行的权益性证券的公允价值之和。以支付现金取得的长期股权投资，应当按照实际支付的购买价款作为初始投资成本，包括购买过程中支付的手续费等必要支出，但所支付价款中包含的被投资单位已宣告但尚未发放的现金股利或利润应作为应收项目核算，不构成取得长期股权投资的成本。

长期股权投资在按照规定进行核算确定其账面价值的基础上，如果存在减值迹象的，应当按照相关准则的规定计提减值准备。

企业持有长期股权投资的过程中，由于各方面的考虑，决定将所持有的对被投资单位的股权全部或部分对外出售时，应相应结转与所售股权相对应的长期股权投资的账面价值，出售所得价款与处置长期股权投资账面价值之间的差额，应确认为处置损益。采用权益法核算的长期股权投资，原计入其他综合收益或资本公积中的金额，在处置时亦应进行结转，将与所出售股权相对应的部分在处置时自其他综合收益或资本公积转入当期损益。

关键词

长期股权投资　控制　共同控制　重大影响　无控制、无共同控制且无重大影响　初始投资成本　投资者投入的长期股权投资　成本法　权益法

本章思考题

1. 同一控制与非同一控制下企业合并形成的长期股权投资取得成本的确定有何区别？

2. 举例说明成本法的适用范围及具体运用。

3. 举例说明权益法的适用范围及具体运用。

第六章　资产减值

【学习目的与要求】

本章主要阐述资产减值准则中规范的资产减值的确认、计量和记录问题。本章的学习要求是：

1. 掌握资产减值的概念及其范围。
2. 掌握资产可收回金额的计量。
3. 掌握资产减值损失的确认原则。
4. 掌握商誉减值测试及其减值的处理。

按照资产的定义，资产是指企业过去的交易或者事项形成的，由企业拥有或者控制的，预期会给企业带来经济利益的资源。资产的主要特征之一是它必须能够为企业带来经济利益的流入。如果资产不能够为企业带来经济利益或者带来的经济利益低于其账面价值，那么，该资产就不能再予以确认，或者不能再以原账面价值予以确认，否则将不符合资产的定义，也无法反映资产的实际价值，其结果会导致企业资产虚增和利润虚增。因此，当企业资产的实际价值低于其账面价值时，即表明资产发生了减值，企业应当确认资产减值损失，并把资产的账面价值减记至可收回金额，即计提资产减值准备。

第一节　资产减值概述

一、资产减值的含义

资产减值，是指资产的可收回金额低于其账面价值的情形。本章所指资产除特别说明外，包括单项资产和资产组。从传统会计学的观点，资产是未来的经济利益，但用于会计确认，有些问题就不好解决了。因而，在对资产进行会计定义时，应结合考虑资产的量化即资产的计量问题。正因为如此，在会计学家看来，资产减值是历史成本与可收回金额这两种计量属性对同一资产计量所产生的计量差异。当然，随着对会计目标的不断认识，会计学的着眼点已从单纯的“记录”转到了新兴的“计价”之上。对于资产的描述也转向了强调对“未来经济利益”流入的重视，因而这种对资产减值的理解显然是滞后的。会计学家如斯普瑞格（Sprague）、坎宁（Canning）、斯普路斯（Sprouse）、莫尼茨（Moonizt）等引入了经济学的思想，将资产减值的定义概括为资产账面价值与预期未来经济利益估计的差额。虽然，这一定义仍然存在争议，但是它概括了资产减值的本质，也符合财务报表有助于使用者做出决策的会计目标。

从经济学的角度看，资产意味着“未来经济利益”，企业只有在预期资产带来的未来经济利益高于或等于其市场价格时，才会作出资产购置的决策。在有效市场下，供需双方的互动往往会导致商品的预期收益等于商品的生产支出，亦等于其市场价格，因而，资产购入时记录于财务报表中的资金即是对资产在其寿命期内经济利益的评价。在资产持有期间，由于各种内、外部因素的影响，可能使资产真实价值的运行轨迹偏离了预期的估计，由此产生的价值偏离正是资产的减值。

二、资产减值的范围及其规范

企业所有的资产在发生减值时，原则上都应当及时加以确认和计量，因此，资产减值包括所有资产的减值。但是由于有关资产特性不同，其减值会计处理也有所差别，因而所适用的具体准则不尽相同。《企业会计准则第 8 号——资产减值》主要规范了企业非流动资产的减值会计问题，具体包括以下资产的减值：①对子公司、联营企业和合营企业的长期股权投资；②采用成本模式进行后续计量的投资性房地产；③固定资产；④生产性生物资产；⑤无形资产；⑥商誉；⑦探明石油天然气矿区权益和井及相关设施等。至于存货、消耗性生物资产、建造合同形成的资产、递延所得税资产、融资租赁中出租人未担保余值、采用公允价值后续计量的投资性房地产、金融资产等的减值分别适用相应的规范。

三、资产减值迹象的判断

企业应当在资产负债表日判断资产是否存在可能发生减值的迹象，对于存在减值迹象的资产，应当进行减值测试，计算可收回金额，可收回金额低于账面价值的，应当按照可收回金额低于账面价值的金额，计提减值准备。

资产可能发生减值的迹象可从企业外部和企业内部进行分析，主要包括以下方面：

（1）资产的市价当期大幅度下跌，其跌幅明显高于因时间的推移或者正常使用而预计的下跌。

（2）企业经营所处的经济、技术或法律等环境以及资产所处的市场在当期或将在近期发生重大变化，从而对企业产生不利影响。

（3）市场利率或者其他市场投资回报率在当期已经提高，从而影响企业计算资产预计未来现金流量现值的折现率，导致资产可收回金额大幅度降低。

（4）有证据表明资产已经陈旧过时或其实体已经损坏。

（5）资产已经或者将被闲置、终止使用或者计划提前处置。

（6）企业内部报告的证据表明资产的经济绩效已经低于或者将低于预期，如资产所创造的净现金流量或者实现的营业利润（或者损失）远远低于（或者高于）预计金额等。

（7）其他表明资产可能已经发生减值的迹象。

四、资产减值的测试

企业在资产负债表日判断资产是否存在减值的迹象。如果有确凿证据表明资产存在减值迹象的，应当进行减值测试，估计资产的可收回金额。但因企业合并形成的商誉和使用寿命不确定的无形资产，无论是否存在减值迹象，都应当至少于每年年度终了进行减值测试。另外，对于尚未达到可使用状态的无形资产由于其价值具有较大的不确定性，也应当每年进行减值测试。

企业在判断资产减值迹象以决定是否需要估计资产可收回金额时，应当遵循重要性要求。根据这一要求，企业资产存在下列情况的，可以不估计其可收回金额：

（1）以前报告期间的计算结果表明，资产可收回金额远高于其账面价值，之后又没有发生消除这一差异的交易或事项的，企业在资产负债表日可以不需重新估计该资产的可收回金额。

（2）以前报告期间的计算与分析表明，资产可收回金额对于资产减值准则中所列示的一种或者多种减值迹象反应不敏感，在本报告期间又发生了这些减值迹象的，在资产负债表日企业可以不需因为上述减值迹象的出现而重新估计资产的可收回金额。

第二节　资产可收回金额的计量

一、可收回金额定义

企业在估计可收回金额时，原则上应当以单项资产为基础，如果企业难以对单项资产的可收回金额进行估计的，应当以资产所属的资产组为基础确定资产的可收回金额。资产组是指企业可以认定的最小资产组合，其产生的现金流入应当基本上独立于其他资产或资产组。资产组应当由创造现金流入的相关资产组成。

可收回金额的估计，应当根据资产的公允价值减去处置费用后的净额与资产预计未来现金流量的现值两者之间较高者确定。

二、估计资产可收回金额的基本方法

根据资产减值准则的规定，资产存在减值迹象的，应当估计其可收回金额，然后将所估计的资产可收回金额与其账面价值相比较，以确定资产是否发生了减值，以及是否需要计提资产减值准备并确认相应的减值损失。

资产可收回金额的估计，应当根据其公允价值减去处置费用后的净额与资产预计未来现金流量的现值两者之间较高者确定。因此，计算确定资产可收回金额应当经过以下步骤：

第一步，计算确定资产的公允价值减去处置费用后的净额；

第二步，计算确定资产预计未来现金流量的现值；

第三步，资产的公允价值减去处置费用后的净额和资产预计未来现金流量的现值，取其较高者作为资产可收回金额。

一般而言，要估计资产的可收回金额，通常需要同时估计该资产的公允价值减去处置费用后的净额和资产预计未来现金流量的现值，但是在下列情况下，可以有例外或者特殊考虑：

（1）资产的公允价值减去处置费用后的净额与资产预计未来现金流量的现值，只要有一项超过了资产的账面价值，就表明资产没有发生减值，不需再估计另一项金额。

（2）没有确凿证据或者理由表明，资产预计未来现金流量现值显著高于其公允价值减去处置费用后的净额的，可以将资产的公允价值减去处置费用后的净额视为资产的可收回金额。企业持有待售的资产往往属于这种情况，即该资产在持有期间（处置之前）所产生的现金流量可能很少，其最终取得的未来现金流量往往就是资产的处置净收入，在这种情况下，以资产公允价值减去处置费用后的净额作为其可收回金额是适宜的，因为资产的未来现金流量现值不大会显著高于其公允价值减去处置费用后的净额。

（3）资产的公允价值减去处置费用后的净额如果无法可靠估计的，应当以该资产预计未来现金流量的现值作为其可收回金额。

三、资产的公允价值减去处置费用后的净额的估计

资产的公允价值减去处置费用后的净额，通常反映的是资产如果被出售或者处置时可以收回的净现金收入。其中，资产的公允价值是指在公平交易中，熟悉情况的交易双方自愿进行资产交换的金额；处置费用是指可以直接归属于资产处置的增量成本，包括与资产处置有关的法律费用、相关税费、搬运费以及为使资产达到可销售状态所发生的直接费用等，但是财务费用和所得税费用等不包括在内。

企业在估计资产的公允价值减去处置费用后的净额时，应当分别是否存在资产销售协议和活跃市场进行处理：

1. 存在资产销售协议

对于存在资产销售协议的，应当根据公平交易中资产的销售协议价格减去可直接归属于该资产处置费用的金额确定资产的公允价值减去处置费用后的净额。这是估计资产的公允价值减去处置费用后的净额的最佳方法，企业应当优先采用这一方法。但是，在实务中，企业的资产往往都是内部持续使用的，取得资产的销售协议价格并不容易，为此，需要采用其他方法估计资产的公允价值减去处置费用后的净额。

【例 6－1】柳林公司的某项固定资产在公平交易中的销售协议价格为 300 万元，可直接归属于该资产的处置费用（包括有关的法律费用、相关税费、搬运费等直接费用）为 20 万元。则该固定资产的公允价值减去处置费用后的净额 $=300-20=280$（万元）。

2. 不存在销售协议但存在资产活跃市场

对于不存在销售协议但存在资产活跃市场的，应当根据该资产的市场价格减去处置费用后的金额确定。资产的市场价格通常应当按照资产的买方出价确定。但是如果难以获得资产在估计日的买方出价的，企业可以以资产最近的交易价格作为其公允价值减去处置费用后的净额确定，其前提是资产的交易日和估计日之间，有关经济、市

场环境等没有发生重大变化。

【例6-2】柳林公司的某项固定资产不存在销售协议但存在活跃市场，市场价格为500万元，估计的处置费用为25万元。则该固定资产的公允价值减去处置费用后的净额=500-25=475（万元）。

3. 既不存在资产销售协议又不存在资产活跃市场

对于既不存在资产销售协议又不存在资产活跃市场的情况，企业应当以可获取的最佳信息为基础，熟悉情况的交易双方自愿进行公平交易愿意提供的交易价格减去资产处置费用后的金额，估计资产的公允价值减去处置费用后的净额。在实务中，该金额可以参考同行业类似资产的最近交易价格或者结果进行估计。

【例6-3】柳林公司的某项固定资产不存在销售协议，也不存在活跃市场。甲公司通过调查同行业类似资产最近的交易价格估计的该固定资产的公允价值为200万元，可直接归属于该固定资产的处置费用为5万元。则该固定资产的公允价值减去处置费用后的净额=200-5=195（万元）。

如果企业按照上述要求仍然无法可靠估计资产的公允价值减去处置费用后的净额的，应当以该资产预计未来现金流量的现值作为其可收回金额。

四、资产预计未来现金流量的现值的估计

资产预计未来现金流量的现值，应当按照资产在持续使用过程中和最终处置时所产生的预计未来现金流量，选择恰当的折现率对其进行折现后的金额加以确定。预计资产未来现金流量的现值，主要应当综合考虑以下因素：①资产的预计未来现金流量；②资产的使用寿命；③折现率。其中，资产使用寿命的预计与《企业会计准则第4号——固定资产》《企业会计准则第6号——无形资产》等规定的使用寿命预计方法相同。以下重点阐述资产未来现金流量和折现率的预计方法。

（一）资产未来现金流量的预计

1. 预计资产未来现金流量的基础

为了估计资产未来现金流量的现值，需要首先预计资产的未来现金流量，为此，企业管理层应当在合理和有依据的基础上对资产剩余使用寿命内整个经济状况进行最佳估计，并将资产未来现金流量的预计建立在经企业管理层批准的最近财务预算或者预测数据之上。但是出于数据可靠性和便于操作等方面的考虑，建立在该预算或者预测基础上的预计现金流量最多涵盖5年，企业管理层如能证明更长的期间是合理的，可以涵盖更长的期间。

如果资产未来现金流量的预计还包括最近财务预算或者预测期之后的现金流量，企业应当以该预算或者预测期之后年份稳定的或者递减的增长率为基础进行估计。但是，企业管理层如能证明递增的增长率是合理的，可以以递增的增长率为基础进行估计。同时，所使用的增长率除了企业能够证明更高的增长率是合理的之外，不应当超过企业经营的产品、市场、所处的行业或者所在国家或者地区的长期平均增长率，或者该资产所处市场的长期平均增长率。在恰当、合理的情况下，该增长率可以是零或

者负数。

由于经济环境随时都在变化，资产的实际现金流量往往会与预计数有出入，而且预计资产未来现金流量时的假设也有可能发生变化，因此，企业管理层在每次预计资产未来现金流量时，应当分析以前期间现金流量预计数与现金流量实际数出现差异的情况，以评判当期现金流量预计所依据的假设的合理性。通常情况下，企业管理层应当确保当期现金流量预计所依据的假设与前期实际结果相一致。

2. 预计资产未来现金流量应当包括的内容

预计的资产未来现金流量应当包括下列各项：

（1）资产持续使用过程中预计产生的现金流入。

（2）为实现资产持续使用过程中产生的现金流入所必需的预计现金流出（包括为使资产达到预定可使用状态所发生的现金流出）。该现金流出应当是可直接归属于或者可通过合理和一致的基础分配到资产中的现金流出，后者通常是指那些与资产直接相关的间接费用。对于在建工程、开发过程中的无形资产等，企业在预计其未来现金流量时，就应当包括预期为使该类资产达到预定可使用（或者可销售）状态而发生的全部现金流出数。

本期净现金流量 = 本期现金流入 - 本期现金流出

（3）资产使用寿命结束时，处置资产所收到或者支付的净现金流量。该现金流量应当是在公平交易中，熟悉情况的交易双方自愿进行交易时，企业预期可从资产的处置中获取或者支付的减去预计处置费用后的金额。

3. 预计资产未来现金流量应当考虑的因素

企业在预计资产未来现金流量时，应当综合考虑下列因素：

（1）以资产的当前状况为基础预计资产未来现金流量。企业资产在使用过程中有时会因为修理、改良、重组等原因而发生变化，因此，在预计资产未来现金流量时，企业应当以资产的当前状况为基础，不应当包括与将来可能会发生的、尚未作出承诺的重组事项或者与资产改良有关的预计未来现金流量。

（2）预计资产未来现金流量不应当包括筹资活动和所得税收付产生的现金流量。企业预计的资产未来现金流量，不应当包括筹资活动产生的现金流入或者流出以及与所得税收付有关的现金流量。其原因：一是所筹集资金的货币时间价值已经通过折现因素予以考虑；二是折现率要求是以税前基础计算确定的，因此，现金流量的预计也必须建立在税前基础之上，这样可以有效避免在资产未来现金流量现值的计算过程中可能出现的重复计算等问题，以保证现值计算的正确性。

（3）对通货膨胀因素的考虑应当和折现率相一致。企业在预计资产未来现金流量和折现率时，考虑因一般通货膨胀而导致物价上涨的因素，应当采用一致的基础。如果折现率考虑了因一般通货膨胀而导致的物价上涨影响因素，资产预计未来现金流量也应予以考虑；反之，如果折现率没有考虑因一般通货膨胀而导致的物价上涨影响因素，资产预计未来现金流量也应当剔除这一影响因素。总之，在考虑通货膨胀因素的问题上，资产未来现金流量的预计和折现率的预计，应当保持一致。

（4）涉及内部转移价格的需要作调整。在一些企业集团里，出于集团整体战略发展的考虑，某些资产生产的产品或者其他产出可能是供其集团内部其他企业使用或者对外销售的，所确定的交易价格或者结算价格基于内部转移价格，而内部转移价格很可能与市场交易价格不同，在这种情况下，为了如实测算企业资产的价值，就不应当简单地以内部转移价格为基础预计资产未来现金流量，而应当采用在公平交易中企业管理层能够达成的最佳的未来价格估计数进行预计。

4. 预计资产未来现金流量的方法

预计资产未来现金流量，通常应当根据资产未来每期最有可能产生的现金流量进行预测。它使用单一的未来每期预计现金流量和单一的折现率计算资产未来现金流量的现值。

【例6-4】柳林公司拥有甲固定资产，该固定资产剩余使用年限为3年，公司预计未来3年内，该资产每年可为公司产生的净现金流量分别为：第一年150万元，第二年75万元，第三年15万元。该现金流量通常即为最有可能产生的现金流量，公司应以该现金流量的预计数为基础计算资产的现值。

如果影响资产未来现金流量的因素较多，情况较为复杂，带有很大的不确定性，使用单一的现金流量可能并不会如实地反映资产创造现金流量的实际情况。在这种情况下，采用期望现金流量法预计资产未来现金流量更为合理。在期望现金流量法下，资产未来现金流量应当根据每期现金流量期望值进行预计，每期现金流量期望值按照各种可能情况下的现金流量与其发生概率加权计算。

（二）折现率的预计

为了资产减值测试的目的，计算资产未来现金流量现值时所使用的折现率应当是反映当前市场货币时间价值和资产特定风险的税前利率。该折现率是企业在购置或者投资资产时所要求的必要报酬率。

确定折现率时应注意：

（1）在预计资产的未来现金流量时已经对资产特定风险的影响作了调整的，估计折现率不需要考虑这些特定风险。

（2）如果用于估计折现率的基础是税后的，应当将其调整为税前的折现率，以便于与资产未来现金流量的估计基础相一致。

（3）企业在确定折现率时，应当以该资产的市场利率为依据。如果特定资产的报酬率难以从市场上直接获得，企业应当采用替代报酬率以估计折现率。在估计替代利率时，企业应当充分考虑资产剩余寿命期间的货币时间价值和其他相关因素，比如资产未来现金流量金额及其时间的预计离散程度、资产内在不确定性的定价等，如果资产预计未来现金流量已经对这些因素作了有关调整的，应当予以剔除。

替代利率在估计时，可以根据企业加权平均资金成本、增量借款利率或者其他相关市场借款利率作适当调整后确定。调整时，应当考虑与资产预计现金流量有关的特定风险以及其他有关政治风险、货币风险和价格风险等。

企业在估计资产未来现金流量现值时，通常应当使用单一的折现率。但是，如果资产未来现金流量的现值对未来不同期间的风险差异或者利率的期间结构反应敏感的，企业应当在未来各不同期间采用不同的折现率。

(三) 资产未来现金流量现值的预计

在预计资产未来现金流量和折现率的基础之上，资产未来现金流量的现值只需将该资产的预计未来现金流量按照预计的折现率在预计期限内加以折现即可确定。

其计算公式如下：

资产未来现金流量的现值(PV) = $\sum$[预计第 t 年资产未来现金流量(NCF_t)/(1 + 折现率 R)^t]

【例 6－5】柳林航运公司于 2010 年末对一艘远洋运输船只进行减值测试。该船舶账面价值为2.4 亿元，预计尚可使用年限为8 年。该船舶的公允价值减去处置费用后的净额难以确定，因此，公司需要通过计算其未来现金流量的现值确定资产的可收回金额。假定公司当初购置该船舶用的资金是银行长期借款资金，借款年利率为 15%，公司认为 15% 是该资产的最低必要报酬率，已考虑了与该资产有关的货币时间价值和特定风险。因此在计算其未来现金流量现值时，使用 15% 作为其折现率（税前）。

公司管理层批准的财务预算显示：公司将于 2015 年更新船舶的发动机系统，预计为此发生资本性支出 2 250 万元，这一支出将降低船舶运输油耗、提高使用效率等，因此将提高资产的运营绩效。

为了计算船舶在 2010 年末未来现金流量的现值，公司必须预计其未来现金流量。假定公司管理层批准的 2010 年末的该船舶预计未来现金流量如表 6－1 所示。

表 6－1　　单位：万元

年份	预计未来现金流量 （不包括改良的影响金额）	预计未来现金流量 （包括改良的影响金额）
2011	3 750	
2012	3 690	
2013	3 570	
2014	3 540	
2015	3 585	
2016	3 705	4 935
2017	3 750	4 920
2018	3 765	4 950

根据资产减值准则的规定，在 2010 年末预计资产未来现金流量时，应当以资产当时的状况为基础，不应考虑与该资产改良有关的预计未来现金流量，因此，尽管 2015 年船舶的发动机系统将进行更新以改良资产绩效，提高资产未来现金流量，但是在 2010 年末对其进行减值测试时，则不应将其包括在内。即在 2010 年末计算该资产未来现金流量的现值时，应当以不包括资产改良影响金额的未来现金流量为基础加以计算。具体如表 6－2 所示。

表6－2　　单位：万元

年份	预计未来现金流量（不包括改良的影响金额）	以折现率为15%的折现系数	预计未来现金流量现值
2011	3 750	0. 869 6	3 261. 00
2012	3 690	0. 756 1	2 790. 01
2013	3 570	0. 657 5	2 347. 28
2014	3 540	0. 571 8	2 024. 17
2015	3 585	0. 497 2	1 782. 46
2016	3 705	0. 432 3	1 601. 67
2017	3 750	0. 375 9	1 409. 63
2018	3 765	0. 326 9	1 230. 78
			16 446. 99

由于在2010年年末船舶的账面价值（尚未确认减值损失）为24 000万元，而其可收回金额为16 446. 99万元，账面价值高于其可收回金额，因此，应当确认减值损失，并计提相应的资产减值准备。

应确认的减值损失＝24 000－16 446. 99＝7 553. 01（万元）

假定在2011—2014年间该船舶没有发生进一步减值的迹象，因此不必再进行减值测试，无须计算其可收回金额。2015年发生了2 250万元的资本性支出，改良了资产绩效，导致其未来现金流量增加，但由于我国资产减值准则不允许将以前期间已经确认的资产减值损失予以转回，因此，在这种情况下，也不必计算其可收回金额。

【例6－6】2016年12月31日，柳林公司对一辆货运汽车进行检查时发现，该货运汽车因市场环境变化可能发生减值。此货运汽车的公允价值为10万元，可归属于该货运汽车的处置费用为0. 5万元；预计尚可使用3年，预计其在未来2年内每年年末产生的现金流量分别为：4. 8万元、4万元；第3年产生的现金流量以及使用寿命结束时处置形成的现金流量合计为4. 5万元。综合考虑货币时间价值及相关风险确定折现率为10%，则可收回金额计算如下：

①货运汽车的公允价值减去处置费用后的净额＝10－0. 5＝9. 5（万元）

②货运汽车预计未来现金流量现值＝$\frac{4.8}{(1+10\%)}+\frac{4}{(1+10\%)^2}+\frac{4.5}{(1+10\%)^3}$

＝4. 36＋3. 31＋3. 38

＝11. 05（万元）

③根据孰高原则，该货运汽车的可收回金额为11. 05万元。

第三节 资产减值损失的确认与计量

一、资产减值损失确认与计量的一般原则

企业在对资产进行减值测试并计算了资产的可收回金额后，如果资产的可收回金额低于其账面价值的，应当将资产的账面价值减记至可收回金额，减记的金额确认为资产减值损失，计入当期损益，同时计提相应的资产减值准备。这样，企业当期确认的减值损失应当反映在其利润表中，而计提的资产减值准备应当作为相关资产的备抵项目，反映于资产负债表中，从而夯实企业资产价值，避免利润虚增，如实反映企业的财务状况和经营成果。资产的账面价值是指资产成本扣减累计折旧（或累计摊销）和累计减值准备后的金额。

资产减值损失确认后，减值资产的折旧或者摊销费用应当在未来期间作相应调整，以使该资产在剩余使用寿命内，系统地分摊调整后的资产账面价值（扣除预计净残值）。比如，固定资产计提了减值准备后，固定资产账面价值将根据计提的减值准备相应抵减，因此，固定资产在未来计提折旧时，应当按照新的固定资产账面价值为基础计提每期折旧。

一方面，固定资产、无形资产、商誉等资产发生减值后，价值回升的可能性比较小，通常属于永久性减值；另一方面，从会计信息谨慎性要求考虑，为了避免确认资产重估增值和操纵利润，资产减值准则规定，资产减值损失一经确认，在以后会计期间不得转回。以前期间计提的资产减值准备，在资产处置、出售、对外投资、以非货币性资产交换方式换出、在债务重组中抵偿债务等时，才可予以转出。

二、资产减值损失的账务处理

为了正确核算企业确认的资产减值损失和计提的资产减值准备，企业应当设置“资产减值损失”科目，按照资产类别进行明细核算，反映各类资产在当期确认的资产减值损失金额；同时，应当根据不同的资产类别，分别设置“固定资产减值准备”“在建工程减值准备”“投资性房地产减值准备”“无形资产减值准备”“商誉减值准备”“长期股权投资减值准备”“生产性生物资产减值准备”等科目。

当企业根据资产减值准则规定确定资产发生了减值时，应当根据所确认的资产减值金额，借记“资产减值损失”科目，贷记“固定资产减值准备”“在建工程减值准备”“投资性房地产减值准备”“无形资产减值准备”“商誉减值准备”“长期股权投资减值准备”“生产性生物资产减值准备”等科目。在期末，企业应当将“资产减值损失”科目余额转入“本年利润”科目，结转后该科目应当没有余额。各资产减值准备科目累积每期计提的资产减值准备，直至相关资产被处置时才予以转出。

【例6-7】柳林公司有关货运汽车的购入和使用情况如下：

①2016年12月20日柳林公司购入一辆货运汽车，用银行存款支付的买价和相关

税费为20.8万元。

借：固定资产　　208 000

　贷：银行存款　　208 000

②从2017年1月起计提折旧。假设该货运汽车的预计使用年限5年，预计净残值0.8万元，按直线法计提折旧。为简化，2017年年末计提折旧如下：

2017年计提折旧额＝（20.8－0.8）/5＝4（万元）

借：其他业务成本　　40 000

　贷：累计折旧　　40 000

注：假设货运收入计入其他业务收入。

③2017年年末计提减值准备。假设2017年年末该货运汽车未出现减值的迹象，不计提固定资产减值准备。

④2018年年末计提2018年折旧：

借：其他业务成本　　40 000

　贷：累计折旧　　40 000

⑤2018年年末计提减值

2018年12月31日，柳林公司对该货运汽车进行检查时发现该货运汽车因市场环境变化可能发生减值。经测算该货运汽车的可收回金额为11.05万元。因该货运汽车的账面价值为12.8万元（20.8－4×2），高于其可收回金额11.05万元，应计提固定资产减值准备1.75万元（12.8－11.05）：

借：资产减值损失　　17 500

　贷：固定资产减值准备　　17 500

⑥2019年年末计提2019年折旧

计提固定资产减值准备后，2009年年初固定资产净额为11.05万元，假设预计使用年限为3年，预计净残值为0.01万元，则2009年应计提折旧额＝（11.05－0.01）/3＝3.68（万元）。

借：其他业务成本　　36 800

　贷：累计折旧　　36 800

如果以后年度造成固定资产减值的因素消失，固定资产价值回升，按照新准则规定，已计提的减值也不得转回。

第四节　商誉减值测试与处理

一、商誉减值测试的基本要求

企业合并所形成的商誉，至少应当在每年年度终了进行减值测试。由于商誉难以独立产生现金流量，因此，商誉应当结合与其相关的资产组或者资产组组合进行减值测试。为了资产减值测试的目的，对于因企业合并形成的商誉的账面价值，应当自购买日起按照合理的方法分摊至相关的资产组；难以分摊至相关的资产组的，应当将其分摊至相关的资产组组合。企业因重组等原因改变了其报告结构，从而影响到已分摊商誉的一个或者若干个资产组或者资产组组合构成的，应当按照合理的方法，将商誉重新分摊至受影响的资产组或者资产组组合。这些相关的资产组或者资产组组合应当是能够从企业合并的协同效应中受益的资产组或者资产组组合，但不应当大于按照《企业会计准则第 35 号——分部报告》所确定的报告分部。

二、商誉减值测试的方法与会计处理

企业在对包含商誉的相关资产组或者资产组组合进行减值测试时，如与商誉相关的资产组或者资产组组合存在减值迹象的，应当首先对不包含商誉的资产组或者资产组组合进行减值测试，计算可收回金额，并与相关账面价值相比较，确认相应的减值损失。然后再对包含商誉的资产组或者资产组组合进行减值测试，比较这些相关资产组或者资产组组合的账面价值（包括所分摊的商誉的账面价值部分）与其可收回金额，如相关资产组或者资产组组合的可收回金额低于其账面价值的，应当就其差额确认减值损失，减值损失金额应当首先抵减分摊至资产组或者资产组组合中商誉的账面价值；再根据资产组或者资产组组合中除商誉之外的其他各项资产的账面价值所占比重，按比例抵减其他各项资产的账面价值。和资产减值测试的处理一样，以上资产账面价值的抵减，也都应当作为各单项资产（包括商誉）的减值损失处理，计入当期损益。抵减后的各资产的账面价值不得低于以下三者之中最高者：该资产的公允价值减去处置费用后的净额（可确定的）、该资产预计未来现金流量的现值（可确定的）和零。因此而导致的未能分摊的减值损失金额，应当按照相关资产组或者资产组组合中其他各项资产的账面价值所占比重进行分摊。

由于按照《企业会计准则第 20 号——企业合并》的规定，因企业合并所形成的商誉是母公司根据其在子公司所拥有的权益而确认的商誉，子公司中归属于少数股东的商誉并没有在合并财务报表中予以确认。因此，在对与商誉相关的资产组或者资产组组合进行减值测试时，由于其可收回金额的预计包括归属于少数股东的商誉价值部分，因此为了使减值测试建立在一致的基础上，企业应当调整资产组的账面价值，将归属于少数股东权益的商誉包括在内，然后根据调整后的资产组账面价值与其可收回金额进行比较，以确定资产组（包括商誉）是否发生了减值。

上述资产组如发生减值的，应当首先抵减商誉的账面价值，但由于根据上述方法计算的商誉减值损失包括了应由少数股东权益承担的部分，而少数股东权益拥有的商誉价值及其减值损失都不在合并财务报表中反映，合并财务报表只反映归属于母公司的商誉减值损失，因此应当将商誉减值损失在可归属于母公司和少数股东权益部分之间按比例进行分摊，以确认归属于母公司的商誉减值损失。

【例 6－8】柳林公司在 2016 年 1 月 1 日以 2 480 万元的价格收购了乙公司 80% 股权。在购买日，乙公司可辨认资产的公允价值为 2 325 万元，没有负债和或有负债。因此，柳林公司在购买日编制的合并资产负债表中确认商誉 620 万元（2 480 － 2 325 × 80%）、乙公司可辨认净资产 2 325 万元和少数股东权益 465 万元（2 325 ×20%）。

假定乙公司的所有资产被认定为一个资产组。由于该资产组包括商誉，因此，它至少应当于每年年度终了进行减值测试。在2016年末，柳林公司确定该资产组的可收回金额为1 550万元，可辨认净资产的账面价值为2 092.50万元。由于乙公司作为一个单独的资产组的可收回金额1 550万元中，包括归属于少数股东权益在商誉价值中享有的部分。因此，出于减值测试的目的，在与资产组的可收回金额进行比较之前，必须对资产组的账面价值进行调整，使其包括归属于少数股东权益的商誉价值155万元[(2 480/80% -2 325) ×20%]。然后再据以比较该资产组的账面价值和可收回金额，确定是否发生了减值损失。其测试过程如表6-3所示。

表6-3　　单位：万元

2016年末	商誉	可辨认资产	合计
账面价值	620.00	2 092.50	2 712.50
未确认归属于少数股东权益的商誉价值	155.00	-	155.00
调整后账面价值	775.00	2 092.50	2 867.50
可收回金额			1 550.00
减值损失			1 317.50

根据上述计算结果，资产组发生减值损失1 317.50万元，应当首先冲减商誉的账面价值，然后再将剩余部分分摊至资产组中的其他资产。在本例中，1 317.50万元减值损失中有775万元应当属于商誉减值损失，其中由于在合并财务报表中确认的商誉仅限于柳林公司持有乙公司80%股权部分，因此，柳林公司只需要在合并报表中确认归属于柳林公司的商誉减值损失，即775万元商誉减值损失的80%，为620万元。剩余的542.5万元（1 317.50-775）减值损失应当冲减乙公司的可辨认资产的账面价值，作为乙公司可辨认资产的减值损失。减值损失的分摊过程如表6-4所示。

表6-4　　单位：万元

2016年末	商誉	可辨认资产	合计
账面价值	620	2 092.50	2 712.50
确认的减值损失	(620)	(542.50)	(1 162.50)
确认减值损失后的账面价值	-	1 550.00	1 550.00

本章小结

本章首先对资产减值的含义、范围及规范、减值迹象的判断以及减值测试等内容进行了介绍，进一步详细阐述了资产减值的核算方法。主要内容包括：

资产减值，是指资产的可收回金额低于其账面价值的情形。企业在资产负债表日判断资产是否存在减值的迹象。如果有确凿证据表明资产存在减值迹象的，应当进行减值测试，估计资产的可收回金额。可收回金额的估计，应当根据资产的公允价值减去处置费用后的净额与资产预计未来现金流量的现值两者之间较高者确定。如果资产的可收回金额低于其账面价值的，应当将资产的账面价值减记至可收回金额，减记的金额确认为资产减值损失，计入当期损益，同时计提相应的资产减值准备。资产减值损失确认后，减值资产的折旧或者摊销费用应当在未来期间作相应调整。企业合并所形成的商誉和适应寿命不确定的无形资产，至少应当在每年年度终了进行减值测试。

关键词

资产减值　资产组　可收回金额　资产的公允价值减去处置费用后的净额　资产预计未来现金流量的现值　内部转移价格　折现率

本章思考题

1. 资产可能发生减值的迹象主要包括哪些？企业应当如何进行判断？
2. 试说明资产可收回金额的计量方法。
3. 请阐述资产减值损失的确认原则。
4. 何谓商誉？如何进行商誉减值的会计处理？

第七章 负 债

【学习目的与要求】

本章主要阐述负债的确认、计量、记录问题。本章的学习要求是：

1. 明确流动负债与非流动负债的性质、分类和计价。
2. 掌握流动负债的会计处理。
3. 掌握非流动负债的会计处理。

第一节 负债概述

一、负债的定义及确认条件

负债是指企业过去的交易或者事项形成的、预期会导致经济利益流出企业的现时义务。

负债通常具有以下几个基本特征：①负债是基于企业过去的交易或事项而产生的，也就是说，导致负债的交易或者事项必须已经发生。②负债是企业承担的现时义务，一般是由具有约束力的合同或因法定要求等而产生。所谓现时义务，是指企业在现行条件下已承担的义务。未来发生的交易或者事项形成的义务不属于现时义务，因此也不属于负债。③负债的发生往往伴随着资产或劳务的取得，或者费用或损失的发生；并且负债通常需要在未来某一特定时点用资产或劳务来偿付。

负债的确认条件：①与该义务有关的经济利益很可能流出企业；②未来流出的经济利益的金额能够可靠地计量。必须同时满足以上两个条件时，才能确认为负债。

二、负债的分类

负债按流动性分类，可分为流动负债和非流动负债。

（一）流动负债

负债满足下列条件之一，应当归为流动负债：

（1）预计在一个正常营业周期中清偿；

（2）主要为交易目的而持有；

（3）自资产负债表日起一年内应予以清偿；

（4）企业无权自主地将清偿义务推迟至资产负债表日后一年以上。

流动负债的计价：负债是企业在未来偿付的债务，从理论上讲，应按未来应付金额的现值计价，流动负债也是负债，从理论上讲也不例外。但是，流动负债的偿付时间一般不超过一年，未来应付金额与贴现值相差不多，按照重要性原则，其差额往往忽略不计，因而，流动负债一般按照业务发生时的金额计价。

流动负债主要包括：短期借款、应付票据、应付账款、预收账款、应付职工薪酬、应付股利、应交税费、其他应付款等。

（二）非流动负债

非流动负债是流动负债以外的负债，通常是指偿还期限在1年以上的债务。对于在资产负债表日起一年内到期的负债，企业预计能够自主地将清偿义务展期至资产负债表日后一年以上的，应当归类为非流动负债。

与流动负债相比，非流动负债具有偿还期限较长、金额较大的特点。这就决定了其会计处理也具有不同于流动负债的特点。由于非流动负债的偿还期限较长且金额较大，未来的现金流出量（未来支付的利息与本金）与其现值之间的差额较大，因而从理论上讲，非流动负债宜按其现值入账，而不宜按其未来应偿付金额入账。且非流动负债的利息额往往较大，因而利息的确认与计量，对于如实反映企业的财务状况与经营成果就显得十分重要。此外，非流动负债的利息既可能是分期支付，也可能于到期还本时一次支付。因此，非流动负债的应付未付利息既可能是流动负债，也可能是非流动负债。

非流动负债主要包括长期借款、应付债券、长期应付款等。

第二节　流动负债

一、短期借款

短期借款是指企业向银行或其他金融机构等借入的期限在一年以内（含一年）的各种借款。企业借入的短期借款无论用于哪方面，只要借入了这笔资金，就构成了一项负债。对于企业发生的短期借款，应设置“短期借款”科目核算；对于短期借款的利息，企业应当按照应计的金额，借记“财务费用”“利息支出（金融企业）”等科目，贷记“应付利息”等科目。

二、应付票据

应付票据是由出票人出票，委托付款人在指定日期无条件支付特定的金额给收款人或者持票人的票据。企业应设置“应付票据”科目进行核算。应付票据按是否带息分为带息应付票据和不带息应付票据两种。

（一）带息应付票据的处理

应付票据如为带息票据，其票据的面值就是票据的现值。由于我国商业汇票期限较短，因此，通常在期末，对尚未支付的应付票据计提利息，借记当期“财务费用”，贷记

"应付利息"，票据到期支付票款时，尚未计提的利息部分直接计入当期财务费用。

（二）不带息应付票据的处理

不带息应付票据，其面值就是票据到期时的应付金额。

【例7－1】柳林公司为增值税一般纳税人，采购原材料采用商业汇票方式结算货款，根据有关发票账单，购入材料的实际成本为20万元，增值税专用发票上注明的增值税为3.4万元。材料已经验收入库。企业开出期限为三个月的商业承兑汇票。该企业采用实际成本进行材料的日常核算，根据上述资料，企业应作如下会计分录：

借：原材料　　200 000

　　应交税费——应交增值税（进项税额）　　34 000

　贷：应付票据　　234 000

开出并承兑的商业承兑汇票如果不能如期支付的，应在票据到期时，将"应付票据"账面价值转入"应付账款"科目。待协商后再进行处理，如果重新签发新的票据以清偿原应付票据的，再从"应付账款"科目转入"应付票据"科目。银行承兑汇票如果票据到期，企业无力支付到期票款时，承兑银行除凭票向持票人无条件付款外，对出票人尚未支付的汇票金额转作逾期贷款处理，并按照每天万分之五计收利息。企业无力支付到期银行承兑汇票，在接到银行转来的"xx号汇票无款支付转入逾期贷款户"等有关凭证时，借记"应付票据"科目，贷记"短期借款"科目。对计收的利息，按短期借款利息的处理办法处理。

三、应付职工薪酬

（一）职工薪酬的内容

职工薪酬，是指企业为获得职工提供的服务或终止劳动合同关系而给予各种形式的报酬以及其他相关支出。

这里所称"职工"比较宽泛，包括三类人员：一是与企业订立劳动合同的所有人员，含全职、兼职和临时职工；二是未与企业订立劳动合同，但由企业正式任命的企业治理层和管理层人员，如董事会成员、监事会成员等；三是在企业的计划和控制下，虽未与企业订立劳动合同或未由其正式任命，但为其提供与职工类似服务的人员，包括通过企业与劳务中介公司签订用工合同而向企业提供服务的人员。

职工薪酬主要包括以下内容：

（1）短期薪酬，是指企业预期在职工提供相关服务的年度报告期间结束后12个月内将全部予以支付的职工薪酬，因解除与职工的劳动关系给予的补偿除外。主要包括职工的工资、奖金、津贴和补贴，职工福利费，医疗保险费，住房公积金，工会经费和职工教育经费，短期带薪缺勤，短期利润分享计划，非货币福利，其他短期薪酬。

（2）离职后福利，是指企业为获得职工提供的服务而在职工退休或与企业解除劳动关系后，提供的各种形式的报酬和福利，属于短期薪酬和辞退福利的除外。

（3）辞退福利，是指企业在职工劳动合同到期之前解除与职工的劳动关系，或者为鼓励职工自愿接受裁减而给予的职工的补偿。

（4）其他长期职工福利，是指除短期薪酬、离职后福利、辞退福利之外的职工薪酬，包括长期带薪缺勤、长期残疾福利、长期利润分享计划等。

（二）短期薪酬的确认与计量

企业应当在职工为其提供服务的会计期间，将实际发生的短期薪酬确认为负债，并计入当期损益，其他会计准则要求或允许计入资产成本的除外。

1. 货币性短期薪酬

职工的工资、奖金、津贴和补贴，大部分的职工福利费、医疗保险费、工伤保险费和生育保险费等社会保险费，住房公积金、工会经费和职工教育经费一般属于货币性短期薪酬。

企业应当根据职工提供服务情况和工资标准计算应计入职工薪酬的工资总额，按照受益对象计入当期损益或相关资产成本，借记“生产成本”“制造费用”“管理费用”等科目，贷记“应付职工薪酬”科目。发放时，借记“应付职工薪酬”，贷记“银行存款”等科目。企业发生的职工福利费，应当在实际发生时根据实际发生额计入当期损益或相关资产成本。

企业为职工缴纳的医疗保险费、工伤保险费、生育保险费等社会保险费和住房公积金，以及按规定提取的工会经费和职工教育经费，应当在职工为其提供服务的会计期间，根据规定的计提基础和计提比例计算确定相应的职工薪酬金额，并确认相关负债，按照受益对象计入当期损益或相关资产成本。其中：（1）医疗保险费、工伤保险费、生育保险费和住房公积金。企业应当按照国务院、所在地政府或企业年金计划规定的标准，计量应付职工薪酬义务和应相应计入成本费用的薪酬金额。（2）工会经费和职工教育经费。企业应当分别按照职工工资总额的2%和1.5%的计提标准，计量应付职工薪酬（工会经费、职工教育经费）义务金额和应相应计入成本费用的薪酬金额；从业人员技术要求高、培训任务重、经济效益好的企业，可根据国家相关规定，按照职工工资总额的2.5%计量应计入成本费用的职工教育经费。按照明确标准计算确定应承担的职工薪酬义务后，再根据受益对象计入当期损益或相关资产成本。

【例7-2】2016年3月，柳林公司当月应发工资1 560万元，其中：生产部门直接生产人员工资1 000万元；生产部门管理人员工资200万元；公司管理部门人员工资360万元。

根据所在地政府规定，公司分别按照职工工资总额的10%和8%计提医疗保险费和住房公积金，缴纳给当地社会保险经办机构和住房公积金管理机构。公司分别按照职工工资总额的2%和1.5%计提工会经费和职工教育经费。

假定不考虑所得税影响。

应计入生产成本的职工薪酬金额

=1 000+1000 ×（10%+8%+2%+1.5%）=1 215（万元）

应计入制造费用的职工薪酬金额

=200+200 ×（10%+8%+2%+1.5%）=243（万元）

应计入管理费用的职工薪酬金额

=360+360×（10%+8%+2%+1.5%）=437.4（万元）

柳林公司应根据上述业务，作如下账务处理：

借：生产成本	12 150 000
制造费用	2 430 000
管理费用	4 374 000
贷：应付职工薪酬——工资	15 600 000
——医疗保险费	1 560 000
——住房公积金	1 248 000
——工会经费	312 000
——职工教育经费	234 000

2. 带薪缺勤

企业对各种原因产生的缺勤进行补偿，比如休假、病假、短期伤残假、婚假、产假、丧假、探亲假等。带薪缺勤应当分为累积带薪缺勤和非累积带薪缺勤两类。

（1）累积带薪缺勤

累积带薪缺勤，是指带薪权利可以经转下期的带薪缺勤，本期尚未用完的带薪缺勤权利可以在未来期间使用。企业应当在职工提供了服务从而增加了其未来享有的带薪缺勤权利时，确认与累积带薪缺勤相关的职工薪酬，并以累积未行使权利而增加的预期支付金额计量。

有些累积带薪缺勤在职工离开企业时，对未行使的权利职工有权获得现金支付。如果职工在离开企业时能够获得现金支付，企业就应当确认企业必须支付的、职工全部累积未使用权利的金额。如果职工在离开企业时不能获得现金支付，则企业应当根据资产负债表日因累积未使用权利而导致的预期支付的追加金额，作为累积带薪缺勤费用进行预计。

【例7-3】柳林公司共有100名职工，从2016年1月1日起，该公司实行累积带薪缺勤制度。该制度规定，每个职工每年可享受5个工作日带薪年休假，未使用的年休假只能向后结转一个日历年度，超过1年未使用的权利作废，不能在职工离开公司时获得现金支付；职工休年休假是以后进先出为基础，即首先从当年可享受的权利中扣除，再从上年结转的带薪年休假余额中扣除；职工离开公司时，公司对职工未使用的累积带薪年休假不支付现金。

2016年12月31日，每个职工当年平均未使用带薪年休假为2天。根据过去的经验并预期该经验将继续适用，柳林公司预计2017年有95名职工将享受不超过5天的带薪年休假，剩余5名职工每人将平均享受6天半年休假，假定这5名职工全部为总部各部门经理，该公司平均每名职工每个工作日工资为300元。

分析：柳林公司在2016年12月31日应当预计由于职工累积未使用的带薪年休假权利而导致预期将支付的工资负债，即相当于7.5天（5×1.5天）的年休假工资2250（7.5×300）元，并作如下账务处理：

借：管理费用　　2 250

贷：应付职工薪酬——累积带薪缺勤　　2 250

2017 年，如果 5 名职工均未享受累积未使用的带薪年休假，则冲回上年度确认的费用：

借：应付职工薪酬——累积带薪缺勤　　2 250

贷：管理费用　　2 250

2017 年，如果 5 名职工均享受了累积未使用的带薪年休假，则 2017 年确认的工资费用应扣除上年度已确认的累积带薪费用。

（2）非累积带薪缺勤

非累积带薪缺勤，是指带薪权利不能结转下期的带薪缺勤，本期尚未用完的带薪缺勤权利将予以取消，并且职工离开企业时也无权获得现金支付。我国企业职工休婚假、产假、丧假、探亲假、病假期间的工资通常属于非累积带薪缺勤。由于职工提供服务本身不能增加其能够享受的福利金额，企业在职工未缺勤时不应当计提相关费用和负债；企业应在职工缺勤时确认职工享有的带薪权利，即视同职工出勤确认的相关资产成本或当期费用。企业应当在缺勤期间计提应付工资时一并处理。

企业应当在职工实际发生缺勤的会计期间确认与非累积带薪缺勤相关的职工薪酬。

3. 短期利润分享计划

企业制定有利润分享计划的，如规定当职工在企业工作了特定期限后，能够享有按照企业净利润的一定比例计算的薪酬，如果职工在企业工作到特定期末，其提供的服务就会增加企业应付职工薪酬金额，或者尽管企业没有支付这类薪酬的法定义务，但是有支付此类薪酬的惯例，或者说企业除了支付此类薪酬外没有其他现实的选择，企业应当及时按照准则的规定，进行有关会计处理。

利润分享计划同时满足下列条件的，企业应当确认相关的应付职工薪酬，并计入当期损益或者相关资产成本：企业因过去事项导致现在具有支付职工薪酬的法定义务；因利润分享计划所产生的应付职工薪酬义务能够可靠估计。

属于以下三种情形之一的，视为义务金额能够可靠估计：

（1）在财务报告批准报出之前企业已确定应支付的薪酬金额；

（2）该利润分享计划的正式条款中包括确定薪酬金额的方式；

（3）过去的惯例为企业确定推定义务金额提供了明显证据。

企业根据企业经济效益增长的实际情况提取的奖金，属于奖金计划，应当比照利润分享计划进行处理。

职工只有在企业工作一段特定期间才能分享利润的，企业在计量利润分享计划产生的应付职工薪酬时，应当反映职工因离职而没有得到利润分享计划支付的可能性。

如果企业在职工为其提供相关服务的年度报告期间结束后 12 个月内，不需要全部支付利润分享计划产生的应付职工薪酬，该利润分享计划应当适用准则中其他长期职工福利的有关规定。

【例 7－4】柳林公司有一项利润分享计划，要求柳林公司将其至 2016 年 12 月 31 日止会计年度的税前利润的指定比例支付给在 2016 年 7 月 1 日至 2017 年 6 月 30 日为柳林公司提供服务的职工。该奖金于 2017 年 6 月 30 日支付。2016 年 12 月 31 日止财务年度的税前利润为100万元。如果柳林公司在2016年7月1日至2017年6月30日期间没有职工离职，则当年的利润分享支付总额为税前利润的3%。柳林公司估计职工离职将使支付额降低至税前利润的2.5%（其中，直接参加生产的职工享有1%，总部管理人员享有1.5%），不考虑个人所得税影响。

分析：尽管支付额是按照截至2016年12月31日止财务年度的税前利润的3%计量，但是业绩却是基于职工在2016年7月1日至2017年6月30日期间提供的服务。因此，柳林公司在2016年12月31日应按照税前利润的50%的2.5%确认负债和成本及费用，金额为12 500元（1 000 000 × 50% ×2.5%）。余下的利润分享金额，连同针对估计金额与实际支付金额之间的差额作出的调整额，在2017年予以确认。

2016年12月31日的账务处理如下：

借：生产成本　　5 000

管理费用　　7 500

贷：应付职工薪酬——利润分享计划　　12 500

2017年6月30日，柳林公司的职工离职使其支付的利润分享金额为2016年度税前利润的2.8%（直接参加生产的职工享有1.1%，总部管理人员享有1.7%），在2017年确认余下的利润分享金额，连同针对估计金额与实际支付金额之间的差额作出的调整额合计为155 000元（1 000 000×2.8% -125 000）。其中，计入生产成本的利润分享计划金额6 000元（1 000 000 ×1.1% -5 000）。计入管理费用的利润分享计划金额9 500元（1 000 000×1.7% -7 500）。

2017年6月30日的账务处理如下：

借：生产成本　　6 000

管理费用　　9 500

贷：应付职工薪酬——利润分享计划　　15 500

4. 非货币性职工薪酬的计量

非货币性职工薪酬是指企业以非货币性资产支付给职工的薪酬，也叫非货币性福利。应当分别情况处理：

（1）企业以自产的产品或外购商品发放给职工作为福利

为了反映非货币性福利的支付与分配情况，应在“应付职工薪酬”科目下设置“非货币性福利”明细科目。企业以其生产的产品或外购商品作为非货币性福利提供，应当作为正常产品（商品）销售处理，按照该产品（商品）的公允价值确定非货币性福利金额，借记“应付职工薪酬——非货币性福利”科目，贷记“主营业务收入”“应交税费——应交增值税（销项税额）”科目。

【例7-5】柳林公司为一家生产电冰箱的企业，共有职工100名。2016年2月，公司以其生产的成本为5 000元的电冰箱作为春节福利发放给公司职工。该型号的电冰箱售价为每台7 000元，柳林公司适用的增值税税率为17%，假定100名职工中85名为直接参加生产的职工，15名为总部管理人员。

电冰箱售价总额 =7 000×85 +7 000×15 =700 000（元）

电冰箱的增值税销项税额 = 85 × 7 000 × 17% + 15 × 7 000 × 17% = 119 000（元）

公司决定发放非货币性福利时，应作如下账务处理：

借：生产成本　　696 150

　　管理费用　　122 850

　贷：应付职工薪酬——非货币性福利　　819 000

实际发放非货币性福利时，应作如下账务处理：

借：应付职工薪酬——非货币性福利　　819 000

　贷：主营业务收入　　700 000

　　　应交税费——应交增值税（销项税额）　　119 000

借：主营业务成本　　500 000

　贷：库存商品　　500 000

（2）企业将拥有的房屋等资产无偿提供给职工使用，或租赁住房等供职工无偿使用

企业将拥有的房屋等资产无偿提供给职工使用的，应当根据受益对象，将住房每期应计提的折旧计入相关资产成本或当期损益，同时确认应付职工薪酬，借记“管理费用”“生产成本”“制造费用”等科目，贷记“应付职工薪酬——非货币性福利”科目，并且同时借记“应付职工薪酬——非货币性福利”科目，贷记“累计折旧”科目。

租赁住房等资产供职工无偿使用的，应当根据受益对象，将每期应付的租金计入相关资产成本或费用，并确认应付职工薪酬。难以认定受益对象的，直接计入当期损益，并确认应付职工薪酬。

【例7-6】柳林公司为总部各部门经理级别以上职工提供汽车免费使用，同时为副总裁以上高级管理人员每人租赁一套住房。该公司总部共有部门经理以上职工20名，每人提供一辆桑塔纳汽车免费使用，假定每辆桑塔纳汽车每月计提折旧500元；该公司共有副总裁以上高级管理人员5名，公司为其每人租赁一套面积为120平方米带有家具和电器的公寓，月租金为每套6 000元。柳林公司账务处理如下：

（1）计提轿车折旧

借：管理费用　　10 000

　贷：应付职工薪酬——非货币性福利　　10 000

借：应付职工薪酬——非货币性福利　　10 000

　贷：累计折旧　　10 000

（2）确认住房租金费用

借：管理费用　　30 000

　贷：应付职工薪酬——非货币性福利　　30 000

借：应付职工薪酬——非货币性福利　　30 000

　贷：银行存款　　30 000

（三）辞退福利的确认和计量

1. 辞退福利的定义

辞退福利包括两方面的内容：一是在职工劳动合同尚未到期前，不论职工本人是否愿意，企业决定解除与职工的劳动关系而给予的补偿；二是在职工劳动合同尚未到期前，为鼓励职工自愿接受裁减而给予的补偿，职工有权利选择继续在职或接受补偿离职。辞退福利通常采取解除劳动关系时一次性支付补偿的方式，也有通过提高退休后养老金或其他离职后福利的标准，或者在职工不再为企业带来经济利益后，将职工工资部分支付到辞退后未来某一期间。

2. 辞退福利的确认

企业在职工劳动合同到期之前解除与职工的劳动关系，或者为鼓励职工自愿接受裁减而给予补偿的建议，同时满足下列条件的，应当确认因解除与职工的劳动关系给予补偿而产生的预计负债，同时计入当期管理费用：

（1）企业已经制订正式的解除劳动关系计划或提出自愿裁减建议，并即将实施。

（2）企业不能单方面撤回解除劳动关系计划或裁减建议。如果企业能够单方面撤回解除劳动关系计划或裁减建议，则表明未来经济利益流出不是很可能，因而不符合负债确认条件。

由于被辞退的职工不再为企业带来未来经济利益，因此，对于满足负债确认条件的所有辞退福利，均应当于辞退计划满足预计负债确认条件的当期计入费用，不计入资产成本。

3. 辞退福利的计量

企业应当严格按照辞退计划条款的规定，合理预计并确认辞退福利产生的负债。辞退福利的计量因辞退计划中职工有无选择权而有所不同：

（1）对于职工没有选择权的辞退计划，应当根据计划条款规定拟解除劳动关系的职工数量、每一职位的辞退补偿等计提应付职工薪酬（预计负债）。

（2）对于自愿接受裁减建议，因接受裁减的职工数量不确定，企业应当参照或有事项的规定，预计将会接受裁减建议的职工数量，根据预计的职工数量和每一职位的辞退补偿等计提应付职工薪酬（预计负债）。

【例7－7】柳林公司为一家家用电器制造企业。2016年8月，为了能够在下一年度顺利实施转产，该公司管理层制订了一项辞退计划。计划规定，从2017年1月1日起，企业将以职工自愿方式，辞退其彩电生产车间的职工。辞退计划的详细内容，包括拟辞退的职工所在部门、数量、各级别职工能够获得的补偿以及计划大体实施的时间等均已与职工沟通，并达成一致意见，辞退计划已于当年12月10日经董事会正式批准，辞退计划将于下一个年度内实施完毕。该项辞退计划的详细内容如表7－1所示。

表 7－1　　柳林公司 2017 年辞退计划一览表　　金额单位：万元

所属部门	职位	辞退数量	工龄（年）	每个补偿
彩电生产车间	车间主任副主任	10	1～10	10
			11～20	20
			21～30	30
	高级技工	50	1～10	8
			11～20	18
			21～30	28
	一般技工	100	1～10	5
			11～20	15
			21～30	25
小计		160		

2016 年 12 月 31 日，公司预计各级别职工拟接受辞退职工数量的最佳估计数（最可能发生数）及其应支付的补偿如表 7－2 所示。

表 7－2　　柳林公司 2016 年接受辞退及其补偿金额一览表　　金额单位：万元

所属部门	职位	辞退数量	工龄（年）	接受数量	每人补偿额	补偿金额
彩电生产车间	车间主任副主任	10	1～10	5	10	50
			11～20	2	20	40
			21～30	1	30	30
	高级技工	50	1～10	20	8	160
			11～20	10	18	180
			21～30	5	28	140
	一般技工	100	1～10	50	5	250
			11～20	20	15	300
			21～30	10	25	250
小计		160		123		1 400

根据表 7－2 的资料，愿意接受辞退职工的最可能数量为 123 名，预计补偿总额为 1 400 万元，则公司在 2016 年（辞退计划 2016 年 12 月 10 日由董事会批准）应作如下账务处理：

借：管理费用　　14 000 000

　　贷：应付职工薪酬——辞退福利　　14 000 000

（四）其他长期职工福利的确认与计量

其他长期职工福利，是指除短期薪酬、离职后福利和辞退福利以外的其他所有职工福利。其他长期职工福利包括以下各项（假设预计在职工提供相关服务的年度报告期末以后 12 个月内不会全部结算）：长期带薪缺勤，如其他长期服务福利、长期残疾福利、长期利润分享计划和长期奖金计划，以及递延酬劳等。

企业向职工提供的其他长期职工福利，符合设定提存计划条件的，应当按照设定提存计划的有关规定进行会计处理。符合设定受益计划条件的，企业应当按照设定受益计划的有关规定，确认和计量其他长期职工福利净负债或净资产。在报告期末，企业应当将其他长期职工福利产生的职工薪酬成本确认为下列组成部分：

1. 服务成本。

2. 其他长期职工福利净负债或净资产的利息净额。

3. 重新计量其他长期职工福利净负债或净资产所产生的变动。

为了简化相关会计处理，上述项目的总净额应计入当期损益或相关资产成本。

长期残疾福利水平取决于职工提供服务期间长短的，企业应在职工提供服务的期间确认应付长期残疾福利义务，计量时应当考虑长期残疾福利支付的可能性和预期支付的期限；与职工提供服务期间长短无关的，企业应当在导致职工长期残疾的事件发生的当期确认应付长期残疾福利义务。

递延酬劳包括按比例分期支付或者经常性定额支付的递延奖金等。这类福利应当按照奖金计划的福利公式来对费用进行确认，或者按照直线法在相应的服务期间分摊确认。如果一个企业内部为其长期奖金计划或者递延酬劳设立一个账户，则这样的其他长期职工福利不符合设定提存计划的条件。

【例7－8】2016年初柳林企业为其管理人员设立了一项递延奖金计划：将当年利润的5%提成作为奖金，但要两年后即2017年末才向仍然在职的员工分发。假设2016年当年利润为1亿元，且该计划条款中明确规定：员工必须在这两年内持续为公司服务，如果提前离开将拿不到奖金。具体会计处理如下：

（1）根据预期累计福利单位法，采用无偏且相互一致的精算假设对有关人口统计变量和财务变量等作出估计，计量设定受益计划所产生的义务，并按照同久期同币种的国债收益率将设定受益计划所产生的义务予以折现，以确定设定受益计划义务的现值和当期服务成本。

假设不考虑死亡率和离职率等因素，2016年初预计两年后企业为此计划的现金流支出为500万元，按照预期累计福利单位法归属于2016年的福利为500/2＝250（万元），选取同久期同币种的国债收益率作为折现率（5%）进行折现，则2016年的当期服务成本为250/（1＋5%）＝2 380 952（元）。假定2016年末折现率变为3%，则2016年末的设定受益义务现值即设定受益计划负债为250/（1＋3%）＝2 427 184（元）。

（2）核实设定受益计划有无计划资产，假设在本例中，该项设定受益计划没有计划资产，2016年末的设定受益计划净负债即设定受益计划负债为2 427 184元。

（3）确定应当计入当期损益的金额，如步骤（1）所示，本例中发生利润从而导致负债的当年，即2016年的当期服务成本为2 380 952元。由于期初负债为0，2016年末，设定受益计划净负债的利息费用为0。

（4）确定重新计量设定受益计划净负债或净资产所产生的变动，包括精算利得或损失、计划资产回报和资产上限影响的变动三个部分，计入当期损益。由于假设本例中没有计划资产，因此重新计量设定受益计划净负债或净资产所产生的变动仅包括精算利得或损失。

由步骤（1）可知，2016 年末的精算损失为 46 232 元。

2016 年末，上述递延奖金计划的会计处理为：

借：管理费用——当期服务成本	2 380 952
——精算损失	46 232
贷：应付职工薪酬——递延奖金计划	2 427 184

同理，2017 年末，假设折现率仍为 3%，柳林企业当期服务成本为 250 万元，设定受益计划净负债的利息费用 = 2 427 184 × 3% = 72 816（元）。则柳林企业 2017 年末的会计处理为：

借：管理费用	2 500 000
财务费用	72 816
贷：应付职工薪酬——递延奖金计划	2 572 816

实际支付该项递延奖金时，会计处理为：

借：应付职工薪酬——递延奖金计划	5 000 000
贷：银行存款	5 000 000

四、应付及预收款项

（一）应付账款

应付账款指因购买材料、商品或接受劳务供应等而发生的债务。这是买卖双方在购销活动中由于取得物资与支付货款在时间上不一致而产生的负债。

应付账款入账时间的确定，应以与所购买物资所有权有关的风险和报酬已经转移或劳务已经接受为标志。但在实际工作中，应区别情况处理：在物资和发票账单同时到达的情况下，应付账款一般待物资验收入库后，才按发票账单登记入账，这主要是为了确认所购入的物资是否在质量、数量和品种上都与合同上订明的条件相符，以免因先入账而在验收入库时发现购入物资错、漏、破损等问题再行调账；在物资和发票账单未同时到达的情况下，由于应付账款需根据发票账单登记入账，有时货物已到，发票账单要间隔较长时间才能到达，由于这笔负债已经成立，应作为一项负债反映。为在资产负债表上客观反映企业所拥有的资产和承担的债务，在实际工作中采用在月份终了将所购物资和应付债务估计入账，待下月初再用红字予以冲回的办法。因购买商品等而产生的应付账款，应设置“应付账款”科目进行核算，用以反映这部分负债的价值。

应付账款一般按应付金额入账，而不按到期应付金额的现值入账。如果购入的资产在形成一笔应付账款时是带有现金折扣的，应付账款入账金额的确定按发票上记载的应付金额的总值（即不扣除折扣）记账。在这种方法下，应按发票上记载的全部应付金额，借记有关科目，贷记“应付账款”科目；获得的现金折扣冲减财务费用。

（二）预收账款

预收账款是买卖双方协议商定，由购货方预先支付一部分货款给供应方而发生的一项负债。应设置“预收账款”科目核算，其“预收账款”科目的贷方，登记预收的货款；借方登记发出货款应冲抵的货款；期末贷方余额，反映尚未结清的预收款项。

预收账款的核算应视企业的具体情况而定。如果预收账款比较多的，可以设置“预收账款”科目；预收账款不多的，也可以不设置“预收账款”科目，直接记入“应收账款”科目的贷方。

五、应交税费

企业在一定时期内取得的营业收入和实现的利润，要按照规定向国家缴纳各种税费，这些应缴的税费，应按照权责发生制的原则预提计入有关科目。这些应缴的税费在尚未缴纳之前暂时停留在企业，形成一项负债。

（一）增值税

增值税是就货物或应税劳务的增值部分征收的一种税。其纳税对象为：在我国境内销售货物或者提供加工、修理修配劳务，以及进口货物的单位和个人。增值税的纳税人分为一般纳税人和小规模纳税人两种。

1. 一般纳税企业的核算

实行增值税的一般纳税企业从税务角度看，其特点：一是可以使用增值税专用发票，企业销售货物或提供劳务可以开具增值税专用发票；二是购入货物取得的增值税专用发票上注明的增值税额可以用销项税额抵扣。

一般纳税企业核算增值税应设置“应交税费——应交增值税”明细科目，并在明细科目下分别设置“进项税额”“已交税金”“销项税额”“出口退税”“进项税额转出”等专栏。“应交税费——应交增值税”明细科目的借方发生额，反映企业购进货物或接受应税劳务支付的进项税额、实际已交纳的增值税等；贷方发生额，反映销售货物或提供应税劳务应交纳的增值税额、出口货物退税、转出已支付或应分担的增值税等；期末借方余额，反映企业尚未抵扣的增值税。

（1）一般购销业务的核算

一般纳税企业销售货物或者提供应税劳务均应开具增值税专用发票，增值税专用发票记载了销售货物的售价、税率以及税额等，购货方以增值税专用发票上记载的购入货物已支付的税额，作为扣税和记账的依据。

【例7－9】柳林公司为增值税一般纳税人，本期购入一批原材料，增值税专用发票上注明的原材料价款为600万元，增值税额为102万元。货款已经支付，材料已经到达并验收入库。

购入货物时的账务处理：

借：材料采购	6 000 000	
应交税费——应交增值税（进项税额）	1 020 000	
贷：银行存款		7 020 000

【例 7－10】柳林公司当期销售产品收入为 2 000 万元，增值税税率为 17%，货款尚未收取。

根据上述经济业务，企业应作如下账务处理：

借：应收账款　　23 400 000

　贷：主营业务收入　　20 000 000

　　　应交税费—— 应交增值税（销项税额）　　3 400 000

（2）购入免税产品的核算

按照增值税暂行条例规定，对农业生产者销售的自产农业产品、古旧图书等部分项目免征增值税。企业销售免征增值税项目的货物，不能开具增值税专用发票，只能开具普通发票。企业购进免税产品，一般情况下不能扣税，但按税法规定，对于购入的免税农业产品、收购废旧物资等可以按买价（或收购金额）的一定比率计算进项税额，并准予从销项税额中抵扣。这里购入免税农业产品的买价是指企业购进免税农业产品支付给农业生产者的价款。在会计核算时：一是按购进免税农业产品有关凭证上确定的金额（买价）或者按收购金额，扣除一定比例的进项税额，作为购进农业产品（或收购废旧物资）的成本；二是扣除的部分作为进项税额，待以后用销项税额抵扣。

【例 7－11】柳林公司为增值税一般纳税人，本期收购农业产品，实际支付的价款为 200 万元，收购的农业产品已验收入库，款项已经支付。企业应作如下账务处理（该企业采用实际成本进行日常材料核算）。

进项税额 $=200\times13\%=26$（万元）

借：原材料　　1 740 000

　　应交税费——应交增值税（进项税额）　　260 000

　贷：银行存款　　2 000 000

（3）视同销售的核算

按照增值税暂行条例实施细则的规定，对于企业将自产、委托加工或购买的货物分配给股东或投资者以及将其作为投资；将自产、委托加工的货物用于集体福利或个人消费等行为，视同销售货物，需计算交纳增值税，并计入"应交税费——应交增值税"科目中的"销项税额"专栏。

【例 7－12】柳林公司为增值税一般纳税人，本期以自产产品对光华公司投资，双方协议按产品的售价作价。该批产品的成本 200 万元，假设售价和计税价格均为 220 万元。该产品的增值税税率为 17%。

假如该笔交易符合非货币性资产交换准则规定的按公允价值计量的条件，光华公司收到投入的产品作为原材料使用。根据上述经济业务，柳林、光华（假如光华公司原材料采用实际成本进行核算）公司应分别作如下账务处理：

柳林公司：

对外投资转出计算的销项税额 $=220\times17\%=37.4$（万元）

借：长期股权投资　　2 574 000

　贷：主营业务收入　　2 200 000

应交税费——应交增值税（销项税额） 374 000

借：主营业务成本 2 000 000

贷：库存商品 2 000 000

光华公司：

收到投资时，视同购进处理

借：原材料 2 200 000

应交税费——应交增值税（进项税额） 374 000

贷：实收资本 2 574 000

（4）不予抵扣项目的核算

按照增值税暂行条例及其实施细则的规定，企业购进固定资产、用于非应税项目的购进货物或者应税劳务等按规定不予抵扣增值税进项税额。属于购入货物时即能认定其进项税额不能抵扣的，如购进固定资产、购入的货物直接用于免税项目、直接用于非应税项目，或者直接用于集体福利和个人消费的，进行会计处理时，其增值税专用发票上注明的增值税额，计入购入货物及接受劳务的成本。属于购入货物时不能直接认定其进项税额能否抵扣的，增值税专用发票上注明的增值税额，按照增值税会计处理方法记入"应交税费——应交增值税（进项税额）"科目；如果这部分购入货物以后用于按规定不得抵扣进项税额项目的，应将原已计入进项税额并已支付的增值税转入有关的承担者予以承担，通过"应交税费——应交增值税（进项税额转出）"科目转入有关的"在建工程""应付职工薪酬——职工福利""待处理财产损溢"等科目。

【例7－13】柳林公司为增值税一般纳税人，本期购入一批材料，增值税专用发票上注明的材料价款100万元，增值税额为17万元。材料已入库，货款已经支付（假如该企业材料采用实际成本进行核算）。材料入库后，该企业将该批材料全部用于工程建设项目。根据该项经济业务，企业可作如下账务处理：

材料入库时：

借：原材料 1 000 000

应交税费——应交增值税（进项税额） 170 000

贷：银行存款 1 170 000

工程领用材料时：

借：在建工程 1 170 000

贷：应交税费——应交增值税（进项税额转出） 170 000

原材料 1 000 000

2. 小规模纳税企业的核算

小规模纳税企业的特点：一是小规模纳税企业销售货物或者提供应税劳务，一般情况下，只能开具普通发票，不能开具增值税专用发票；二是小规模纳税企业销售货物或提供应税劳务，实行简易办法计算应纳税额，按照销售额的一定比例计算，不实行税款抵扣（小规模纳税企业购入货物无论是否取得增值税专用发票，其支付的增值税额均不计入进项税额，应计入购入货物的成本。相应地，其他企业从小规模纳税企业购入货物或接受劳务支付的增值税额，如果不能取得增值税专用发票，也不能作为进项税额抵扣，而应计入购入货物或应税劳务的成本）；三是小规模纳税企业的销售额不包括其应纳税额。采用销售额和应纳税额合并定价方法的，按照公式“销售额 = 含税销售额 ÷（1 + 征收率）”还原为不含税销售额入账。

小规模纳税企业应设置“应交税费——应交增值税”科目，采用三栏式明细账户进行明细核算。

【例 7 - 14】柳林公司为小规模纳税人，本期购入原材料，按照增值税专用发票上记载的原材料价款为 10 万元，支付的增值税额为 1.7 万元，企业开出承兑的商业汇票，材料已验收入库。

购进货物时：

借：原材料　　117 000

　贷：应付票据　　117 000

【例 7 - 15】柳林公司本期销售产品，销售价格总额为 30.9 万元（含税），该企业适用的增值税征收率为 3%，假定符合收入确认条件，货款尚未收到。

根据上述经济业务，企业应作如下账务处理：

销售货物时：

不含税价格 = 30.9 ÷（1 + 3%）= 30（万元）

应交增值税 = 30 × 3% = 0.9（万元）

借：应收账款　　309 000

　贷：主营业务收入　　300 000

　　应交税费——应交增值税　　9 000

（二）营业税

营业税是对提供应税劳务、转让无形资产或者销售不动产的单位和个人征收的一种税。

营业税按照营业额和规定的税率计算应纳税额，其公式为：

应纳税额 = 营业额 × 税率

这里的营业额是指企业提供应税劳务、转让无形资产或者销售不动产向对方收取的全部价款和价外费用。价外费用包括向对方收取的手续费、基金、集资费、代收款项、代垫款项及其他各种性质的价外收费。

企业按规定应交的营业税，在“应交税费”科目下设置“应交营业税”明细科目进行核算。

1. 提供应税劳务应交营业税的核算

【例 7 - 16】柳林公司对外提供运输劳务，收入 30 万元，营业税税率 3%。根据该项经济业务，企业应作如下账务处理：

应交营业税 = 30 × 3% = 0.9（万元）

借：营业税金及附加　　9 000

　贷：应交税费——应交营业税　　9 000

2. 其他业务收入相关营业税的核算

工业企业经营工业生产以外的其他业务所取得的收入，按规定应交的营业税，通过“其他业务成本”和“应交税费——应交营业税”科目核算。

3. 销售不动产相关的营业税的核算

企业销售不动产，应当向不动产所在地主管税务机关申报交纳营业税。销售不动产按规定应交的营业税，在“固定资产清理”科目核算。

4. 出租或出售无形资产相关营业税的会计处理

在会计核算时，出租无形资产应交纳的营业税应通过“其他业务成本”科目核算，出售无形资产应交纳的营业税，通过“营业外收入”或“营业外支出”科目核算。

（三）消费税

为了正确引导消费方向，国家在普遍征收增值税的基础上，选择部分消费品，再征收一道消费税。消费税的征收方法采取从价定率和从量定额两种方法，计算公式：

实行从价定率方法计算的应纳税额 = 销售额 × 税率

实行从量定额方法计算的应纳税额 = 销售数量 × 单位税额

企业核算应交的消费税，应设置“应交税费——应交消费税”科目，其借方发生额，反映实际交纳的消费税和待扣的消费税；贷方发生额，反映按规定应交纳的消费税；期末贷方余额，反映尚未交纳的消费税；期末借方余额，反映多交或待扣的消费税。

1. 产品销售的应纳消费税的核算

企业将生产的产品直接对外销售的，其应交纳的消费税，通过“营业税金及附加”科目核算；企业按规定计算出应交的消费税，借记“营业税金及附加”科目，贷记“应交税费——应交消费税”科目。企业用应税消费品对外投资，或用于在建工程、职工福利等其他方面，按规定应交纳的消费税，应计入有关的成本。

【例 7 - 17】柳林公司为增值税一般纳税人，本期销售其生产的应纳消费税产品，应纳消费税产品的售价为 24 万元（不含应向购买者收取的增值税额），产品成本 15 万元。该产品的增值税税率为 17%，消费税税率为 10%。产品已经发出，符合收入确认条件，款项尚未收到。

根据这项经济业务，企业可作如下账务处理：

应向购买者收取的增值税额 = 240 000 × 17% = 40 800（元）

应交的消费税 = 240 000 × 10% = 24 000（元）

借：应收账款	280 800
贷：主营业务收入	240 000
应交税费——应交增值税（销项税额）	40 800
借：营业税金及附加	24 000
贷：应交税费——应交消费税	24 000
借：主营业务成本	150 000
贷：库存商品	150 000

2. 委托加工应税消费品的核算

按照税法规定，企业委托加工的应税消费品，由受托方在向委托方交货时代扣代缴税款。委托加工的应税消费品，委托方用于连续生产应税消费品的，所纳税款准予按规定抵扣；委托加工应税消费品收回后，直接用于销售的，委托方应将代收代缴的消费税计入委托加工的应税消费品成本，待委托加工应税消费品销售时，不需要再交纳消费税。

【例7－18】柳林公司委托外单位加工材料，原材料价款20万元，加工费用5万元，由受托方代收代缴的消费税0.5万元（不考虑增值税），材料已经加工完毕验收入库，加工费用尚未支付。

根据该项经济业务，委托方应作如下账务处理：

（1）如果委托方收回加工后的材料用于继续生产应税消费品，委托方的账务处理如下：

借：委托加工物资　　200 000
　贷：原材料　　200 000
借：委托加工物资　　50 000
　应交税费——应交消费税　　5 000
　贷：应付账款　　55 000
借：原材料　　250 000
　贷：委托加工物资　　250 000

（2）如果委托方收回加工后的材料直接用于销售，委托方的账务处理如下：

借：委托加工物资　　200 000
　贷：原材料　　200 000
借：委托加工物资　　55 000
　贷：应付账款　　55 000
借：原材料　　255 000
　贷：委托加工物资　　255 000

（四）其他应交税费

1. 资源税

资源税是国家对在我国境内开采矿产品或者生产盐的单位和个人征收的一种税。资源税按照应税产品的课税数量和规定的单位税额计算，公式为："应纳税额＝课税数量×单位税额"。这里的课税数量为：开采或者生产应税产品销售的，以销售数量为课税数量；开采或者生产应税产品自用的，以自用数量为课税数量。

企业按规定应交的资源税，在"应交税费"科目下设置"应交资源税"明细科目核算。

销售产品或自产自用产品相关的资源税的会计处理：在会计核算时，企业按规定计算出销售应税产品应交纳的资源税，借记"营业税金及附加"科目，贷记"应交税费——应交资源税"科目；企业计算出自产自用的应税产品应交纳的资源税，借记

“生产成本”“制造费用”等科目，贷记“应交税费——应交资源税”科目。

【例7－19】柳林公司将自产的煤炭1 000吨用于产品生产，每吨应交资源税5元。根据该项经济业务，企业应作账务处理如下：

自产自用煤炭应交的资源税＝1 000×5＝5 000（元）

借：生产成本　　5 000

　贷：应交税费——应交资源税　　5 000

2. 土地增值税

土地增值税是指转让国有土地使用权、地上建筑物及其附着物并取得收入的单位和个人应缴纳的税费，土地增值税按照转让房地产所取得的增值额和规定的税率计算征收。这里的增值额是指转让房地产所取得的收入减除按规定扣除项目金额后的余额。

企业应交的土地增值税视情况记入不同科目：企业转让的土地使用权连同地上建筑物及其附着物一并在“固定资产”等科目核算，转让时应交的土地增值税，借记“固定资产清理”科目，贷记“应交税费——应交土地增值税”科目。

【例7－20】柳林公司对外转让一栋厂房，根据税法规定计算的应交土地增值税29 000元。有关账务处理如下：

（1）计算应交的土地增值税

借：固定资产清理　　29 000

　贷：应交税费——应交土地增值税　　29 000

（2）用银行存款交纳应交的土地增值税款

借：应交税费——应交土地增值税　　29 000

　贷：银行存款　　29 000

3. 房产税、土地使用税、车船税和印花税

房产税是国家对在城市、县城、城镇和工矿区征收的由产权所有人缴纳的一种税。房产税依照房产原值一次减除10%至30%后的余额计算交纳。没有房产原值作为依据的，由房产所在地税务机关参考同类房产核定；房产出租的，以房产租金收入为房产税的计税依据。

土地使用税是国家为了合理利用城镇土地，调节土地级差收入，提高土地使用效益，加强土地管理而开征的一种税，以纳税人实际占用的土地面积为计税依据，依照规定税额计算征收。

车船税由拥有并且使用车船的单位和个人交纳。车船税按照适用税额计算交纳。

企业按规定计算应交的房产税、土地使用税、车船税时，借记“管理费用”科目，贷记“应交税费——应交房产税（或土地使用税、车船税）”科目；上交时，借记“应交税费——应交房产税（或土地使用税、车船税）”科目，贷记“银行存款”科目。

印花税是对书立、领受购销合同等凭证行为征收的税款，实行由纳税人根据规定自行计算应纳税额，购买并一次贴足印花税票的交纳方法。应纳税凭证包括：购销、加工承揽、建设工程承包、财产租赁、货物运输、仓储保管、借款、财产保险、技术

合同或者具有合同性质的凭证；产权转移书据；营业账簿；权利、许可证照等。企业购买印花税时借记“管理费用”科目，贷记“库存现金”等科目，待发生应税行为时，再根据凭证的性质和规定的比例税率或者按件计算应纳税额，将已购买的印花税票粘贴在应纳税凭证上即可，不需要通过“应交税费”科目核算。

第三节　非流动负债

一、长期借款

（一）长期借款的性质与内容

长期借款，是指企业从银行或其他金融机构借入的期限在一年以上（不含一年）的借款。

为了总括反映长期借款的增减变动等情况，企业应设置“长期借款”科目反映借入、偿还等情况，并在总账科目下设置：“长期借款——本金”“长期借款——利息调整”等明细科目。

按照权责发生制，企业应分期确认长期借款的利息。企业取得的长期借款，通常是到期一次支付利息的，因而应付未付的借款利息与本金一样，属于非流动负债，应贷记“长期借款——应付利息”科目。确认的利息费用应根据借款的用途等情况，确定应予以费用化还是资本化，分别借记“财务费用”或“在建工程”等科目。

（二）长期借款的账务处理

【例7－21】柳林公司为建造一幢厂房，2017年1月1日借入期限为2年的长期专门借款100万元，款项已存入银行。借款利率为9%，每年计息一次，到期一次归还本息。2017年年初，以银行存款支付工程价款共计60万元，2018年年初又以银行存款支付工程费用40万元。该厂房于2018年8月底完工，达到预定可使用状态。

根据上述业务编制有关会计分录如下：

（1）2017年1月1日，取得借款时：

借：银行存款	1 000 000	
贷：长期借款——本金		1 000 000

（2）2017年年初，支付工程款时：

借：在建工程	600 000	
贷：银行存款		600 000

（3）2017年12月31日，计算2007年应计入工程成本的利息时：

借款利息＝1 000 000×9%＝90 000（元）

借：在建工程	90 000	
贷：长期借款——应付利息		90 000

（4）2018年年初支付工程款时：

借：在建工程　　400 000

　贷：银行存款　　400 000

（5）2018 年 8 月底，达到预定可使用状态，该期应计入工程成本的利息：

$=1\ 000\ 000\times 9\%\div 12\times 8=60\ 000$（元）

借：在建工程　　60 000

　贷：长期借款——应付利息　　60 000

同时：

借：固定资产　　1 150 000

　贷：在建工程　　1 150 000

（6）2018 年 12 月 31 日，计算 2018 年 9～12 月应计入财务费用的利息：

$=1\ 000\ 000\times 9\%\div 12\times 3=30\ 000$（元）

借：财务费用　　30 000

　贷：长期借款——应付利息　　30 000

（7）2019 年 1 月 1 日到期还本付息时：

借：长期借款——本金　　1 000 000

　　　　　——应付利息　　180 000

　贷：银行存款　　1 180 000

二、应付债券

（一）一般公司债券

1. 公司债券的发行

企业发行的超过一年期以上的债券，构成了企业的长期负债。公司债券的发行方式有三种，即溢价发行、折价发行、面值发行。

（1）债券的票面利率高于市场利率时，可按超过债券票面价值的价格发行，称为溢价发行。溢价是企业以后各期多付利息而事先得到的补偿。

（2）债券的票面利率低于同期银行存款利率，可按低于债券面值的价格发行，称为折价发行。折价是企业以后各期少付利息而预先给投资者的补偿。

（3）债券的票面利率与市场利率相同，可按票面价格发行，称为面值发行。

企业发行债券需要设置"应付债券"科目，并设置"面值""利息调整""应计利息"明细科目。无论是按面值发行，还是溢价发行或折价发行，均按债券面值记入"应付债券"科目的"面值"明细科目，实际收到的款项与面值的差额，记入"利息调整"明细科目。企业发行债券时，按实际收到的款项，借记"银行存款""库存现金"等科目；按债券票面价值，贷记"应付债券——面值"科目；按实际收到的款项与票面价值之间的差额，贷记或借记"应付债券——利息调整"科目。

2. 利息调整的摊销

利息调整应在债券存续期间内采用实际利率法进行摊销。实际利率法是指按照应付债券的实际利率计算其摊余成本及各期利息费用的方法；实际利率是指将应付债券在债券存续期间的未来现金流量，折现为该债券当前账面价值所使用的利率。

资产负债表日，对于分期付息、一次还本的债券，企业应按应付债券的摊余成本和实际利率计算确定的债券利息费用，借记“在建工程”“制造费用”“财务费用”等科目；按票面利率计算确定的应付未付利息，贷记“应付利息”科目；按其差额，借记或贷记“应付债券——利息调整”科目。

对于到期一次还本付息的债券，应于资产负债表日按摊余成本和实际利率计算确定的债券利息费用，借记“在建工程”“制造费用”“财务费用”等科目；按票面利率计算确定的应付未付利息，贷记“应付债券——应计利息”；按其差额，借记或贷记“应付债券——利息调整”科目。

【例 7－22】2017 年 12 月 31 日，柳林公司经批准发行 5 年期一次还本、分期付息的公司债券 1 000 万元，债券利息在每年 12 月 31 日支付，票面利率为年利率 6%。假定债券发行时的市场利率为 5%。

柳林公司该批债券实际发行价格为：

债券发行价格＝债券到期值现值＋债券利息现值

债券到期值现值＝债券到期值×复利现值系数

债券利息现值＝债券面值×债券利率×年金现值系数

债券发行价格＝10 000 000×0. 783 5＋10 000 000×6% ×4. 329 5＝10 432 700（元）

柳林公司根据上述资料，采用实际利率法和摊余成本计算确定的利息费用，如表 7－3 所示。

表 7－3　　利息费用一览表　　单位：元

付息日期	支付利息	利息费用	摊销的利息调整	应付债券摊余成本
2017 年 12 月 31 日				10 432 700
2018 年 12 月 31 日	600 000	521 635	78 365	10 354 335
2019 年 12 月 31 日	600 000	517 716. 75	82 283. 25	10 272 051. 75
2020 年 12 月 31 日	600 000	513 602. 59	86 397. 41	10 185 654. 34
2021 年 12 月 31 日	600 000	509 282. 72	90 717. 28	10 094 937. 06
2022 年 12 月 31 日	600 000	505 062. 94 *	94 937. 06	10 000 000

注：＊尾数调整。

根据表 7－3 的资料，柳林公司的账务处理如下：

（1）2017 年 12 月 31 日发行债券时：

借：银行存款　　10 432 700

　　贷：应付债券——面值　　10 000 000

　　　　　　　　——利息调整　　432 700

（2）2018 年 12 月 31 日计算利息费用时：

借：财务费用等　　521 635

应付债券——利息调整 78 365

贷：应付利息 600 000

2019 年、2020 年、2021 年确认利息费用的会计处理同 2018 年。

(3) 2022 年 12 月 31 日归还债券本金及最后一期利息费用时：

借：财务费用等 505 062.94

应付债券——面值 10 000 000

——利息调整 94 937.06

贷：银行存款 10 600 000

3. 债券的偿还

企业发行的债券通常分为到期一次还本付息或一次还本、分期付息两种。采用一次还本付息方式的，企业应于债券到期支付债券本息时，借记“应付债券——面值、应计利息”科目，贷记“银行存款”科目。采用一次还本、分期付息方式的，在每期支付利息时，借记“应付利息”科目，贷记“银行存款”科目；债券到期偿还本金并支付最后一期利息时，借记“应付债券——面值”“在建工程”“财务费用”“制造费用”等科目，贷记“银行存款”科目，按借贷双方之间的差额，借记或贷记“应付债券——利息调整”科目。

(二) 可转换公司债券

我国发行可转换公司债券采取记名式无纸化发行方式，债券最短期限为 3 年，最长期限为 5 年。企业发行的可转换公司债券在“应付债券”科目下设置“可转换公司债券”明细科目核算。

企业发行的可转换公司债券，应当在初始确认时将其包含的负债成分和权益成分进行分拆，将负债成分确认为应付债券，将权益成分确认为资本公积。在进行分拆时，应当先对负债成分的未来现金流量进行折现确定负债成分的初始确认金额，再按发行价格总额扣除负债成分初始确认金额后的金额确定权益成分的初始确认金额。发行可转换公司债券发生的交易费用，应当在负债成分和权益成分之间按照各自的相对公允价值进行分摊。企业应按实际收到的款项，借记“银行存款”等科目；按可转换公司债券包含的负债成分面值，贷记“应付债券——可转换公司债券（面值）”科目；按权益成分的公允价值，贷记“资本公积——其他资本公积”科目；按借贷双方之间的差额，借记或贷记“应付债券——可转换公司债券（利息调整）”科目。

【例 7－23】柳林公司经批准于 2017 年 1 月 1 日按面值发行 5 年期一次还本付息的可转换公司债券 20 000 000 元，款项已收存银行，债券票面年利率为 6%。债券发行 1 年后可转换为普通股股票，初始转股价为每股 10 元，股票面值为每股 1 元。债券持有人若在当期付息前转换股票的，应按债券面值和应计利息之和除以转股价，计算转换的股份数。假定 2018 年 1 月 1 日债券持有人将持有的可转换公司债券全部转换为普通股股票，柳林公司发行可转换公司债券时二级市场上与之类似的没有附带转换权的债券市场利率为 9%。柳林公司的账务处理如下：

(1) 2017 年 1 月 1 日发行可转换公司债券时：

借：银行存款　200 000 000

　应付债券——可转换公司债券（利息调整）　23 343 600

　贷：应付债券——可转换公司债券（面值）　200 000 000

　　资本公积——其他资本公积　23 343 600

可转换公司债券负债成分的公允价值为：

200 000 000×0.649 9+200 000 000×6%×3.889 7=176 656 400（元）

可转换公司债券权益成分的公允价值为：

200 000 000-176 656 400=23 343 600（元）

（2）2017 年 12 月 31 日确认利息费用时：

借：财务费用等　15 899 076

　贷：应付债券——可转换公司债券　12 000 000

　　——可转换公司债券（利息调整）　3 899 076

（3）2018 年 1 月 1 日债券持有人行使转换权时：

转换的股份数为：

（200 000 000+12 000 000）÷10=21 200 000（股）

借：应付债券——可转换公司债券（面值）　200 000 000

　　——可转换公司债券（应计利息）　12 000 000

　资本公积——其他资本公积　23 343 600

　贷：股本　21 200 000

　　应付债券——可转换公司债券（利息调整）　19 444 524

　　资本公积——股本溢价　194 699 076

企业发行附有赎回选择权的可转换公司债券，其在赎回日可能支付的利息补偿金，即债券约定赎回期届满日应当支付的利息减去应付债券票面利息的差额，应当在债券发行日至债券约定赎回届满日期间计提应付利息。计提的应付利息，分别计入相关资产成本或财务费用。

三、长期应付款

长期应付款，是指企业除长期借款和应付债券以外的其他各种长期应付款项，包括应付融资租入固定资产的租赁费、以分期付款方式购入固定资产发生的应付款项等。

企业采用融资租赁方式租入的固定资产，应在租赁期开始日，将租赁开始日租赁资产公允价值与最低租赁付款额现值两者中较低者，加上初始直接费用，作为租入资产的入账价值，借记“固定资产”等科目；按最低租赁付款额，贷记“长期应付款”科目，按发生的初始直接费用；贷记“银行存款”等科目；按其差额，借记“未确认融资费用”科目。

企业在计算最低租赁付款额的现值时，能够取得出租人租赁内含利率的，应当采用租赁内含利率作为折现率；否则，应当采用租赁合同规定的利率作为折现率。企业无法取得出租人的租赁内含利率且租赁合同没有规定利率的，应当采用同期银行贷款利率作为折现率。租赁内含利率，是指在租赁开始日，使最低租赁收款额的现值与未担保余值的现值之和等于租赁资产公允价值与出租人的初始直接费用之和的折现率。

未确认融资费用应当在租赁期内各个期间进行分摊。企业应当采用实际利率法计算确认当期的融资费用。

本章小结

本章首先对负债的概念进行了描述，再按照流动性将负债进行分类，分别对不同种类中的各种负债的概念、确认计量等问题进行了讲解。本章主要内容包括：

负债是指企业过去的交易或者事项形成的、预期会导致经济利益流出企业的现时义务。负债是基于企业过去的交易或事项而产生的。负债是企业承担的现时义务，一般是由具有约束力的合同或因法定要求等而产生。负债的发生往往伴随着资产或劳务的取得，或者费用或损失的发生；并且负债通常需要在未来某一特定时点用资产或劳务来偿付。负债的确认条件为：与该义务有关的经济利益很可能流出企业；未来流出的经济利益的金额能够可靠地计量。

职工薪酬是指企业为获得职工提供的服务而给予各种形式的报酬以及其他相关支出。企业一般应当根据职工提供服务情况和职工货币薪酬的标准，计算应计入职工薪酬的金额，按照受益对象计入相关成本和费用，借记“生产成本”“管理费用”等科目，贷记“应付职工薪酬”科目；发放时，借记“应付职工薪酬”，贷记“银行存款”等科目。

租赁住房等资产供职工无偿使用的，应当根据受益对象，将每期应付的租金计入相关资产成本或费用，并确认应付职工薪酬。难以认定受益对象的，直接计入当期损益，并确认应付职工薪酬。

预收账款的核算应视企业的具体情况而定。如果预收账款比较多的，可以设置“预收账款”科目；预收账款不多的，也可以不设置“预收账款”科目，直接记入“应收账款”科目的贷方。

实际利率法是指按照应付债券的实际利率计算其摊余成本及各期利息费用的方法；实际利率是指将应付债券在债券存续期间的未来现金流量，折现为该债券当前账面价值所使用的利率。

关键词

负债的确认条件　流动负债　非流动负债　短期借款　应付票据　职工薪酬
非货币性职工薪酬　离职后福利　辞退福利　应付账款　预收账款　应交税费
增值税　营业税　消费税　资源税　土地增值税　房产税　土地使用税　车船税
印花税　长期借款　实际利率法　长期应付款

本章思考题

1. 流动负债与非流动负债一般是如何区分的？各包括哪些主要内容？
2. 什么是增值税的一般纳税人和小规模纳税人？两者在核算上有何不同？
3. 职工薪酬包括哪些内容？
4. 什么是货币性短期薪酬？如何核算？
5. 什么是带薪缺勤？如何核算？
6. 什么是非货币性福利？如何计量？
7. 什么是离职后福利？如何确认与计量？
8. 什么是辞退福利？如何计量？
9. 长期借款与短期借款相比，在核算上有何特点？
10. 债券的发行价格如何确定？债券的溢价折价如何摊销？

第八章　所有者权益

【学习目的与要求】

本章主要阐述所有者权益的概念、性质，实收资本（或股本）、资本公积、留存收益的概念和核算方法。本章的学习要求是：

1. 掌握所有者权益的概念及其性质。
2. 掌握所有者权益的来源和构成。
3. 掌握实收资本的核算。
4. 掌握资本公积的内容及其核算。
5. 掌握其他综合收益和留存收益的构成及其核算。

第一节　所有者权益概述

一、所有者权益的定义与性质

财政部2006年颁布的《企业会计准则》将所有者权益定义为：所有者权益是企业资产扣除负债后，由所有者享有的剩余权益，又称股东权益。所有者权益既可以反映所有者投入资本的保值增值情况，又体现了保护债权人权益的理念。这是因为，当企业破产清算时，变现后的资产首先必须用于偿还企业的债务，剩余部分才能按出资比例或股份比例在所有者之间进行分配。

所有者权益具有以下性质：

1. 所有者权益表明企业可以长期使用的资源数量

任何企业的设立都必须以一定的所有者投入为基础，按照公司法规定，这部分资本在企业终止经营前不得抽回（特殊情况下的减资除外）。这样，企业经营就有了可供长期使用的资金来源。与债权人权益（即负债）相比，企业需按规定的时间和利率向债权人支付利息并到期偿还本金，但所有者权益在企业经营期限内无须偿还。

2. 所有者权益是一种剩余索取权

尽管所有者与企业的债权人都是企业资产的提供者，都对企业资产有相应要求权，但从法律角度看，债权人对企业资产的求偿权优先于所有者。但是，债权人不能参与企业利润分配，而所有者除了获得投资收益外，还能参与企业经营管理决策。

二、所有者权益的来源与构成

所有者权益的来源包括所有者投入的资本、直接计入所有者权益的利得和损失、留存收益，通常由实收资本（在股份有限公司称为股本）、资本公积、盈余公积和未分配利润等四个部分构成，商业银行等金融企业在税后利润中提取的一般风险准备，也构成所有者权益。

所有者投入的资本是指所有者投入企业的资本部分，它既包括构成企业注册资本或者股本部分的金额，也包括投入资本超过注册资本或者股本部分的金额，即资本溢价或股本溢价。

直接计入所有者权益的利得和损失，是指不应计入当期损益，会导致所有者权益发生增减变动的，与所有者投入资本或者向所有者分配利润无关的利得或者损失。其中，利得是指由企业非日常活动所发生的，会导致所有者权益增加的，与所有者投入资本无关的经济利益的流入。损失是指由企业非日常活动所发生的，会导致所有者权益减少的，与向所有者分配利润无关的经济利益的流出。

留存收益是企业历年实现的净利润留存于企业的部分，主要包括累计计提的盈余公积和未分配利润。

三、所有者权益的确认

所有者权益体现的是所有者在企业中的剩余权益，因此，所有者权益的确认主要依赖于其他会计要素，尤其是资产和负债的确认；所有者权益金额的确定也主要取决于资产和负债的计量。

第二节 实收资本

一、实收资本和股本的概念

按照《中华人民共和国公司法》等有关法律规定，投资者设立企业首先必须投入资本。实收资本是投资者投入资本形成法定资本的价值，所有者向企业投入的资本，在一般情况下无须偿还，可以长期使用。实收资本的构成比例，即投资者的出资比例或股东的股份比例，通常是确定所有者在企业所有者权益中所占的份额和参与企业财务经营决策的基础，也是企业进行利润分配或股利分配的依据，同时还是企业清算时确定所有者对净资产的要求权的依据。

有限责任公司的股东可以用货币出资，也可以用实物、知识产权、土地使用权等可以用货币估价并可以依法转让的非货币财产作价出资。但是，法律、行政法规规定不得作为出资的财产除外。作为出资的非货币财产，应当对其评估作价，核实财产，不得高估或者低估作价。法律、行政法规对评估作价有规定的，从其规定。全体股东的货币出资金额不得低于有限责任公司注册资本的30%。

股份有限公司是指全部资本由等额股份构成并通过发行股票筹集资本，股东以其认购的股份为限对公司承担责任，公司以其全部财产对公司债务承担责任的企业法人。股份有限公司实际发行股票的面值总额即为股本，股本总额分为若干相等的单位，每一单位即为一股，称为股份。公司股份（股票）的持有者称为股东，公司发给股东用以代表股份的书面凭证称为股票。公司发行股票取得的收入与股本总额往往不一致，公司发行股票取得的收入大于股本总额的，称为溢价发行；小于股本总额的，称为折价发行；等于股本总额的，称为面值发行（又称平价发行）。我国不允许股票折价发行。

二、实收资本（或股本）的确认和核算

企业应当设置“实收资本”科目，核算企业接受投资者投入的实收资本，股份有限公司应将该科目改为“股本”。初建有限责任公司时，各投资者按照合同、协议或公司章程投入企业的资本，应全部记入“实收资本”科目，注册资本为在公司登记机关登记的全体股东认缴的出资额。在企业增资时，如有新投资者介入，新介入的投资者缴纳的出资额大于其按约定比例计算的其在注册资本中所占的份额部分，不记入“实收资本”科目，而作为资本公积，记入“资本公积”科目。股份有限公司在采用溢价发行股票的情况下，企业应将相当于股票面值的部分记入“股本”科目，其余部分在扣除发行手续费、佣金等发行费用后记入“资本公积——股本溢价”科目。企业收到投资时，收到投资人投入的现金，应在实际收到或者存入企业开户银行时，按实际收到的金额，借记“银行存款”科目；以实物资产投资的，应在办理实物产权转移手续时，借记有关资产科目；以无形资产投资的，应按照合同、协议或公司章程规定移交有关凭证时，借记“无形资产”科目。按投入资本在注册资本或股本中所占份额，贷记“实收资本”或“股本”科目；按其差额，贷记“资本公积——资本溢价”或“资本公积——股本溢价”等科目。

【例8－1】甲、乙、丙共同出资设立柳林有限责任公司，公司注册资本为20 000 000元，甲、乙、丙持股比例分别为60%、30%和10%。2016年1月2日，柳林公司如期收到各投资者一次性缴足的款项。

根据上述资料，柳林公司应作以下账务处理：

借：银行存款	20 000 000
贷：实收资本——甲	12 000 000
——乙	6 000 000
——丙	2 000 000

【例8－2】柳林股份有限公司发行普通股30 000 000股，每股面值为1元，发行价格为8元。股款240 000 000元已经全部收到，发行过程中发生相关税费100 000元。

根据上述资料，柳林股份有限公司应作以下账务处理：

计入股本的金额＝30 000 000×1＝30 000 000（元）

计入资本公积的金额＝（8－1）×30 000 000－100 000＝209 900 000（元）

借：银行存款　　239 900 000

　贷：股本　　30 000 000

　　资本公积——股本溢价　　209 900 000

【例 8－3】柳林公司收到红星公司投入生产设备 5 台，投资双方确认价值为 300 000 元，双方已办理资产移交手续。

根据上述资料，柳林公司应作以下账务处理：

借：固定资产——生产设备　　300 000

　贷：实收资本——红星公司　　300 000

三、实收资本（或股本）增减变动的核算

我国有关法律规定，股本除了下列情况外不得随意变动：一是符合条件，并经有关部门批准增资；二是企业按法定程序报经批准减少注册资本。

（一）企业增资的核算

1. 接受投资者追加投资

企业接受投资者（包括原企业所有者和新投资者）投入的资本，借记“银行存款”“固定资产”“无形资产”“长期股权投资”等科目，贷记“实收资本”或“股本”等科目；按其差额，贷记“资本公积——资本溢价”或“资本公积——股本溢价”等科目。

2. 资本公积转增资本

将资本公积转为实收资本或者股本时，会计上应按转增的资本金额，借记“资本公积——资本溢价”或“资本公积——股本溢价”科目，贷记“实收资本”或“股本”科目。

3. 盈余公积转增资本

盈余公积转为实收资本，如为股份有限公司或有限责任公司的，应按原投资者所持股份同比例增加各股东的股权。会计上应借记“盈余公积”科目，贷记“实收资本”或“股本”科目。

4. 股份有限公司发放股票股利

股份有限公司采用发放股票股利实现增资的，在发放股票股利时，按照股东原来持有的股数分配。例如，股东会决议按股票面额的 10% 发放股票股利时（假定新股发行价格及面额与原股相同），对于所持股票不足 10 股的股东，将会发生不能领取一股的情况。在这种情况下，有两种方法可供选择：一是将不足一股的股票股利改为现金股利，用现金支付；二是由股东相互转让，凑为整股。股东大会批准的利润分配方案中分配的股票股利，应在办理增资手续后，借记“利润分配”科目，贷记“股本”科目。

5. 可转换公司债券持有人行使转换权利

可转换公司债券持有人行使转换权利，将其持有的债券转换为股票，按可转换公司债券的余额，借记“应付债券——可转换公司债券（面值、利息调整）”科目；按

股票面值和转换的股数计算的股票面值总额，贷记“股本”科目；按其差额，贷记“资本公积”科目。

6. 企业将重组债务转为资本

企业将重组债务转为资本的，应按重组债务的账面余额，借记“应付账款”等科目；按债权人因放弃债权而享有本企业股份的面值总额，贷记“实收资本”或“股本”科目；按股份的公允价值总额与相应的实收资本或股本之间的差额，贷记或借记“资本公积——资本溢价”或“资本公积——股本溢价”科目；按其差额，贷记“营业外收入——债务重组利得”科目。

7. 以权益结算的股份支付的行权

以权益结算的股份支付换取职工或其他方提供服务的，应在行权日，按根据实际行权情况确定的金额，借记“资本公积——其他资本公积”科目；按应计入实收资本或股本的金额，贷记“实收资本”或“股本”科目。

（二）企业减资的核算

企业实收资本减少的原因大体有两种：一是资本过剩；二是企业发生重大亏损而需要减少实收资本。企业因资本过剩而减资，一般要发还股款。有限责任公司和一般企业发还投资的会计处理比较简单，按法定程序报经批准减少注册资本的，借记“实收资本”科目，贷记“库存现金”“银行存款”等科目。

股份有限公司由于采用的是发行股票的方式筹集股本，发还股款时，则要回购发行的股票，发行股票的价格与股票面值可能不同，回购股票的价格也可能与发行价格不同，会计处理较为复杂。股份有限公司因减少注册资本而回购本公司股份的，应按实际支付的金额，借记“库存股”科目，贷记“银行存款”等科目。注销库存股时，应按股票面值和注销股数计算的股票面值总额，借记“股本”科目，按注销库存股的账面余额，贷记“库存股”科目，按其差额，冲减股票发行时原计入资本公积的溢价部分，借记“资本公积——股本溢价”科目，回购价格超过上述冲减“股本”及“资本公积——股本溢价”科目的部分，应依次借记“盈余公积”“利润分配——未分配利润”等科目；如回购价格低于回购股份所对应的股本，所注销库存股的账面余额与所冲减股本的差额作为增加股本溢价处理，按回购股份所对应的股本面值，借记“股本”科目，按注销库存股的账面余额，贷记“库存股”科目，按其差额，贷记“资本公积——股本溢价”科目。

【例8-4】柳林股份有限公司截至2016年12月31日共发行股票40 000 000股，股票面值为1元，资本公积（股本溢价）12 000 000元，盈余公积5 000 000元。经股东大会批准，柳林公司以现金回购本公司股票4 000 000股并注销。假定柳林公司按照每股5元回购股票，不考虑其他因素，公司的会计处理如下：

库存股的成本＝4 000 000×5＝20 000 000（元）

借：库存股	20 000 000	
贷：银行存款		20 000 000
借：股本	4 000 000	

资本公积——股本溢价　　12 000 000
盈余公积　　4 000 000
贷：库存股　　20 000 000

假设企业盈余公积余额为3 000 000元，那么，注销库存股的会计处理还应在借方登记“利润分配——未分配利润”科目，金额为1 000 000元。

【例8－5】沿用【例8－4】，假定柳林公司以每股0.8元回购股票，其他条件不变。公司的会计处理如下：

库存股的成本＝4 000 000×0.8＝3 200 000（元）

借：库存股　　3 200 000
　贷：银行存款　　3 200 000
借：股本　　4 000 000
　贷：库存股　　3 200 000
　　资本公积——股本溢价　　800 000

第三节　资本公积和其他综合收益

一、资本公积概述

资本公积是由投资者投入但不能构成实收资本或股本，或者通过其他来源取得，由所有者享有的资金。资本公积来源主要包括资本溢价（或股本溢价）、直接计入所有者权益的利得和损失，其主要用途是转增资本（或股本）。

资本（或股本）溢价是指企业投资者投入的资金超过其在注册资本中所占份额的部分，在股份有限公司称为股本溢价。直接计入所有者权益的利得和损失，是指不应计入当期损益，会导致所有者权益发生增减变动的，与所有者投入资本或者向所有者分配利润无关的利得或者损失。

资本公积从其形成来源看，它不是由企业实现的利润转化而来的，因此，它与留存收益有根本区别。

资本公积一般应当设置“资本（或股本）溢价”“其他资本公积”明细科目核算。

二、资本公积的核算

（一）资本（或股本）溢价

在企业创立时，出资者认缴的出资额全部记入“实收资本”科目。新加入的投资者如与原投资者共享这部分留存收益，也要求其付出大于原有投资者的出资额，才能取得与原有投资者相同的投资比例。投资者投入的资本中按其投资比例计算的出资额部分，应记入“实收资本”科目，大于部分应记入“资本公积”科目。在采用溢价发行股票的情况下，企业发行股票取得的收入，相当于股票面值的部分记入“股本”科目，超出股票面值的溢价收入记入“资本公积”科目。委托证券商代理发行股票而支付的手续费、佣金等，应从溢价发行收入中扣除，企业应按扣除手续费、佣金后的数额记入“资本公积”科目。

(二) 其他资本公积

其他资本公积，是指除资本溢价（或股本溢价）项目以外所形成的资本公积，其中主要包括直接计入所有者权益的利得和损失。直接计入所有者权益的利得和损失主要由以下交易或事项引起：

1. 采用权益法核算的长期股权投资

长期股权投资采用权益法核算的，在持股比例不变的情况下，被投资单位除净损益、其他综合收益和利润分配以外所有者权益的其他变动，企业按持股比例计算应享有的份额，如果是利得，应当增加长期股权投资的账面价值，同时增加资本公积（其他资本公积）；如果是损失应当做相反的会计分录。当处置采用权益法核算的长期股权投资时，应当将原计入资本公积的相关金额转入投资收益。

2. 以权益结算的股份支付

以权益结算的股份支付换取职工或其他方提供服务的，应按照确定的金额，记入“管理费用”等科目，同时增加资本公积（其他资本公积）。在行权日，应按实际行权的权益工具数量计算确定的金额，借记“资本公积——其他资本公积”科目，按计入实收资本或股本的金额，贷记“实收资本”或“股本”科目，并将其差额记入“资本公积——资本溢价”或“资本公积——股本溢价”。

三、其他综合收益的确认与计量及会计处理

其他综合收益，是指企业根据会计准则规定未在当期损益中确认的各项利得和损失。包括以后会计期间不能重分类进损益的其他综合收益和以后会计期间满足规定条件时将重分类进损益的其他综合收益两类。

（一）以后会计期间不能重分类进损益的其他综合收益项目，主要包括重新计量设定受益计划净负债或净资产导致的变动，以及按照权益法核算因被投资单位重新计量设定受益计划净负债或净资产变动导致的权益变动，投资企业按持股比例计算确认的该部分其他综合收益项目。

（二）以后会计期间满足规定条件时将重分类进损益的其他综合收益项目，主要包括：

1. 可供出售金融资产公允价值的变动

可供出售金融资产公允价值变动形成的利得，除减值损失和外币货币性金融资产形成的汇兑差额外，借记“可供出售金融资产——公允价值变动”科目，贷记“其他综合收益”科目，公允价值变动形成的损失，作相反的会计处理。

2. 可供出售外币非货币性项目的汇兑差额

对于以公允价值计量的可供出售非货币性项目，如果期末的公允价值以外币反映，则应当先将该外币按照公允价值确定当日的即期汇率折算为记账本位币金额，再与原记账本位币金额进行比较，其差额计入其他综合收益。具体地说，对于发生的汇兑损

失，借记“其他综合收益”科目，贷记“可供出售金融资产”科目；对于发生的汇兑收益，借记“可供出售金融资产”科目，贷记“其他综合收益”科目。

3. 金融资产的重分类

将可供出售金融资产重分类为采用成本或摊余成本计量的金融资产，重分类日该金融资产的公允价值或账面价值作为成本或摊余成本，该金融资产没有固定到期日的，与该金融资产相关、原直接计入所有者权益的利得或损失，应当仍然记入“其他综合收益”科目，在该金融资产被处置时转出，计入当期损益。

将持有至到期投资重分类为可供出售金融资产，并以公允价值进行后续计量，重分类日，该投资的账面价值与其公允价值之间的差额记入“其他综合收益”科目，在该可供出售金融资产发生减值或终止确认时转出，计入当期损益。

按照金融工具确认和计量的规定应当以公允价值计量，但以前公允价值不能可靠计量的可供出售金融资产，企业应当在其公允价值能够可靠计量时改按公允价值计量，将相关账面价值与公允价值之间的差额记入“其他综合收益”科目，在其发生减值或终止确认时将上述差额转出，计入当期损益。

4. 采用权益法核算的长期股权投资

采用权益法核算的长期股权投资，按照被投资单位实现其他综合收益以及持股比例计算应享有或分担的金额，调整长期股权投资的账面价值，同时增加或减少其他综合收益，其会计处理为：借记（或贷记）“长期股权投资——其他综合收益”科目，贷记（或借记）“其他综合收益”，待该项股权投资处置时，将原计入其他综合收益的金额转入当期损益。

5. 存货或自用房地产转换为投资性房地产

企业将作为存货的房地产转换为采用公允价值模式计量的投资性房地产时，应当按该项房地产在转换日的公允价值，借记“投资性房地产——成本”科目，原已计提跌价准备的，借记“存货跌价准备”科目，按其账面余额，贷记“开发产品”等科目；同时，转换日的公允价值小于账面价值的，按其差额，借记“公允价值变动损益”科目，转换日的公允价值大于账面价值的，按其差额，贷记“其他综合收益”科目。

企业将自用的建筑物等转换为采用公允价值模式计量的投资性房地产时，应当按该项房地产在转换日的公允价值，借记“投资性房地产——成本”科目，原已计提减值准备的，借记“固定资产减值准备”科目，按已计提的累计折旧等，借记“累计折旧”等科目，按其账面余额，贷记“固定资产”等科目；同时，转换日的公允价值小于账面价值的，按其差额，借记“公允价值变动损益”科目，转换日的公允价值大于账面价值的，按其差额，贷记“其他综合收益”科目。

待该项投资性房地产处置时，因转换计入其他综合收益的部分应转入当期损益。

6. 外币财务报表折算差额

按照外币折算的要求，企业在处置境外经营的当期，将已列入合并财务报表所有者权益的外币报表折算差额中与该境外经营相关部分，自其他综合收益项目转入处置当期损益。如果是部分处置境外经营，应当按处置的比例计算处置部分的外币报表折算差额，转入处置当期损益。

第四节 留存收益

一、留存收益概述

留存收益是指企业从历年实现的利润中提取或形成的留存于企业的内部积累，它实质上是企业通过生产经营活动形成的资本增值。留存收益包括盈余公积和未分配利润。

（一）盈余公积

盈余公积是指企业按照规定从净利润中提取的各种积累资金。公司制企业的盈余公积分为法定盈余公积和任意盈余公积，两者的区别就在于各自计提的依据不同。前者以国家的法律或行政规章为依据提取，后者则由企业自行决定提取。

1. 法定盈余公积

公司制企业的法定盈余公积金按照税后利润的10%的比例提取（非公司制企业也可按照超过10%的比例提取），在计算提取法定盈余公积的基数时，不应包括企业年初未分配利润。公司法定公积金累计额已达到公司注册资本的50%时可以不再提取。

公司的法定公积金不足以弥补以前年度亏损的，在提取法定公积金之前，应当先用当年利润弥补亏损。

2. 任意盈余公积

公司从税后利润中提取法定盈余公积金后，经股东会或者股东大会决议，还可以从税后利润中提取任意盈余公积金，非公司制企业经类似权力机构批准也可提取任意盈余公积。

企业提取盈余公积主要可以用于以下几个方面：

1. 弥补亏损

企业发生亏损时，应由企业自行弥补。弥补亏损的渠道主要有三条：一是用以后年度税前利润弥补。按照现行制度规定，企业发生亏损时，可以用以后五年内实现的税前利润弥补，即税前利润弥补亏损的期间为五年。二是用以后年度税后利润弥补。企业发生的亏损经过五年期间未弥补足额的，尚未弥补的亏损应用所得税后的利润弥补。三是以盈余公积弥补亏损。企业以提取的盈余公积弥补亏损时，应当由公司董事会提议，并经股东大会批准。

2. 转增资本（股本）

企业将盈余公积转增资本时，必须经股东大会决议批准。在实际将盈余公积转增资本时，要按股东原有持股比例结转。盈余公积转增资本时，转增后留存的盈余公积的数额不得少于注册资本的25%。

企业提取的盈余公积，无论是用于弥补亏损，还是用于转增资本，只不过是在企业所有者权益内部作结构上的调整，比如企业以盈余公积弥补亏损时，实际是减少盈余公积留存的数额，以此抵补未弥补亏损的数额，并不引起企业所有者权益总额的变动；企业以盈余公积转增资本时，也只是减少盈余公积结存的数额，但同时增加企业实收资本或股本的数额，也并不引起所有者权益总额的变动。

3. 扩大企业生产经营

盈余公积的用途，并不是指其实际占用形态，提取盈余公积也并不是单独将这部分资金从企业资金周转过程中抽出。企业盈余公积的结存数，实际只表现为企业所有者权益的组成部分，表明企业生产经营资金的一个来源而已。其形成的资金可能表现为一定的货币资金，也可能表现为一定的实物资产，如存货和固定资产等，随同企业的其他来源所形成的资金进行循环周转，用于企业的生产经营。

（二）未分配利润

未分配利润是企业实现的净利润经过弥补亏损、提取盈余公积和向投资者分配后留存在企业的、历年结存的利润，也是企业所有者权益的组成部分。相对于所有者权益的其他部分来讲，企业对于未分配利润的使用分配有较大的自主权，受国家法律法规的限制比较少。从数量上来讲，未分配利润是期初未分配利润，加上本期实现的净利润，减去提取的各种盈余公积和分出利润后的余额。

二、留存收益的核算

（一）盈余公积的确认和计量

为了反映盈余公积的形成及使用情况，企业应设置“盈余公积”科目。企业应当分别对“法定盈余公积”“任意盈余公积”进行明细核算。

企业提取盈余公积时，借记“利润分配——提取法定盈余公积”“利润分配——提取任意盈余公积”科目，贷记“盈余公积——法定盈余公积”“盈余公积——任意盈余公积”科目。

企业用盈余公积弥补亏损或转增资本时，借记“盈余公积”，贷记“利润分配——盈余公积补亏”“实收资本”或“股本”科目。经股东大会决议，用盈余公积派送新股，按派送新股计算的金额，借记“盈余公积”科目，按股票面值和派送新股总数计算的股票面值总额，贷记“股本”科目。

【例 8－6】柳林公司 2016 年召开股东大会，经大会批准，决定用 500 000 元的盈余公积弥补 2015 年的亏损。作会计分录如下：

借：盈余公积　500 000

　贷：利润分配——盈余公积补亏　500 000

【例 8－7】承前【例 8－5】若股东大会批准将法定盈余公积中的 1 500 000 元用于派送新股，按派送的股票面值计算为 1 500 000 元。则作会计分录如下：

借：盈余公积　1 500 000

　贷：股本　1 500 000

（二）未分配利润的核算

在会计处理上，未分配利润是通过“利润分配”科目进行核算的，“利润分配”

科目应当分别对“提取法定盈余公积”“提取任意盈余公积”“应付现金股利或利润”“转作股本的股利”“盈余公积补亏”和“未分配利润”等明细科目进行核算。

1. 期末结转

企业期末结转利润时，应将各损益类科目的余额转入“本年利润”科目，结平各损益类科目。结转后“本年利润”的贷方余额为当年实现的净利润，借方余额为当期发生的净亏损。年度终了，应将本年收入和支出相抵后结出的本年实现的净利润或净亏损，转入“利润分配——未分配利润”科目。同时，将“利润分配”科目所属的其他明细科目的余额，转入“未分配利润”明细科目。结转后，“未分配利润”明细科目的贷方余额，就是未分配利润的金额；如出现借方余额，则表示未弥补亏损的金额。“利润分配”科目所属的其他明细科目应无余额。

2. 弥补亏损

企业在当年发生亏损的情况下，与实现利润的情况相同，应当将本年发生的亏损自“本年利润”科目，转入“利润分配——未分配利润”科目，借记“利润分配——未分配利润”科目，贷记“本年利润”科目，结转后“利润分配”科目的借方余额，即为未弥补亏损的数额。然后通过“利润分配”科目核算有关亏损的弥补情况。

由于未弥补亏损形成的时间长短不同等原因，以前年度未弥补亏损有的可以以当年实现的税前利润弥补，有的则须用税后利润弥补。以当年实现的利润弥补以前年度结转的未弥补亏损，不需要进行专门的账务处理。企业应将当年实现的利润自“本年利润”科目，转入“利润分配——未分配利润”科目的贷方，其贷方发生额与“利润分配——未分配利润”的借方余额自然抵补。无论是以税前利润还是以税后利润弥补亏损，其会计处理方法均相同。但是，两者在计算缴纳所得税时的处理是不同的。在以税前利润弥补亏损的情况下，其弥补的数额可以抵减当期企业应纳税所得额，而以税后利润弥补的数额，则不能作为纳税所得扣除处理。

3. 分配股利或利润

经股东大会或类似机构决议，分配给股东或投资者的现金股利或利润，借记“利润分配——应付现金股利或利润”科目，贷记“应付股利”科目。经股东大会或类似机构决议，分配给股东的股票股利，应在办理增资手续后，借记“利润分配——转作股本的股利”科目，贷记“股本”科目。

【例 8－8】柳林股份有限公司的股本为 200 000 000 元，每股面值 1 元。2016 年年初未分配利润为贷方 160 000 000 元，2016 年实现净利润 100 000 000 元。

假定公司按照 2016 年实现净利润的 10% 提取法定盈余公积，5% 提取任意盈余公积，同时向股东按每股 0.4 元派发现金股利，按每 10 股送 4 股的比例派发股票股利。2017 年 3 月 25 日，公司以银行存款支付了全部现金股利，新增股本也已经办理完股权登记和相关增资手续。柳林公司的会计处理如下：

（1）2016 年度终了时，企业结转本年实现的净利润

借：本年利润　　100 000 000

　贷：利润分配——未分配利润　　100 000 000

（2）提取法定盈余公积和任意盈余公积

借：利润分配——提取法定盈余公积　　10 000 000

　　　　　　——提取任意盈余公积　　5 000 000

　贷：盈余公积——法定盈余公积　　10 000 000

　　　　　　——任意盈余公积　　5 000 000

（3）结转“利润分配”的明细科目

借：利润分配——未分配利润　　15 000 000

　贷：利润分配——提取法定盈余公积　　10 000 000

　　　　　　——提取任意盈余公积　　5 000 000

柳林股份有限公司 2016 年年底“利润分配——未分配利润”科目的余额为：

160 000 000 + 100 000 000 − 15 000 000 = 245 000 000（元）

即贷方余额 245 000 000 元，反映企业的累计未分配利润为 245 000 000 元。

（4）批准发放现金股利

200 000 000 × 0.4 = 80 000 000（元）

借：利润分配——应付现金股利　　80 000 000

　贷：应付股利　　80 000 000

2017 年 3 月 25 日，实际发放现金股利

借：应付股利　　80 000 000

　贷：银行存款　　80 000 000

（5）2017 年 3 月 25 日，发放股票股利

200 000 000 × 1 × 40% = 80 000 000（元）

借：利润分配——转作股本的股利　　80 000 000

　贷：股本　　80 000 000

本章小结

本章主要阐述所有者权益各组成部分的概念、性质和内容以及核算方法。主要内容包括：

所有者权益是企业资产扣除负债后，由所有者享有的剩余权益，其来源包括所有者投入的资本、直接计入所有者权益的利得和损失、留存收益，通常由实收资本（在股份有限公司称作股本）、资本公积和其他综合收益、盈余公积和未分配利润四个部分构成。实收资本在一般情况下无须偿还，可以长期使用。资本公积来源主要包括资本溢价（或股本溢价）、直接计入所有者权益的利得和损失，其主要用途是转增资本（或股本）；其他综合收益是指企业根据会计准则规定未在当期损益中确认的各项利得和损失。留存收益包括盈余公积和未分配利润。盈余公积分为法定盈余公积和任意盈余公积，前者以国家的法律或行政规章为依据提取，后者则由企业自行决定提取。

关键词

所有者投入的资本　直接计入所有者权益的利得和损失　留存收益　实收资本　股份有限公司　企业减资　资本公积　资本（或股本）溢价　其他资本公积　其他综合收益　留存收益　盈余公积　未分配利润

本章思考题

1. 什么是所有者权益？所有者权益包括哪些具体内容？
2. 企业按面值与按溢价发行股票，在会计处理上有何不同？
3. 什么是资本公积？资本公积包括哪些内容？
4. 什么是其他综合收益？其他综合收益包括哪些内容？
5. 盈余公积的提取与使用应如何进行会计处理？

第九章 收入、费用和利润

【学习目的与要求】

本章主要阐述收入、费用和利润的确认、计量和会计核算。本章的学习要求是：

1. 掌握确认收入的原则、方法和条件，以及实现收入的各种方式的会计处理。
2. 掌握费用的特点、确认及其会计处理。
3. 掌握利润的组成，区分经常性损益和非经常性损益以及利润的核算方法。

第一节 收入

一、收入的概念和特征

收入是指企业在日常活动中形成的、会导致所有者权益增加的、与所有者投入资本无关的经济利益的总流入。其中，日常活动是指企业为完成其经营目标所从事的经常性活动以及与之相关的其他活动。

收入、收益和利得都能导致经济利益的增加，形成企业利润的最初来源，但是三者的含义并不相同。收入主要指营业收入，它是指企业在销售商品、提供劳务及让渡资产使用权等日常活动中形成的经济利益的总流入；收益包括收入与利得；而利得是指营业收入以外的其他收益，在我国，利得一般是指营业外收入。

收入具有以下特点：

（1）收入主要来源于企业的日常经营活动，而不是从偶发的交易和事项中产生。收入业务在企业经营活动中具有大量、重复发生的特征，如工业企业销售商品、提供劳务的收入等。但是有些交易或事项，如出售固定资产，虽然也能为企业带来经济利益，但不属于企业的日常活动，其流入的经济利益是利得，而不是收入。

（2）收入表现为企业资产的增加或者负债的减少，或者二者兼而有之。

（3）收入能导致企业所有者权益的增加。如上所述，收入能增加资产或减少负债或二者兼而有之，因此，根据“资产－负债＝所有者权益”的公式，企业取得收入一定能增加所有者权益。这里仅指收入本身导致的所有者权益的增加，而不包括收入扣除相关成本费用后的毛利为负值而导致所有者权益的减少。

（4）收入只包括本企业经济利益的流入，不包括为第三方或客户代收的款项，如增值税、代收的款项等。

二、收入的分类

收入按照不同的标准可以有不同的分类：

（1）按照企业从事日常活动的性质，可将收入分为销售商品收入、提供劳务收入、让渡资产使用权收入、建造合同收入等。不同的收入来源有其不同的特点，其确认方法也因此有所差异。

（2）按照企业所从事的日常活动在企业的重要性，可将收入分为主营业务收入和其他业务收入。其中，主营业务收入指企业为完成其经营目标从事的经常性活动所实现的收入。如工业企业制造并销售产品、商业企业销售商品、保险公司签发保单、咨询公司提供咨询服务、软件开发企业为客户开发软件、安装公司提供安装服务、商业银行对外贷款、租赁公司出租资产等实现的收入。这些活动形成的经济利益的总流入构成的收入，属于企业的主营业务收入，根据其性质的不同，分别通过“主营业务收入”“利息收入”“保费收入”等科目进行核算。其他业务收入指与企业从事主营业务以外的其他业务所实现的收入。例如，工业企业对外出售不需用的原材料、对外转让无形资产使用权等。这些活动形成的经济利益的总流入也构成收入，属于企业的其他业务收入，通过“其他业务收入”科目核算。

三、销售商品收入确认

（一）销售商品收入的确认和计量

商品包括企业为销售而生产的产品和为转售而购进的商品，如工业企业生产的产品、商业企业购进的商品等，企业销售的其他存货，如原材料、包装物等，也视同企业的商品。会计准则规定，销售商品收入同时满足下列条件的，才能予以确认：

1. 企业已将商品所有权上的主要风险和报酬转移给购货方

企业已将商品所有权上的主要风险和报酬转移给购货方，是指与商品所有权有关的主要风险和报酬同时转移给了购货方。其中，与商品所有权有关的风险，主要是指商品因贬值或毁损等造成的损失；与商品所有权有关的报酬是指商品中包含的未来经济利益，例如因商品增值或通过使用商品等形成的经济利益。

判断企业是否已将商品所有权上的主要风险和报酬转移给购货方，应当关注交易的实质，并结合所有权凭证的转移进行判断。如果与商品所有权有关的任何损失均不需要销货方承担，与商品所有权有关的任何经济利益也不归销货方所有，就意味着商品所有权上的主要风险和报酬转移给了购货方。

（1）通常情况下，转移商品所有权凭证并交付实物后，商品所有权上的主要风险和报酬随之转移，如大多数零售商品。

（2）有些情况下，企业已将商品所有权上的主要风险和报酬转移给买方，但实物未交付。这种情况下，应在所有权上的主要风险和报酬转移时确认收入，而不管实物是否交付。

（3）某些情况下，转移商品所有权凭证或交付实物后商品所有权上的主要风险和报酬并未随之转移，这种情况常见的有：

①企业销售的商品在质量、品种、规格等方面不符合合同或协议要求，又未根据正常的保证条款予以弥补，因而仍负有责任。由于交易双方在商品质量的弥补方面存在分歧，买方尚未正式接受商品，商品可能被退回。因此，商品所有权上的主要风险和报酬仍留在销售方企业，销售方企业此时不能确认收入，收入应递延到已满足买方要求并且买方承诺付款时予以确认。

②企业销售商品的收入是否能够取得，取决于购买方是否已将商品销售出去。如采用支付手续费方式委托代销商品等。

③企业尚未完成售出商品的安装或检验工作，且安装或检验工作是销售合同或协议的重要组成部分。在安装过程中可能会发生一些不确定因素，阻碍该项销售的实现。因此，只有在安装完毕并检验合格后才能确认收入。

④销售合同或协议中规定了买方由于特定原因有权退货的条款，且企业又不能确定退货的可能性。在这种情况下，该企业尽管已将商品售出，也已收到价款，由于无法估计退货的可能性，商品所有权上的风险和报酬实质上并未转移给买方，该企业在售出商品时不能确认收入。只有当买方正式接受商品或退货期满时才能确认收入。

2. 企业既没有保留通常与所有权相联系的继续管理权，也没有对已售出的商品实施有效控制

企业将商品所有权上的主要风险和报酬转移给买方后，如仍然保留通常与所有权相联系的继续管理权，或仍然对售出的商品实施控制，则此项销售不能成立，不能确认相应的销售收入。如售后回购，如果回购价以回购日的市场价为基础，该商品增值获得的收益归买方所有，贬值遭受的损失也归买方所有，卖方不再保留该商品所有权上的风险和报酬，但卖方仍然对售出的商品实施控制，买方无权对该商品进行处置；如果回购价已在合同中确定，该商品价格变动的风险和报酬均由卖方承担，且卖方仍然对商品实施控制。因此，售后回购本质上不是一种销售，而是一项融资协议，整个交易不确认收入。但如果企业对售出的商品保留了与所有权无关的管理权，则不受本条件的限制。例如，房地产企业将开发的房产售出后，保留了对该房产的物业管理权，由于此项管理权与房产所有权无关，房产销售成立。企业提供的物业管理应视为一个单独的劳务合同，有关收入确认为劳务收入。

3. 收入的金额能够可靠地计量

收入的金额能够可靠地计量，是指收入的金额能够合理地估计。收入的金额不能够合理地估计就无法确认收入。企业在销售商品时，商品销售价格通常已经确定。但是，由于销售商品过程中某些不确定因素的影响，也有可能存在商品销售价格发生变动的情况。在这种情况下，新的商品销售价格未确定前通常不应确认销售商品收入。

企业销售商品满足收入确认条件时，应当按照已收或应收的合同或协议价款的公允价值确定销售商品收入金额。已收或应收的合同或协议价款，通常为公允价值；已收或应收的价款不公允的，企业应按公允的交易价格确定收入金额。

4. 相关的经济利益很可能流入企业

相关的经济利益很可能流入企业，是指销售商品价款收回的可能性大于不能收回

的可能性，即销售商品价款收回的可能性超过50%。企业在确定销售商品价款收回的可能性时，应当结合以前和买方交往的直接经验、政府有关政策、其他方面取得信息等因素进行分析。企业销售的商品符合合同或协议要求，已将发票账单交付买方，买方承诺付款，通常表明满足确认条件（相关的经济利益很可能流入企业）。如果企业判断销售商品收入满足确认条件确认了一笔应收债权，以后由于购货方资金周转困难无法收回该债权时，不应调整原确认的收入，而应对该债权计提坏账准备、确认坏账损失。如果企业根据以前与买方交往的直接经验判断买方信誉较差，或销售时得知买方在另一项交易中发生了巨额亏损，资金周转十分困难，或在出口商品时不能肯定进口企业所在国政府是否允许将款项汇出等，就可能会出现与销售商品相关的经济利益不能流入企业的情况，则不应确认收入。

5. 相关的已发生或将发生的成本能够可靠地计量

通常情况下，销售商品相关的已发生或将发生的成本能够合理地估计，如库存商品的成本、商品运输费用等。如果库存商品是本企业生产的，其生产成本能够可靠计量；如果是外购的，购买成本能够可靠计量。有时，销售商品相关的已发生或将发生的成本不能够合理地估计，此时企业不应确认收入，已收到的价款应确认为负债。

企业销售商品应同时满足上述五个条件，才能确认收入。任何一个条件没有满足，即使收到货款，也不能确认收入。

（二）销售商品收入的会计处理

1. 通常情况下销售商品收入的处理

确认销售商品收入时，企业应按已收或应收的合同或协议价款，加上应收取的增值税额，借记“银行存款”“应收账款”“应收票据”等科目，按确定的收入金额，贷记“主营业务收入”“其他业务收入”等科目，按应收取的增值税额，贷记“应交税费——应交增值税（销项税额）”科目；同时在资产负债表日，按应交纳的消费税、资源税、城市维护建设税、教育费附加等税费金额，借记“营业税金及附加”科目，贷记“应交税费——应交消费税（应交资源税、应交城市维护建设税等）”科目。

如果售出商品不符合收入确认条件，则不应确认收入，已经发出的商品，应当通过“发出商品”科目进行核算。

2. 销售商品涉及现金折扣、商业折扣、销售折让的处理

企业销售商品有时也会遇到现金折扣、商业折扣、销售折让等问题，应当分别不同情况进行处理：

（1）现金折扣，指债权人为鼓励债务人在规定的期限内付款而向债务人提供的债务扣除。企业销售商品涉及现金折扣的，应当按照扣除现金折扣前的金额确定销售商品收入金额。现金折扣在实际发生时计入财务费用。

（2）商业折扣，指企业为促进商品销售而在商品标价上给予的价格扣除。企业销售商品涉及商业折扣的，应当按照扣除商业折扣后的金额确定销售商品收入金额。

（3）销售折让，指企业因售出商品的质量不合格等原因而在售价上给予的减让。对于销售折让，企业应分别对不同情况进行处理：①已确认收入的售出商品发生销售

折让的，通常应当在发生时冲减当期销售商品收入；②已确认收入的销售折让属于资产负债表日后事项的，应当按照有关资产负债表日后事项的相关规定进行处理。

【例9－1】柳林公司在2016年8月1日向光华公司销售一批商品，开出的增值税专用发票上注明的销售价款为20 000元，增值税税额为3 400元。为及早收回货款，柳林公司和光华公司约定的现金折扣条件为：2/10，1/20，n/30。假定计算现金折扣时不考虑增值税额。柳林公司的账务处理如下：

（1）8月1日销售实现时，按销售总价确认收入：

借：应收账款　　23 400

　贷：主营业务收入　　20 000

　　　应交税费——应交增值税（销项税额）　　3 400

（2）如果光华公司在8月9日付清货款，则按销售总价20 000元的2%享受现金折扣400（20 000×2%）元，实际付款23 000（23 400－400）元。

借：银行存款　　23 000

　　财务费用　　400

　贷：应收账款　　23 400

（3）如果光华公司在8月18日付清货款，则按销售总价20 000元的1%享受现金折扣200（20 000×1%）元，实际付款23 200（23 400－200）元：

借：银行存款　　23 200

　　财务费用　　200

　贷：应收账款　　23 400

（4）如果光华公司在8月底才付清货款，则按全额付款：

借：银行存款　　23 400

　贷：应收账款　　23 400

【例9－2】柳林公司向光华公司销售一批商品，开出的增值税专用发票上注明的销售价款为20 000元，增值税税额为3 400元。光华公司在验收过程中发现商品质量不合格，要求在价格上给予10%的折让。假定柳林公司已确认销售收入，款项尚未收到，发生的销售折让允许扣减当期增值税额。柳林公司的账务处理如下：

（1）销售实现时：

借：应收账款　　23 400

　贷：主营业务收入　　20 000

　　　应交税费——应交增值税（销项税额）　　3 400

（2）发生销售折让时：

借：主营业务收入　　2 000

　　应交税费——应交增值税（销项税额）　　340

　贷：应收账款　　2 340

（3）实际收到款项时：

借：银行存款　　21 060

贷：应收账款　　21 060

3. 销售退回的会计处理

销售退回，是指企业售出的商品由于质量、品种不符合要求等原因而发生的退货。对于销售退回，企业应分别对不同情况进行会计处理：

（1）对于未确认收入的售出商品发生销售退回的，企业应按已记入“发出商品”科目的商品成本金额，借记“库存商品”科目，贷记“发出商品”科目。采用计划成本或售价核算的，应按计划成本或售价记入“库存商品”科目，同时计算产品成本差异或商品进销差价。

（2）对于已确认收入的售出商品发生退回的，企业应在发生时冲减当期销售商品收入，同时冲减当期销售商品成本。如该项销售退回已发生现金折扣的，应同时调整相关财务费用的金额；如该项销售退回允许扣减增值税额的，应同时调整“应交税费——应交增值税（销项税额）”科目的相应金额。

（3）已确认收入的售出商品发生的销售退回属于资产负债表日后事项的，应当按照有关资产负债表日后事项的相关规定进行会计处理。

【例9-3】柳林公司在2016年12月18日向光华公司销售一批商品，开出的增值税专用发票上注明的销售价款为20 000元，增值税额为3 400元。该批商品成本为10 000元。为及早收回货款，柳林公司和光华公司约定的现金折扣条件为：2/10，1/20，n/30。光华公司在2016年12月27日支付货款。2017年5月10日，该批商品因质量问题被光华公司退回，柳林公司当日支付有关款项。假定计算现金折扣时不考虑增值税，销售退回不属于资产负债表日后事项。柳林公司的账务处理如下：

（1）2016年12月18日销售实现时，按销售总价确认收入时：

借：应收账款　　23 400

　贷：主营业务收入　　20 000

　　　应交税费——应交增值税（销项税额）　　3 400

借：主营业务成本　　10 000

　贷：库存商品　　10 000

（2）在2016年12月27日收到货款时，按销售总价20 000元的2%享受现金折扣400（20 000×2%）元，实际收款23 000（23 400-400）元：

借：银行存款　　23 000

　　财务费用　　400

　贷：应收账款　　23 400

（3）2017年5月10日发生销售退回时：

借：主营业务收入　　20 000

　　应交税费——应交增值税（销项税额）　　3 400

　贷：银行存款　　23 000

　　　财务费用　　400

借：库存商品　　10 000

　贷：主营业务成本　　10 000

4. 特殊销售商品业务的会计处理

企业会计实务中，可能遇到一些特殊的销售商品业务。在将销售商品收入的计量原则运用于特殊销售商品收入的会计处理时，应结合这些特殊销售商品交易的形式，并注重交易的实质。

(1) 代销商品。代销商品分以下情况处理：

第一种情况：视同买断方式。视同买断方式代销商品，是指委托方和受托方签订合同或协议，委托方按合同或协议收取代销的货款，实际售价由受托方自定，实际售价与合同或协议价之间的差额归受托方所有。如果委托方和受托方之间的协议明确标明，受托方在取得代销商品后，无论是否能够卖出、是否获利，均与委托方无关，那么，委托方和受托方之间的代销商品交易，与委托方直接销售商品给受托方没有实质区别，在符合销售商品收入确认条件时，委托方应确认相关销售商品收入。如果委托方和受托方之间的协议明确标明，将来受托方没有将商品售出时可以将商品退回给委托方，或受托方因代销商品出现亏损时可以要求委托方补偿，那么，委托方在交付商品时不确认收入，受托方也不作购进商品处理，受托方将商品销售后，按实际售价确认销售收入，并向委托方开具代销清单，委托方收到代销清单时，再确认本企业的销售收入。

【例9－4】2016年11月柳林公司委托光华公司销售某种商品200件，协议价为200元/件，该商品成本120元/件，增值税税率17%。柳林公司收到光华公司开来的代销清单时开具增值税专用发票，发票上注明：售价40 000元，增值税额6 800元。光华公司实际销售时开具的增值税发票上注明：售价48 000元，增值税额为8 160元。

柳林公司（委托方）的会计处理如下：

①柳林公司发出商品时

借：委托代销商品	24 000	
贷：库存商品		24 000

②柳林公司收到代销清单时

借：应收账款——光华公司	46 800	
贷：主营业务收入		40 000
应交税费——应交增值税（销项税额）		6 800

③收到光华公司汇来的货款时

借：银行存款	46 800	
贷：应收账款——光华公司		46 800

光华公司的会计处理如下：

①收到代销商品时

借：受托代销商品	40 000	
贷：受托代销商品款		40 000

②实际销售商品时

借：银行存款	56 160	
贷：主营业务收入		48 000
应交税费——应交增值税（销项税额）		8 160

借：主营业务成本　40 000

　贷：受托代销商品　40 000

借：受托代销商品款　40 000

　应交税费——应交增值税（进项税额）　6 800

　贷：应付账款——柳林公司　46 800

③按合同协议价将款项付给柳林公司时

借：应付账款——柳林公司　46 800

　贷：银行存款　46 800

第二种情况：收取手续费方式。在这种方式下，委托方在发出商品时通常不应确认销售商品收入，而应在收到受托方开出的代销清单时确认销售商品收入；受托方应在商品销售后，按合同或协议约定的方法计算确定的手续费确认收入。

【例9－5】假如【例9－4】中，光华公司按每件200元的价格出售给顾客，柳林公司按售价的10%支付光华公司手续费。光华公司实际销售时，即向买方开出一张增值税专用发票，发票上注明该商品售价40 000元，增值税额6 800元。柳林公司在收到光华公司交来的代销清单时，向光华公司开具一张相同金额的增值税发票。

柳林公司的会计处理如下：

①柳林公司发出商品时

借：委托代销商品　24 000

　贷：库存商品　24 000

②收到代销清单时

借：应收账款——光华公司　46 800

　贷：主营业务收入　40 000

　　应交税费——应交增值税（销项税额）　6 800

借：主营业务成本　24 000

　贷：委托代销商品　24 000

借：销售费用　4 000

　贷：应收账款——光华公司　4 000

③收到光华公司汇来的货款净额

借：银行存款　42 800

　贷：应收账款——光华公司　42 800

光华公司的会计处理如下：

①收到代销商品时

借：受托代销商品　40 000

　贷：受托代销商品款　40 000

②实际销售商品时

借：银行存款　46 800

　贷：应付账款——柳林公司　40 000

　　应交税费——应交增值税（销项税额）　6 800

借：应交税费——应交增值税（进项税额）　6 800
　贷：应付账款——柳林公司　6 800
借：受托代销商品款　40 000
　贷：受托代销商品　40 000

③归还柳林公司货款并计算代销手续费时

借：应付账款——柳林公司　46 800
　贷：银行存款　42 800
　　主营业务收入（或其他业务收入）　4 000

（2）预收款销售商品。预收款销售商品，是指购买方在商品尚未收到前按合同或协议约定分期付款，销售方在收到最后一笔款项时才交货的销售方式。在这种方式下，销售方直到收到最后一笔款项才将商品交付购货方，表明商品所有权上的主要风险和报酬只有在收到最后一笔款项时才转移给购货方，企业通常应在发出商品时确认收入，在此之前预收的货款应确认为负债。

【例9－6】柳林公司与光华公司签订协议，采用预收款方式向光华公司销售一批商品。该批商品实际成本为1 400 000元。协议约定，该批商品销售价格为2 000 000元，增值税额为340 000元；光华公司应在协议签订时预付60%的货款（按销售价格计算），剩余货款于两个月后支付。柳林公司的账务处理如下：

①收到60%货款时

借：银行存款　1 200 000
　贷：预收账款　1 200 000

②收到剩余货款及增值税额并确认收入时

借：预收账款　1 200 000
　　银行存款　1 140 000
　贷：主营业务收入　2 000 000
　　应交税费——应交增值税（销项税额）　340 000
借：主营业务成本　1 400 000
　贷：库存商品　1 400 000

（3）具有融资性质的分期收款销售商品。企业销售商品，有时会采取分期收款的方式，如分期收款发出商品，即商品已经交付，货款分期收回。如果延期收取的货款具有融资性质，其实质是企业向购货方提供免息的信贷，在符合收入确认条件时，企业应当按照应收的合同或协议价款的公允价值确定收入金额。应收的合同或协议价款的公允价值，通常应当按照其未来现金流量的现值或商品现销价格计算确定。

应收的合同或协议价款与其公允价值之间的差额，应当在合同或协议期间内，按照应收款项的摊余成本和实际利率计算确定的金额进行摊销，作为财务费用的抵减处理。其中，实际利率是指具有类似信用等级的企业发行类似工具的现时利率，或者将应收的合同或协议价款折现为商品现销价格时的折现率等。

在实务中，基于重要性要求，应收的合同或协议价款与其公允价值之间的差额，按照应收款项的摊余成本和实际利率进行摊销与采用直线法进行摊销结果相差不大的，也可以采用直线法进行摊销。

【例9-7】2015年1月1日，柳林公司采用分期收款方式向光华公司销售一套大型设备，合同约定的销售价格为2 000万元，分5次于每年12月31日等额收取。该大型设备成本为1 560万元。在现销方式下，该大型设备的销售价格为1 600万元。假定柳林公司发出商品时，其有关的增值税纳税义务尚未发生，在合同约定的收款日期，发生有关的增值税纳税义务。

根据本例的资料，柳林公司应当确认的销售商品收入金额为1 600万元。

根据下列公式：

未来五年收款额的现值=现销方式下应收款项金额

可以得出：

400×（P/A，r，5）=1 600（万元）

可在多次测试的基础上，用插值法计算折现率。

当r=7%时，400×4.1002=1 640.08>1 600万元

当r=8%时，400×3.9927=1 597.08<1 600万元

因此，7%<r<8%。用插值法计算如下：

现值	利率
1 640.08	7%
1 600	r
1 597.08	8%

$$\frac{1\ 640.08-1\ 600}{1\ 640.08-1\ 597.08}=\frac{7\%-r}{7\%-8\%} \qquad r=7.93\%$$

每期计入财务费用的金额如表9-1所示。

表9-1 财务费用和已收本金计算表 单位：万元

年 份 (t)	未收本金 $A=A_{t-1}-D_{t-1}$	财务费用 $B=A\times7.93\%$	收现总额 C	已收本金 D=C-B
2015年1月1日	1 600			
2015年12月31日	1 600	126.88	400	273.12
2016年12月31日	1 326.88	105.22	400	294.78
2017年12月31日	1 032.10	81.85	400	318.15
2018年12月31日	713.95	56.62	400	343.38
2019年12月31日	370.57	29.43 *	400	370.57
总额		400	2 000	1 600

注：*尾数调整。

根据表9-1的计算结果，柳林公司各期的会计分录如下：

①2015年1月1日销售实现时：

借：长期应收款 20 000 000

贷：主营业务收入　　16 000 000
　　未实现融资收益　　4 000 000
借：主营业务成本　　15 600 000
　贷：库存商品　　15 600 000

②2015 年 12 月 31 日收取货款和增值税税额时：

借：银行存款　　4 680 000
　贷：长期应收款　　4 000 000
　　应交税费——应交增值税（销项税额）　　680 000
借：未实现融资收益　　1 268 800
　贷：财务费用　　1 268 800

③2016 年 12 月 31 日收取货款和增值税税额时：

借：银行存款　　4 680 000
　贷：长期应收款　　4 000 000
　　应交税费——应交增值税（销项税额）　　680 000
借：未实现融资收益　　1 052 200
　贷：财务费用　　1 052 200

④2017 年 12 月 31 日收取货款和增值税税额时：

借：银行存款　　4 680 000
　贷：长期应收款　　4 000 000
　　应交税费——应交增值税（销项税额）　　680 000
借：未实现融资收益　　818 500
　贷：财务费用　　818 500

⑤2018 年 12 月 31 日收取货款和增值税税额时：

借：银行存款　　4 680 000
　贷：长期应收款　　4 000 000
　　应交税费——应交增值税（销项税额）　　680 000
借：未实现融资收益　　566 200
　贷：财务费用　　566 200

⑥2019 年 12 月 31 日收取货款和增值税税额时：

借：银行存款　　4 680 000
　贷：长期应收款　　4 000 000
　　应交税费——应交增值税（销项税额）　　680 000
借：未实现融资收益　　294 300
　贷：财务费用　　294 300

（4）附有销售退回条件的商品销售。附有销售退回条件的商品销售，是指购买方依照有关协议有权退货的销售方式。在这种销售方式下，企业根据以往经验能够合理估计退货可能性且确认与退货相关负债的，通常应在发出商品时确认收入；企业不能合理估计退货可能性的，通常应在售出商品退货期满时确认收入。

【例9-8】柳林公司是一家健身器材销售公司。2016 年 1 月 1 日，柳林公司向光华公司销售 5 000 件健身器材，单位销售价格为 500 元，单位成本为 400 元，开出的增值税专用发票上注明的销售价款为 2 500 000 元，增值税额为 425 000 元。协议约定，光华公司应于 2 月 1 日之前支付货款，在 6 月 30 日之前有权退还健身器材。健身器材已经发出，款项尚未收到。假定柳林公司根据过去的经验，估计该批健身器材退货率约为 20%；健身器材发出时纳税义务已经发生；实际发生销售退回时有关的增值税额允许冲减。柳林公司的账务处理如下：

①1 月 1 日发出健身器材时：

借：应收账款	2 925 000	
贷：主营业务收入		2 500 000
应交税费——应交增值税（销项税额）		425 000
借：主营业务成本	2 000 000	
贷：库存商品		2 000 000

②1 月 31 日确认估计的销售退回时：

借：主营业务收入	500 000	
贷：主营业务成本		400 000
其他应付款		100 000

③2 月 1 日前收到货款时：

借：银行存款	2 925 000	
贷：应收账款		2 925 000

④6 月 30 日发生销售退回，实际退货量为 1 000 件，款项已经支付：

借：库存商品	400 000	
应交税费——应交增值税（销项税额）	85 000	
其他应付款	100 000	
贷：银行存款		585 000

如果实际退货量为 800 件时：

借：库存商品	320 000	
应交税费——应交增值税（销项税额）	68 000	
主营业务成本	80 000	
其他应付款	100 000	
贷：银行存款		468 000
主营业务收入		100 000

如果实际退货量为 1 200 件时：

借：库存商品	480 000	
应交税费——应交增值税（销项税额）	102 000	
主营业务收入	100 000	
其他应付款	100 000	
贷：主营业务成本		80 000

银行存款　702 000

⑤6 月 30 日之前如果没有发生退货：

借：主营业务成本　400 000

其他应付款　100 000

贷：主营业务收入　500 000

即作与②相反的会计分录。

【例 9－9】沿用【例 9－8】的资料。假定柳林公司无法根据过去的经验，估计该批健身器材的退货率；健身器材发出时纳税义务已经发生。柳林公司的账务处理如下：

①1 月 1 日发出健身器材时：

借：应收账款　425 000

贷：应交税费——应交增值税（销项税额）　425 000

借：发出商品　2 000 000

贷：库存商品　2 000 000

②2 月 1 日前收到货款时：

借：银行存款　2 925 000

贷：预收账款　2 500 000

应收账款　425 000

③6 月 30 日退货期满没有发生退货时：

借：预收账款　2 500 000

贷：主营业务收入　2 500 000

借：主营业务成本　2 000 000

贷：发出商品　2 000 000

④6 月 30 日退货期满，发生 2 000 件退货时：

借：预收账款　2 500 000

应交税费——应交增值税（销项税额）　170 000

贷：主营业务收入　1 500 000

银行存款　1 170 000

借：主营业务成本　1 200 000

库存商品　800 000

贷：发出商品　2 000 000

（5）售后回购。售后回购是指销售商品的同时，销售方同意日后再将同样或类似的商品购回的销售方式。在这种方式下，销售方应根据合同或协议条款判断企业已将商品所有权上的主要风险和报酬转移给购货方，以确定是否确认销售商品收入。在大多数情况下，回购价格固定或等于原售价加合理回报，售后回购交易属于融资交易，商品所有权上的主要风险和报酬没有转移，收到的款项应确认为负债；回购价格大于原售价的差额，企业应在回购期间按期计提利息，计入财务费用。

【例 9－10】2016 年 5 月 1 日，柳林公司向光华公司销售一批商品，开出的增值税专用发票上注明的销售价款为 100 万元，增值税额为 17 万元。该批商品成本为 80 万元；商品并未发出，款项已经收到。协议约定，柳林公司应于9月30日将所售商品购回，回购价为110万元（不含增值税额）。柳林公司的账务处理如下：

①5月1日发出商品时：

借：银行存款　　　　　　　　　　　　　　　　　　　　　　　　1 170 000
　贷：其他应付款　　　　　　　　　　　　　　　　　　　　　　1 000 000
　　　应交税费——应交增值税（销项税额）　　　　　　　　　　　170 000

②回购价大于原售价的差额，应在回购期间按期计提利息费用，计入当期财务费用。由于回购期间为5个月，货币时间价值影响不大，采用直线法计提利息费用，每月计提利息费用为2万元［（110－100）/5］。

借：财务费用　　　　　　　　　　　　　　　　　　　　　　　　　20 000
　贷：其他应付款　　　　　　　　　　　　　　　　　　　　　　　20 000

③9月30日回购商品时，收到的增值税专用发票上注明的商品价格为110万元，增值税额为18.7万元，款项已经支付。

借：财务费用　　　　　　　　　　　　　　　　　　　　　　　　　20 000
　贷：其他应付款　　　　　　　　　　　　　　　　　　　　　　　20 000
借：其他应付款　　　　　　　　　　　　　　　　　　　　　　　1 100 000
　　应交税费——应交增值税（进项税额）　　　　　　　　　　　　187 000
　贷：银行存款　　　　　　　　　　　　　　　　　　　　　　　1 287 000

（6）售后租回。售后租回，是指销售商品的同时，销售方同意在日后再将同样的商品租回的销售方式。在这种方式下，销售方应根据合同或协议条款判断销售商品是否满足收入确认条件。通常情况下，售后租回属于融资交易，企业不应确认收入，售价与资产账面价值之间的差额应当分别不同情况进行处理：

第一，如果售后租回交易认定为融资租赁，售价与资产账面价值之间的差额应当予以递延，并按照该项租赁资产的折旧进度进行分摊，作为折旧费用的调整。

第二，如果售后租回交易认定为经营租赁，应当分别情况处理：①有确凿证据表明售后租回交易是按照公允价值达成的，售价与资产账面价值的差额应当计入当期损益。②售后租回交易如果不是按照公允价值达成的，售价低于公允价值的差额应计入当期损益；但若该损失将由低于市价的未来租赁付款额补偿时，有关损失应予以递延（递延收益），并按与确认租金费用相一致的方法在租赁期内进行分摊；如果售价大于公允价值，其大于公允价值的部分应计入递延收益，并在租赁期内分摊。

（7）以旧换新销售。以旧换新销售，是指销售方在销售商品的同时回收与所售商品相同的旧商品。在这种情况下，销售的商品应当按照销售商品收入确认条件确认收入，回收的商品作为购进商品处理。

（8）房地产销售。房地产销售是指房地产经营商自行开发房地产，并在市场上进行销售的行为。房地产销售与一般的销售商品类似，按销售商品确认收入的原则确认实现的销售收入。如果房地产经营商事先与买方签订合同（该合同是不可撤销的），按合同要求开发房地产的，应作为建造合同，按建造合同的处理原则处理。

在房地产销售中，房地产的法定所有权转移给买方，通常表明其所有权上的主要风险和报酬也已转移，企业应确认销售收入。但也有可能出现法定所有权转移后，所有权上的风险和报酬尚未转移的情况。例如：

（1）卖方根据合同，仍有责任实施重大行为，例如工程尚未完工。在这种情况下，企业应在所实施的重大行动完成时确认收入。

（2）合同存在重大不确定因素，如买方有退货选择权的销售。企业应在这些不确定因素消失后确认收入。

（3）房地产销售后，卖方仍有某种程度的继续涉入，如签订有销售回购协议、卖方保证买方在特定时期内获得投资报酬的协议等。在这些情况下，企业应分析交易的实质，确定是作销售处理，还是作为筹资、租赁或利润分成处理。如作销售处理，卖方在继续涉入的期间内不应确认收入。

在确认收入时，还应考虑价款收回的可能性，估计价款不能收回的，不确认收入；已经收回部分价款的，只将收回的部分确认为收入。

四、提供劳务收入

（一）提供劳务的交易结果能够可靠估计

企业在资产负债日提供劳务交易的结果能够可靠估计的，应当采用完工百分比法确认提供劳务收入。

1. 提供劳务的交易结果能够可靠估计的条件

提供劳务的交易结果能否可靠估计，是指同时满足下列条件：

（1）收入的金额能够可靠地计量。收入的金额能够可靠地计量，是指提供劳务收入的总额能够合理地估计。通常情况下，企业应当按照从接受劳务方已收或应收的合同或协议价款确定提供劳务收入总额。随着劳务的不断提供，可能会根据实际情况增加或减少已收或应收的合同或协议价款，此时，企业应及时调整提供劳务收入总额。

（2）相关的经济利益很可能流入企业。相关的经济利益很可能流入企业，是指提供劳务收入总额收回的可能性大于不能收回的可能性。企业在确定提供劳务收入总额能否收回时，应当结合接受劳务方的信誉、以前的经验以及双方就结算方式和期限达成的合同或协议条款等因素，综合进行判断。

企业在确定提供劳务收入总额收回的可能性时，应当进行定性分析。如果确定提供劳务收入总额收回的可能性大于不能收回的可能性，即可认为提供劳务收入总额很可能流入企业。通常情况下，企业提供的劳务符合合同或协议要求，接受劳务方承诺付款，就表明提供劳务收入总额收回的可能性大于不能收回的可能性。如果企业判断提供劳务收入总额不是很可能流入企业，应当提供确凿证据。

（3）交易的完工进度能够可靠地确定，是指交易的完工进度能够合理地估计。企业确定提供劳务交易的完工进度，可以选用下列方法：

①已完工作的测量，这是一种比较专业的测量方法，由专业测量师对已经提供的劳务进行测量，并按一定方法计算确定提供劳务交易的完工程度。

②已经提供的劳务占应提供劳务总量的比例，这种方法主要以劳务量为标准确定

提供劳务交易的完工程度。

③已经发生的成本占估计总成本的比例，这种方法主要以成本为标准确定提供劳务交易的完工程度。只有反映已提供劳务的成本才能包括在已经发生的成本中，只有反映已提供或将提供劳务的成本才能包括在估计总成本中。

（4）交易中已发生和将发生的成本能够可靠地计量，是指交易中已经发生和将要发生的成本能够合理地估计。企业应当建立完善的内部成本核算制度和有效的内部财务预算及报告制度，准确地提供每期发生的成本，并对完成剩余劳务将要发生的成本作出科学、合理的估计。同时应随着劳务的不断提供或外部情况的不断变化，随时对将要发生的成本进行修订。

2. 完工百分比法的具体应用

完工百分比法，是指按照提供劳务交易的完工进度确认收入和费用的方法。在这种方法下，确认的提供劳务收入金额能够提供各个会计期间关于提供劳务交易及其业绩的有用信息。

企业应当在资产负债表日按照提供劳务收入总额乘以完工进度扣除以前会计期间累计已确认提供劳务收入后的金额，确认当期提供劳务收入；同时，按照提供劳务估计总成本乘以完工进度扣除以前会计期间累计已确认劳务成本后的金额，结转当期劳务成本。用公式表示如下：

本期确认的收入＝劳务总收入×本期末止劳务的完工进度－以前期间已确认的收入

本期确认的费用＝劳务总成本×本期末止劳务的完工进度－以前期间已确认的费用

在采用完工百分比法确认提供劳务收入的情况下，企业应按计算确定的提供劳务收入金额，借记“应收账款”“银行存款”等科目，贷记“主营业务收入”科目。结转提供劳务成本时，借记“主营业务成本”科目，贷记“劳务成本”科目。

【例9－11】柳林公司于2016年12月1日接受一项设备安装任务，安装期为3个月，合同总收入600 000元，至年底已预收安装费440 000元，实际发生安装费用280 000元（假定均为安装人员薪酬），估计还会发生120 000元。假定柳林公司按实际发生的成本占估计总成本的比例确定劳务的完工进度。柳林公司的账务处理如下：

实际发生的成本占估计总成本的比例

＝280 000÷（280 000＋120 000）＝70%

2016年12月31日确认的提供劳务收入

＝600 000×70%－0＝420 000（元）

2016年12月31日结转的提供劳务成本

＝（280 000＋120 000）×70%－0＝280 000（元）

①实际发生劳务成本时

借：劳务成本	280 000	
贷：应付职工薪酬		280 000

②预收劳务款时

借：银行存款	440 000	

贷：预收账款 440 000

③2016 年 12 月 31 日确认提供劳务收入并结转劳务成本时

借：预收账款 420 000

贷：主营业务收入 420 000

借：主营业务成本 280 000

贷：劳务成本 280 000

（二）提供劳务交易结果不能可靠估计

企业在资产负债表日提供劳务交易结果不能够可靠估计的，即不能同时满足上述四个条件的，不能采用完工百分比法确认提供劳务收入。此时，企业应正确预计已经发生的劳务成本能否得到补偿，分别进行会计处理：

1. 已经发生的劳务成本预计全部能够得到补偿

已经发生的劳务成本预计全部能够得到补偿的，应按已收或预计能够收回的金额确认提供劳务收入，并结转已经发生的劳务成本。

2. 已经发生的劳务成本预计部分能够得到补偿

已经发生的劳务成本预计部分能够得到补偿的，应按能够得到补偿的劳务成本金额确认提供劳务收入，并结转已经发生的劳务成本。

【例 9－12】柳林公司于 2016 年 12 月 25 日接受光华公司委托，为其培训一批学员，培训期为 6 个月，2017 年 1 月 1 日开学。协议约定，光华公司应向柳林公司支付的培训费总额为 120 000 元，分三次等额支付，第一次在开学时预付，第二次在 2017 年 3 月 1 日支付，第三次在培训结束时支付。

2017 年 1 月 1 日，光华公司预付第一次培训费。至 2017 年 2 月 28 日，柳林公司发生培训成本 60 000 元（假定均为培训人员薪酬）。2017 年 3 月 1 日，柳林公司得知光华公司经营发生困难，后两次培训费能否收回难以确定。柳林公司的账务处理如下：

（1）2017 年 1 月 1 日收到光华公司预付的培训费时

借：银行存款 40 000

贷：预收账款 40 000

（2）实际发生培训支出 60 000 元时

借：劳务成本 60 000

贷：应付职工薪酬 60 000

（3）2017 年 2 月 28 日确认提供劳务收入并结转劳务成本时

借：预收账款 40 000

贷：主营业务收入 40 000

借：主营业务成本 60 000

贷：劳务成本 60 000

3. 已经发生的劳务成本预计全部不能得到补偿

已经发生的劳务成本预计全部不能得到补偿的，应将已经发生的劳务成本计入当期损益（主营业务成本或其他业务成本），不确认提供劳务收入。

（三）同时销售商品和提供劳务交易

企业与其他企业签订的合同或协议，有时既包括销售商品又包括提供劳务，如销售电梯的同时负责安装工作、销售软件后继续提供技术支持、设计产品同时负责生产等。此时，如果销售商品部分和提供劳务部分能够区分且能够单独计量的，企业应当分别核算销售商品部分和提供劳务部分，将销售商品的部分作为销售商品处理，将提供劳务的部分作为提供劳务处理；如果销售商品部分和提供劳务部分不能够区分，或虽能区分但不能够单独计量的，企业应当将销售商品部分和提供劳务部分全部作为销售商品部分进行会计处理。

【例9－13】柳林公司与光华公司签订合同，向光华公司销售一部电梯并负责安装。柳林公司开出的增值税专用发票上注明的价款合计为1 000 000元，其中电梯销售价格为980 000元，安装费为20 000元，增值税额为166 600元。电梯的成本为560 000元；电梯安装过程中发生安装费12 000元，均为安装人员薪酬。假定电梯已经安装完成并经验收合格，款项尚未收到；安装工作是销售合同的重要组成部分。柳林公司的账务处理如下：

（1）电梯发出转成本560 000元时

借：发出商品	560 000	
贷：库存商品		560 000

（2）实际发生安装费用12 000元时

借：劳务成本	12 000	
贷：应付职工薪酬		12 000

（3）电梯销售实现确认收入980 000元时

借：应收账款	1 146 600	
贷：主营业务收入		980 000
应交税费——应交增值税（销项税额）		166 600
借：主营业务成本	560 000	
贷：发出商品		560 000

（4）确认安装费收入20 000元并结转安装成本12 000元时

借：应收账款	20 000	
贷：主营业务收入		20 000
借：主营业务成本	12 000	
贷：劳务成本		12 000

【例9－14】沿用【例9－13】的资料。同时假定电梯销售价格和安装费用无法区分。柳林公司的账务处理如下：

（1）电梯发生结转成本560 000元时

借：发出商品	560 000	
贷：库存商品		560 000

（2）发生安装费用12 000元时

借：劳务成本　　12 000

　贷：应付职工薪酬　　12 000

(3) 销售实现确认收入 1 000 000 元并结转成本 572 000 元时

借：应收账款　　1 170 000

　贷：主营业务收入　　1 000 000

　　　应交税费——应交增值税（销项税额）　　170 000

借：主营业务成本　　572 000

　贷：库存商品　　560 000

　　　劳务成本　　12 000

（四）特殊劳务收入

提供劳务满足收入确认条件的，应按规定确认收入：

(1) 安装费，在资产负债表日根据安装的完工进度确认为收入。安装工作是商品销售附带条件的，安装费通常应在确认商品销售实现时确认为收入。

(2) 宣传媒介的收费，在相关的广告或商业行为开始出现于公众面前时确认为收入。广告的制作费，通常应在资产负债表日根据广告的完工进度确认为收入。

(3) 为特定客户开发软件的收费，在资产负债表日根据开发的完工进度确认为收入。

(4) 包括在商品售价内可区分的服务费，在提供服务的期间内分期确认为收入。

(5) 艺术表演、招待宴会和其他特殊活动的收费，在相关活动发生时确认为收入。收费涉及几项活动的，预收的款项应合理分配给每项活动，分别确认为收入。

(6) 申请入会费和会员费只允许取得会籍，所有其他服务或商品都要另行收费的，通常应在款项收回不存在重大不确定性时确认为收入。申请入会费和会员费能使会员在会员期内得到各种服务或出版物，或者以低于非会员的价格销售商品或提供服务的，通常应在整个受益期内分期确认为收入。

(7) 属于提供设备和其他有形资产的特许权费，通常应在交付资产或转移资产所有权时确认为收入；属于提供初始及后续服务的特许权费，通常应在提供服务时确认为收入。

【例9-15】柳林公司与光华公司签订协议，柳林公司允许光华公司经营其连锁店。协议约定，柳林公司共向光华公司收取特许权费 600 000 元，其中提供家具、柜台等收费 200 000 元，这些家具、柜台成本为 180 000 元；提供初始服务，如帮助选址、培训人员、融资、广告等收费 300 000 元，共发生成本 200 000 元（其中，140 000 元为人员薪酬，60 000 元为支付的广告费用）；提供后续服务收费 100 000 元，发生成本 50 000 元（均为人员薪酬）。协议签订当日，光华公司一次性付清所有款项。假定不考虑其他因素，柳林公司的账务处理如下：

①收到款项时

借：银行存款　　600 000

　贷：预收账款　　600 000

②确认家具、柜台的特许权费收入并结转成本时

借：预收账款　200 000

　贷：主营业务收入　200 000

借：主营业务成本　180 000

　贷：库存商品　180 000

③提供初始服务时

借：劳务成本　200 000

　贷：应付职工薪酬　140 000

　　　银行存款　60 000

借：预收账款　300 000

　贷：主营业务收入　300 000

借：主营业务成本　200 000

　贷：劳务成本　200 000

④提供后续服务时

借：劳务成本　50 000

　贷：应付职工薪酬　50 000

借：预收账款　100 000

　贷：主营业务收入　100 000

借：主营业务成本　50 000

　贷：劳务成本　50 000

（8）长期为客户提供重复劳务收取的劳务费，通常应在相关劳务活动发生时确认为收入。

（9）高尔夫球场果岭券收入。高尔夫球场会员一次性购入若干果岭券，在收到款项时作为递延收益处理，待提供服务收回果岭券时，再确认收入；合同期满，未消费的果岭券全部确认收入。会员在消费时购买果岭券（即企业在为会员提供服务时会员购买的果岭券），于会员购买果岭券时确认收入。

五、让渡资产使用权收入

（一）让渡资产使用权收入的种类

让渡资产使用权收入主要有以下几种形式：

（1）利息收入，主要是指金融企业对外贷款形成的利息收入，以及同业之间发生往来形成的利息收入等。

（2）使用费收入，主要是指企业转让无形资产（如商标权、专利权、专营权、软件、版权）等资产的使用权形成的使用费收入。

（二）让渡资产使用权收入的确认

让渡资产使用权收入同时满足下列条件的，才能予以确认：

1. 相关的经济利益很可能流入企业

相关的经济利益很可能流入企业，是指让渡资产使用权收入金额收回的可能性大于不能收回的可能性。企业在确定让渡资产使用权收入金额能否收回时，应当根据对方企业的信誉和生产经营情况、双方就结算方式和期限等达成的合同或协议条款等因素，综合进行判断。如果企业估计让渡资产使用权收入金额收回的可能性不大，就不应确认收入。

2. 收入的金额能够可靠地计量

收入的金额能够可靠地计量，是指让渡资产使用权收入的金额能够合理地估计。如果让渡资产使用权收入的金额不能够合理地估计，则不应确认收入。

（三）让渡资产使用权收入的计量

1. 利息收入

企业应在资产负债表日，按照他人使用本企业货币资金的时间和实际利率计算确定利息收入金额。按计算确定的利息收入金额，借记“应收利息”“银行存款”等科目，贷记“利息收入”“其他业务收入”等科目。

【例9-16】柳林商业银行于2016年10月1日向光华公司发放一笔贷款200万元，期限为1年，年利率为5%，柳林银行发放贷款时没有发生交易费用，该贷款合同利率与实际利率相同。假定柳林商业银行按季度编制财务报表，不考虑其他因素。柳林商业银行的账务处理如下：

（1）2016年10月1日对外贷款时：

借：贷款	2 000 000	
贷：吸收存款		2 000 000

（2）2016年12月31日确认利息收入时：

借：应收利息	（2 000 000×5%÷4）25 000	
贷：利息收入		25 000

2. 使用费收入

使用费收入应当按照有关合同或协议约定的收费时间和方法计算确定。不同的使用费收入，收费时间和方法各不相同。有一次性收取一笔固定金额的，如一次收取10年的场地使用费；有在合同或协议规定的有效期内分期等额收取的，如合同或协议规定在使用期内每期收取一笔固定的金额；也有分期不等额收取的，如合同或协议规定按资产使用方每期销售额的百分比收取使用费等。

如果合同或协议规定一次性收取使用费，且不提供后续服务的，应当视同销售该项资产一次性确认收入；提供后续服务的，应在合同或协议规定的有效期内分期确认收入。如果合同或协议规定分期收取使用费的，应按合同或协议规定的收款时间和金额或规定的收费方法计算确定的金额分期确认收入。

【例9-17】柳林公司向光华公司转让其商品的商标使用权，约定光华公司每年年末按年销售收入的10%支付使用费，使用期10年。第一年，光华公司实现销售收入1 000 000元；第二年，光华公司实现销售收入1 500 000元。假定柳林公司均于每年年末收到使用费，不考虑其他因素。柳林公司的账务处理如下：

(1) 第一年年末确认使用费收入时：

借：银行存款　　(1 000 000 × 10%) 100 000

　贷：其他业务收入　　100 000

(2) 第二年年末确认使用费收入时：

借：银行存款　　(1 500 000 × 10%) 150 000

　贷：其他业务收入　　150 000

第二节　费用

一、费用的概念和特征

费用是指企业在日常活动中发生的、会导致所有者权益减少的、与向所有者分配利润无关的经济利益的总流出。费用具有以下特征：

1. 费用最终会导致企业资源的减少

费用的发生会引起企业资源的减少，这种减少具体表现为企业的现金支出，或表现为其他资产的耗费。具体地说，支付工资、发生费用、消耗材料和机器设备等，最终都将会使企业资源耗费。从这个意义上说，费用本质上是一种企业资源的流出，它与资源流入企业所形成的收入相反。

2. 费用最终会减少企业的所有者权益

由于费用的发生往往伴随着资产的减少或负债的增加，或是二者的结合，因此，从“资产－负债＝所有者权益”这一会计等式不难看出，费用最终会导致企业所有者权益的减少。但是，企业在生产经营过程中，有两类支出是不应归入费用的：一是企业偿债性支出，如以银行存款归还前期所欠债务，只是一项资产和一项负债等额减少，对所有者权益没有影响，因而不构成费用；二是企业向所有者分配利润，虽然减少了企业的所有者权益，但其属性是对利润的分配，不作为费用。

二、费用的分类

费用按照不同的标准有不同的分类：

1. 按照经济用途分类

费用按照其经济用途，可以分为生产费用和期间费用两部分。属于生产费用的费用，按照其计入的方式不同，又可分为直接费用和间接费用。

2. 按照经济性质分类

费用按照其经济性质，可以分为外购材料费用、外购燃料费用，外购动力费用、职工薪酬、折旧费用、利息支出、税金、其他支出等。

三、费用的确认

费用应按照权责发生制和配比原则确认，凡应属于本期发生的费用，不论其款项是否支付，均确认为本期费用；反之，不属于本期发生的费用，即使其款项已在本期支付，也不确认为本期费用。

在确认费用时，应区分三个界限：

1. 区分生产费用与非生产费用的界限

生产费用是指在企业产品生产的过程中发生的能用货币计量的生产耗费，如生产产品所发生的原材料费用、人工费用等；非生产费用是指不应由生产费用负担的费用，如用于构建固定资产所发生的费用，属于非生产费用。

2. 区分生产费用与产品成本的界限

生产费用与一定的时期相联系，而与生产的产品无关；产品成本与一定品种和数量的产品相联系，而不论发生在哪一期。

3. 区分生产费用与期间费用的界限

生产费用应当计入产品成本，而期间费用直接计入当期损益。

在确认费用时，对于确认为期间费用的费用，必须进一步划分为管理费用、销售费用和财务费用。对于确认为生产费用的费用，必须根据该费用发生的实际情况将其确认为不同产品生产所负担的费用；对于几种产品共同发生的费用，必须按收益原则，采用一定方法和程序将其分配计入相关产品的生产成本。

四、期间费用

期间费用是指本期发生的、不能直接或间接归入某种产品成本的、直接计入损益的各项费用，包括管理费用、销售费用和财务费用。

（一）管理费用

管理费用是指企业为组织和管理企业生产经营所发生的管理费用，包括企业在筹建期间内发生的开办费、董事会和行政管理部门在企业的经营管理中发生的或者应由企业统一负担的公司经费（包括行政管理部门职工工资及福利费、物料消耗、低值易耗品摊销、办公费和差旅费等）、工会经费、董事会费（包括董事会成员津贴、会议费和差旅费等）、聘请中介机构费、咨询费（含顾问费）、诉讼费、业务招待费、房产税、车船使用税、土地使用税、印花税、技术转让费、矿产资源补偿费、研究费用、排污费以及企业生产车间（部门）和行政管理部门等发生的固定资产修理费用等。

企业发生的管理费用，在“管理费用”科目核算，并在“管理费用”科目中按费用项目设置明细账，进行明细核算。期末，“管理费用”科目的余额结转“本年利润”科目后无余额。

（二）销售费用

销售费用是指企业在销售商品和材料、提供劳务的过程中发生的各种费用，包括企业在销售商品过程中发生的保险费、包装费、展览费和广告费、商品维修费、预计产品质量保证损失、运输费、装卸费等以及为销售本企业商品而专设的销售机构（含销售网点、售后服务网点等）的职工薪酬、业务费、折旧费、固定资产修理费用等费用。

企业发生的销售费用，在“销售费用”科目核算，并在“销售费用”科目中按费用项目设置明细账，进行明细核算。期末，“销售费用”科目的余额结转“本年利润”科目后无余额。

企业（金融）应将“销售费用”科目改为“业务及管理费”科目，核算企业（金融）在业务经营和管理过程中所发生的各项费用，包括折旧费、业务宣传费、业务招待费、电子设备运转费、钞币运送费、安全防范费、邮电费、劳动保护费、外事费、印刷费、低值易耗品摊销、职工工资及福利费、差旅费、水电费、职工教育经费、工会经费、会议费、诉讼费、公证费、咨询费、无形资产摊销、长期待摊费用摊销、取暖降温费、聘请中介机构费、技术转让费、绿化费、董事会费、财产保险费、劳动保险费、失业保险费、住房公积金、物业管理费、研究费用、提取保险保障基金等。

（三）财务费用

财务费用是指企业为筹集生产经营所需资金等而发生的筹资费用，包括利息支出（减利息收入）、汇兑损益以及相关的手续费、企业发生的现金折扣或收到的现金折扣等。

企业发生的财务费用，在“财务费用”科目核算，并在“财务费用”科目中按费用项目设置明细账，进行明细核算。期末，“财务费用”科目的余额结转“本年利润”科目后无余额。

第三节 利润

一、利润的构成

利润是指企业在一定会计期间的经营成果，在数量上表现为企业在一定会计期间内实现的收入减去费用后的净额。

企业作为独立的经济实体，应当以自己的经营收入抵补其成本费用，并且实现盈利。企业盈利的大小在很大程度上反映企业生产经营的经济效益，表明企业在每一会计期间的最终经营成果。

（一）营业利润

营业利润＝营业收入－营业成本－营业税金及附加－销售费用－管理费用－财务费用－资产减值损失＋公允价值变动收益（－公允价值变动损失）＋投资收益（－投资损失）

其中，营业收入是指企业经营业务所确定的收入总额，包括主营业务收入和其他业务收入。营业成本是指企业经营业务所发生的实际成本总额，包括主营业务成本和其他业务成本。资产减值损失是指企业计提各项资产减值准备所形成的损失。公允价值变动收益（损失）是指企业交易性金融资产等公允价值变动形成的应计入当期损益的利得（损失）。投资收益（损失）是指企业以各种方式对外投资所取得的收益（发生的损失)。

(二) 利润总额

利润总额 = 营业利润 + 营业外收入 - 营业外支出

其中，营业外收入（支出）是指企业发生的与日常活动无直接关系的各项利得（损失）。

(三) 净利润

净利润 = 利润总额 - 所得税费用

其中，所得税费用是指企业确认的应从当期利润总额中扣除的所得税费用。

二、营业外收入和营业外支出

(一) 营业外收入

营业外收入是指企业发生的与其日常活动无直接关系的各项利得。营业外收入并不是由企业经营资金耗费所产生的，不需要企业付出代价，实际上是一种纯收入，不可能也不需要与有关费用进行配比。因此，在会计核算上，应当严格区分营业外收入与营业收入的界限。营业外收入主要包括非流动资产处置利得、非货币性资产交换利得、债务重组利得、政府补助、盘盈利得、捐赠利得等。

(1) 非流动资产处置利得包括固定资产处置利得和无形资产出售利得。固定资产处置利得，指企业出售固定资产所取得价款或报废固定资产的材料价值和变价收入等，扣除固定资产的账面价值、清理费用、处置相关税费后的净收益；无形资产出售利得，指企业出售无形资产所取得价款扣除出售无形资产的账面价值、出售相关税费后的净收益。

(2) 非货币性资产交换利得，指在非货币性资产交换中换出资产为固定资产、无形资产的，换入资产公允价值大于换出资产账面价值的差额，扣除相关费用后计入营业外收入的金额。

(3) 债务重组利得，指重组债务的账面价值超过清偿债务的现金、非现金资产的公允价值、所转股份的公允价值或者重组后债务账面价值之间的差额。

(4) 盘盈利得，指企业对于清查盘点中盘盈的现金等，报经批准后计入营业外收入的金额。

(5) 政府补助，指企业从政府无偿取得货币性资产或非货币性资产形成的利得。

(6) 捐赠利得，指企业接受捐赠产生的利得。

企业应当通过“营业外收入”科目，核算营业外收入的取得和结转情况。该科目可按营业外收入项目进行明细核算。期末，应将该科目余额转入“本年利润”科目，结转后该科目无余额。

(二) 营业外支出

营业外支出是指企业发生的与日常活动无直接关系的各项损失。营业外支出主要包括非流动资产处置损失、非货币性资产交换损失、债务重组损失、公益性捐赠支出、非常损失、盘亏损失等。

（1）非流动资产处置损失包括固定资产处置损失和无形资产出售损失。固定资产处置损失，指企业出售固定资产所取得价款或报废固定资产的材料价值和变价收入等，不足抵补处置固定资产的账面价值、清理费用、处置相关税费后的净损失；无形资产出售损失，指企业出售无形资产所取得价款，不足抵补出售无形资产的账面价值、出售相关税费的净损失。

（2）非货币性资产交换损失，指在非货币性资产交换中换出资产为固定资产、无形资产的，换入资产公允价值小于换出资产账面价值的差额，扣除相关费用后计入营业外支出的金额。

（3）债务重组损失，指重组债权的账面余额与受让资产的公允价值、所转股份的公允价值或者重组后债权的账面价值之间的差额。

（4）公益性捐赠支出，指企业对外进行公益性捐赠发生的支出。

（5）非常损失，指企业对于因客观因素（自然灾害等）造成的损失，在扣除保险公司赔偿后计入营业外支出的净损失。

企业应通过“营业外支出”科目核算营业外支出的发生及结转情况。该科目可按营业外支出项目进行明细核算。期末，应将该科目余额转入“本年利润”科目，结转后该科目无余额。

营业外收入和营业外支出应当分别核算。在具体核算时，不得以营业外支出直接冲减营业外收入，也不得以营业外收入冲减营业外支出，即企业在会计核算时，应当区别营业外收入和营业外支出进行核算。由于营业外收入和营业外支出所包括的项目互不相关，企业还应当分别营业外收入的各项目和营业外支出的各项目设置明细账户，进行明细核算。本年度营业外收入和营业外支出的累积余额，在期末时转入本年利润。

三、本年利润的结转

企业应设置“本年利润”科目，核算企业本年度内实现的利润总额（亏损总额）。期末，企业将各收益类科目的余额转入“本年利润”科目的贷方，将各成本、费用类科目的余额转入“本年利润”科目的借方。转账后，“本年利润”科目如为贷方余额，反映本年度自年初开始累计实现的净利润；“本年利润”如为借方余额，反映本年度自年初开始累计发生的净亏损。

利润总额的核算方法有“账结法”和“表结法”两种，每月月末，企业可以根据实际情况自行选用，年终应采用“账结法”。

（一）账结法

账结法是指企业每月结账时，将损益类科目的余额，全部转入“本年利润”科目，通过“本年利润”科目结出本月份利润总额或亏损总额以及本年累计损益。

【例 9－18】假设柳林公司 2016 年 8 月末未转账前损益类科目的余额如下：

收入科目（贷方余额）

主营业务收入　　　　　　　　3 000 000

其他业务收入	400 000
投资收益	50 000
营业外收入	20 000
支出科目（借方余额）	
营业税金及附加	300 000
主营业务成本	2 400 000
其他业务成本	10 000
销售费用	200 000
管理费用	180 000
财务费用	20 000
营业外支出	8 000

根据上述资料，企业月终应作会计分录如下：

(1) 将所有收入类科目余额转入"本年利润"科目时：

借：主营业务收入	3 000 000	
其他业务收入	400 000	
投资收益	50 000	
营业外收入	20 000	
贷：本年利润		3 470 000

(2) 将所有支出科目余额转入"本年利润"科目时：

借：本年利润	3 118 000	
贷：主营业务成本		2 400 000
营业税金及附加		300 000
其他业务成本		10 000
销售费用		200 000
管理费用		180 000
财务费用		20 000
营业外支出		8 000

经过以上结转后，该公司8月份"本年利润"科目增加贷方余额352 000元。即该企业8月份实现的利润总额为352 000元。

(二) 表结法

表结法指企业每月结账时，不需要把损益类各科目的余额转入"本年利润"科目，而是通过结出各损益类科目的本年累计金额，就可据以逐项填制"利润表"，通过"利润表"计算出从年初到本月止的本年累计利润，然后减去上月止本表中的本年累计利润，就是本月份的利润或亏损。

企业在采用"表结法"的情况下，年终时仍需采用"账结法"，将损益类各科目的全年累计余额转入"本年利润"科目，在"本年利润"科目集中反映本年的全年利润及其构成情况。年终，企业按上述步骤和方法计算出"本年利润"余额后，不论盈利还是亏损，均应按照国家税收的有关规定，计算缴纳所得税，并将所得税费用转入“本年利润”科目的借方，然后才能将“本年利润”科目的最终余额（即净利润）转入“利润分配”科目。若为借方余额，则借记“利润分配——未分配利润”科目，贷记“本年利润”科目；若为贷方余额，则借记“本年利润”科目，贷记“利润分配——未分配利润”科目。

四、综合收益总额

净利润加上其他综合收益扣除所得税影响后的净额为综合收益总额。

本章小结

本章分别讲解了收入、费用和利润的概念和特征，对各个要素内部组成部分的核算方法进行了详细的阐述。主要内容包括：

销售商品收入必须同时满足收入确认的五个条件，才能予以确认。如果售出商品不符合收入确认条件，则不应确认收入，已经发出的商品，应当通过“发出商品”科目进行核算。企业销售商品时遇到的现金折扣、商业折扣、销售折让、销售退回等问题，应当分别不同情况进行处理。对企业发生的代销商品、预收款销售商品、分期收款销售商品、附有销售退回条件的商品销售、售后回购、售后租回、以旧换新等特殊销售商品业务，其会计处理方式也有特殊性。企业在资产负债表日提供劳务交易的结果能够可靠估计的，应当采用完工百分比法确认提供劳务收入；不能够可靠估计的应正确预计已经发生的劳务成本能否得到补偿，分别进行会计处理。企业让渡资产使用权收入主要包括利息收入、使用费收入。

费用应按照权责发生制和配比原则确认。期间费用分为管理费用、销售费用和财务费用，企业应分别核算。

利润是指企业在一定会计期间的经营成果，在数量上表现为企业在一定会计期间内实现的收入减去费用后的净额。利润的口径分为营业利润、利润总额、净利润等，其内容和计算方式不同。

关键词

现金折扣　商业折扣　销售折让　销售退回　视同买断方式代销商品　收取手续费方式代销商品　预收款销售商品　分期收款销售商品　附有销售退回条件的商品销售　售后回购　售后租回　房地产销售　完工百分比法　让渡资产使用权收入　生产费用　非生产费用　期间费用　管理费用　销售费用　财务费用　营业利润　利润总额　净利润　营业外收入　固定资产处置利得　无形资产出售利得　非货币性资产交换利得　债务重组利得　盘盈利得　政府补助　捐赠利得　营业外支出　固定资产处置损失　无形资产出售损失　非货币性资产交换损失　债务重组损失　公益性捐赠支

出　非常损失　账结法　表结法　综合收益

本章思考题

1. 什么是收入、费用与利润？
2. 确认收入的基本原则是什么？收入有哪些分类方式？
3. 在各种不同的交易方式下，如何确认收入？怎样进行会计处理？
4. 费用具有哪些特征？有哪些分类方式？
5. 生产成本与生产费用有何关系？
6. 期间费用包括哪些内容？如何进行相关会计处理？
7. 营业外收支包括哪些内容？
8. 利润如何计算？本年利润如何核算？
9. 什么是综合收益总额？如何计算？

第十章 财务报表

【学习目的与要求】

本章主要阐述资产负债表、利润表、现金流量表和股东权益变动表的基本原理和编制方法。本章学习的要求是：

1. 了解财务报表的作用、种类及其编制要求。
2. 掌握资产负债表的内容、结构和编制方法。
3. 掌握利润表的内容、结构和编制方法。
4. 掌握现金流量表的内容、结构和编制方法。
5. 掌握股东权益变动表的内容、结构和编制方法。
6. 掌握报表附注披露的主要内容。

第一节 财务报表概述

一、财务报表及其意义

财务报表是对企业财务状况、经营成果和现金流量的结构性表述。它是以日常核算资料为依据定期编制的反映企业某一特定日期财务状况、某一会计期间经营成果、现金流量和所有者权益变动等会计信息的文件。财务报表是会计核算过程的最后结果，也是会计核算工作的总结。企业日常发生的经济业务，我们已经按照会计准则的要求，对会计要素进行确认、计量，并按一定的账务处理程序，在会计凭证、会计账簿中进行了连续、系统登记。但是这些信息分散在数量多、种类杂的凭证、账簿上，不能集中地揭示和反映企业经营活动的全貌。为了进一步发挥会计的职能作用，就必须定期对日常核算资料进行整理、分类、计算和汇总，并以书面的形式对外提供，才能满足会计用户对会计信息的需求。

财务报表至少应当包括资产负债表、利润表、所有者权益（或股东权益，下同）变动表、现金流量表、附注。它们既有区别又有联系，分别从不同的角度反映企业经营成果、财务状况、现金流量、所有者权益及其变动原因，共同构成了一个完整的财务报表体系。

财务会计报告的目标：①向财务会计报表使用者提供与企业财务状况、经营成果和现金流量等有关的会计信息；②反映企业管理层受托责任履行情况，有助于财务会计报表使用者作出经济决策。

会计信息的用户，主要包括投资人、债权人、财税机关及其他政府部门等外部使用者和企业管理当局、企业职工等内部使用者。不同的用户对财务报表的需求不同，因而对财务报表使用的着眼点不同，财务报表所起的作用也不同。

企业现有和潜在的投资者需利用财务报表信息作出合理的投资决策。由于所有权和经营权的分离，投资者不参与企业的经营和管理，他们需要利用报表信息分析评价企业的资产状况、盈利能力、产品的市场竞争能力及其所处行业的发展前景等，以便作出是否投资的决策。债权人需要利用财务报表信息分析和估计贷款的风险和报酬以及企业资产的流动状况、偿债能力和资本结构等为信贷决策寻求科学依据。政府部门对企业的财务报表信息，通过综合、加工、汇总和分析，借以考核国民经济总体运行情况，从中发现存在的问题，从而对宏观经济运行作出准确的决策，为国民经济的宏观调控提供依据，有效地实现社会资源在各部门的合理配置，促进经济的良性循环。企业管理当局借助于财务报表信息，可以评价其经营业绩，从中发现问题，找出差距，以便加强管理，提高经济效益。

在市场经济条件下，财务报表信息作用的范围越来越广。但是，财务报表信息也有其局限性：一是财务报表是依据会计准则编制的，会计准则具有较大的灵活性，有许多会计事项需要会计人员的职业判断来进行处理。由于人员的素质差异，业务水平不同，因而使财务报表信息包含了大量的主观因素。二是会计报表信息是一种历史信息，在市场经济条件下，外部环境的迅速变化，使得历史信息往往尚未加工出来就失去了相关性，特别是金融衍生工具的出现，使历史信息的局限性越来越明显。三是财务报表的信息仅以货币作为计量尺度，随着经济的发展，会计用户对非货币信息的需求越来越多，例如企业的人力资源信息、企业所处的行业地位等分部信息。因此会计用户在使用财务报表信息时，应充分考虑其局限性，以便作出正确的决策。

二、财务报表的种类

财务报表可以根据需要，按照不同的标准进行分类。

（一）按照编制的时间，可以分为中期财务报表和年度财务报表

中期财务报表是以短于一个完整的会计年度的会计期间为基础编制的财务报表，包括月报、季报和半年报。月报是按月编制的报表，季报是按季度编制的报表，半年报是每个会计年度的前6个月结束后编制的报表。年报又称年度决算报表，它是按年编制的报表。月报提供的信息简明扼要，年报提供的信息全面、系统，季报提供信息的详细程度介于月报和年报之间。

（二）按照编制的主体不同，可以分为个别报表、合并报表

个别报表是以单个企业为会计主体，根据其日常核算资料进行加工整理后编制的报表，它反映个别企业的财务状况、经营成果和现金流量。合并报表是以母公司和子公司组成的企业集团为会计主体，根据母公司和所属子公司的个别财务报表进行合并调整后由母公司编制的报表，它反映企业集团整体的财务状况、经营成果和现金流量。

(三) 按照财务报表服务的对象，可以分为外部报表和内部报表

外部报表是向企业外部投资者、债权人、政府主管部门等会计信息用户提供的通用财务报表，这类报表的格式和内容是由国家财政部统一设计制定的，例如资产负债表、利润表、现金流量表和股东权益变动表等，均为外部报表。内部报表没有统一的格式和种类，它主要满足企业经营管理者的需求，例如成本报表，就是内部报表的一种。

(四) 按照财务报表反映的价值运动的状态，可以分为静态报表和动态报表

静态报表是反映会计主体在特定时点的资产、负债和所有者权益情况的报表，动态报表是反映会计主体某一报告期内经营成果和现金流量的报表。

三、财务报表的编制要求

会计准则对企业财务报表的编制基础、编制依据、编制原则和编制方法都作了具体的规定。这是维护社会主义市场经济秩序，保障投资人、债权人的根本利益，防止会计信息失真，提高财务报表信息的相关性和可靠性的重要措施。各企业只有按照国家统一规定的编制基础、编制依据、编制原则和编制方法进行报表的编制，才能保持各企业财务报表和相关指标的计算口径一致，并具有可比性，才能便于会计信息的用户分析比较，从而作出正确的决策。

为了保证会计报表所提供的信息能够及时、准确、完整地反映企业的财务状况和经营成果，满足信息使用者的需要，企业在编制会计报表时，应该按照会计准则的相关规定，做到数字客观真实、计算准确、内容完整、手续齐备、报送及时和便于理解等一般要求。

第二节　资产负债表

一、资产负债表的性质和作用

资产负债表是反映企业在某一特定日期财务状况的报表，是以“资产 = 负债 + 所有者权益”这一会计等式所体现的静态要素之间的内在联系为依据来设计和编制的，它反映某一时点上企业所拥有和控制的经济资源及其分布情况。企业所承担的债务、投资者所拥有的权益总额及其构成情况，这些信息是进行财务分析的基本资料。

会计信息用户通过资产负债表提供的信息可以评价企业的变现能力和偿债能力、评价企业的资本结构和财务弹性、评价企业经济资源的利用情况，预测财务状况的变动趋势。

二、资产负债表的基本格式

我国会计准则规定资产负债表采用账户式格式。账户式资产负债表，它依据会计等

式“资产=负债+所有者权益”，将报表分为左右两个部分。资产项目排列在报表的左边，负债和所有者权益项目依次排列在报表的右边且资产项目的总额与负债和所有者权益项目的总额相等。这种格式的主要特点是突出地反映了资产、负债和所有者权益三个要素之间的内在联系。便于报表使用者通过左右两边相关项目的比较，了解企业的财务状况及其变动趋势。账户式资产负债表的格式，如表10-5所示。

三、资产负债表的基本内容

资产负债表由表首和正表两部分组成。

表首应填写企业的名称、报表名称、编制报表的日期和计量单位，它体现了“会计主体”和“会计分期”假设的要求。正表是资产负债表的主体，包括资产、负债和所有者权益各项目的名称及其年初和年末数。

资产负债表各项目的具体内容如下：

（一）资产类项目

资产类各项目，应当分别流动资产和非流动资产列示。

1. 流动资产

（1）“货币资金”项目，反映企业库存现金、银行结算户存款、外埠存款、银行汇票存款、银行本票存款、信用卡存款、信用证保证金存款等的合计数。

（2）“交易性金融资产”项目，反映企业为交易目的而持有的债券投资、股票投资、基金投资、权证投资等交易性金融资产的公允价值。

（3）“应收票据”项目，反映企业因销售商品、提供劳务等而收到的商业汇票的票面金额，包括商业承兑汇票和银行承兑汇票。

（4）“应收账款”项目，反映企业因销售商品、产品、提供劳务等经营活动应收而尚未收取的款项。如“预收账款”账户所属明细账户有借方余额的，也应包括在本项目内。

（5）“预付账款”项目，反映企业预付给供应单位的款项。如“应付账款”账户所属明细账户有借方余额的，也应包括在本项目内。

（6）“应收股利”项目，反映企业尚未收回的现金股利和其他单位分配的利润。

（7）“应收利息”项目，反映企业持有至到期投资、可供出售金融资产等应收取的利息。企业购入的一次还本付息的持有至到期投资持有期间取得的利息，在“持有至到期投资”项目列示。

（8）“其他应收款”项目，反映企业尚未收回的各种应收、暂付的款项。

（9）“存货”项目，反映企业期末在库、在途和在加工中的各项存货的可变现净值，包括各种材料、商品、在产品、半成品、包装物、低值易耗品、分期收款发出商品、委托代销商品、受托代销商品等。

（10）“一年内到期的非流动资产”项目，反映将要在一年内（含一年）到期的非流动资产。

（11）“其他流动资产”项目，反映企业除以上流动资产项目外的其他流动资产。

2. 非流动资产

（1）“可供出售金融资产”项目，反映企业持有的可供出售金融资产的公允价值，包括划分为可供出售的股票投资、债券投资等金融资产。

（2）“持有至到期投资”项目，反映企业持有至到期投资的摊余成本。

（3）“长期应收款”项目，反映企业融资租赁产生的应收款项和采用递延方式分期收款、实质上具有融资性质的销售商品和提供劳务等经营活动产生的应收款项，它是“长期应收款”账户的期末余额减去“未实现融资收益”账户期末余额的差额列示。

（4）“长期股权投资”项目，反映企业持有的采用成本法和权益法核算的长期股权投资的价值。

（5）“投资性房地产”项目，反映企业投资性房地产的价值，包括采用成本模式和公允价值模式计量的投资性房地产。

（6）“固定资产”项目，反映企业的各种固定资产（包括融资租入的固定资产）可收回的金额。

（7）“在建工程”项目，反映企业期末各项未完工程的实际支出，包括交付安装的设备价值、未完建筑安装工程已经耗用的材料、工资和费用支出、预付出包工程的价款、已建筑安装完毕但尚未交付使用的工程等的可收回金额。

（8）“工程物资”项目，反映企业各项工程尚未使用的工程物资的实际成本。

（9）“固定资产清理”项目，反映企业因出售、毁损、报废等原因转入清理，但尚未清理完毕的固定资产的账面价值，以及固定资产清理过程中所发生的清理费用和变价收入等项目金额的差额。

（10）“无形资产”项目，反映企业各项无形资产的期末可收回金额。

（11）“开发支出”项目，反映企业正在进行无形资产研究开发项目满足资本化条件的支出。

（12）“商誉”项目，反映企业合并中形成的商誉价值。

（13）“长期待摊费用”项目，反映企业尚未摊销的摊销期限在一年以上（不含一年）的各种费用。

（14）“递延所得税资产”项目，反映企业确认的递延所得税资产。包括企业根据所得税准则确认的可抵扣暂时性差异产生的所得税资产以及根据税法规定可用以后年度税前利润弥补的亏损及税款抵减产生的所得税资产。

（15）“其他非流动资产”项目，反映企业除以上资产以外的其他长期资产。

（二）负债类项目

负债类各项目也应当分别流动负债和非流动负债列示。

1. 流动负债

（1）“短期借款”项目，反映企业借入尚未归还的一年期以下（含一年）的借款。

（2）“交易性金融负债”项目，反映企业承担的交易性金融负债的公允价值。企业持有的指定为以公允价值计量且其变动计入当期损益的金融负债，也包括在本项目内。

（3）“应付票据”项目，反映企业为了抵付货款等而开出、承兑的尚未到期付款的应付票据，包括银行承兑汇票和商业承兑汇票。

(4)“应付账款”项目，反映企业购买原材料、商品和接受劳务供应等而应付给供应单位的款项。如“预付账款”账户所属明细账户有贷方余额的，也应包括在本项目内。

(5)“预收账款”项目，反映企业预收购买单位的账款。如“应收账款”账户所属明细账户有贷方余额的，也应包括在本项目内。

(6)“应付职工薪酬”项目，反映企业根据有关规定应付给职工的各种薪酬。

(7)“应交税费”项目，反映企业按照税法规定计算应交纳的各种税费，包括增值税、消费税、营业税、所得税、资源税、土地增值税、城市维护建设税、房产税、土地使用税、车船使用税、教育费附加、矿产资源补偿费等。企业（保险）按规定应交纳的保险保障基金、企业代扣代交的个人所得税等，也包括在本项目内。

(8)“应付利息”项目，反映企业按照合同约定应付未付的各种利息，包括吸收存款、分期付息到期还本的长期借款、企业债券等应支付的利息。

(9)“应付股利”项目，反映企业应付未付的现金股利或利润。

(10)“其他应付款”项目，反映企业应付未付的其他应付款，包括暂收其他单位和个人的款项。

(11)“其他流动负债”项目，反映企业除以上流动负债以外的其他流动负债。本项目应根据有关账户的期末余额填列，如“递延收益”账户的期末余额可在本项目内反映。

(12)“一年内（含一年）到期的长期负债”项目，反映长期负债各项目中将于一年内（含一年）到期的长期负债。本项目应根据有关长期负债账户（如长期借款、应付债券、长期应付款、专项应付款等）所属明细账户中将要在一年内到期部分的金额分析计算填列。负债价值较大的，应在财务报表附注中披露其内容及金额。

2. 非流动负债

(1)“长期借款”项目，反映企业向银行或其他金融机构借入的期限在 1 年以上（不含 1 年）的各项借款。

(2)“应付债券”项目，反映企业发行的尚未偿还的各种长期债券的本息。

(3)“长期应付款”项目，反映企业除长期借款和应付债券以外的其他各种长期应付款，包括以分期付款方式购入固定资产和无形资产发生的应付账款、应付融资租入固定资产的租赁费等，它是“长期应付款”账户的期末余额减去“未确认融资费用”账户期末余额的差额列示。

(4)“专项应付款”项目，反映企业取得的国家指定为资本性投入的具有专项或特定用途的款项，如属于工程项目的资本性拨款等。

(5)“预计负债”项目，反映企业根据或有事项等相关准则确认的各项预计负债，包括对外提供担保、未决诉讼、产品质量保证、重组义务、亏损性合同等产生的预计负债。

(6)“递延所得税负债”项目，反映企业根据所得税准则确认的应纳税暂时性差异产生的所得税负债。

（7）“其他非流动负债”项目，反映企业除以上长期负债项目以外的其他非流动负债。

（三）所有者权益类项目

（1）“实收资本（或股本）”项目，反映企业各投资者实际投入的资本（或股本）总额。

（2）“资本公积”项目，反映企业收到投资者出资超出其在注册资本或股本中所占的份额以及直接计入所有者权益的利得和损失等。

（3）“库存股”项目，反映企业持有尚未转让或注销的本公司股份的金额。

（4）“盈余公积”项目，反映企业从净利润中提取的盈余公积。

（5）“未分配利润”项目，反映企业历年积存的未分配利润（或未弥补亏损）。

四、资产负债表的编制方法

资产负债表是反映企业在某一特定日期财务状况的静态报表，表内各项目分别按“年初余额”和“年末余额”分专栏反映。“年初余额”栏各项目的数字，应根据上年末资产负债表“年末余额”栏内所列数字填列。“年末余额”栏各项目，主要是根据有关账户的期末余额填列。具体填列方法有以下几种：

（一）根据总分类账户余额直接填列

资产类项目有：交易性金融资产、应收票据、应收股利、应收利息、可供出售金融资产、投资性房地产、工程物资、固定资产清理、开发支出、商誉、长期待摊费用、递延所得税资产等。

负债类项目有：短期借款、交易性金融负债、应付票据、其他应付款、应付职工薪酬、应交税费、应付利息、应付股利、其他应付款、长期借款、应付债券、专项应付款、预计负债、递延所得税负债等。

所有者权益类项目有：实收资本（股本）、资本公积、库存股、盈余公积。

根据明细分类账户直接填列的项目主要是“所有者权益”类项目内，在“盈余公积”项目下单独反映“法定公益金”项目，这一项目根据盈余公积账户所属明细账的期末余额填列。“未分配利润”项目，根据“利润分配——未分配利润”账户的期末余额填列。

（二）根据若干个总账余额分析计算填列

具体项目有：“货币资金”项目，应根据“库存现金”“银行存款”和“其他货币资金”等账户的期末余额合并填列；

“存货”项目，应根据“材料采购”“原材料”“周转材料”“库存商品”“委托加工物资”“生产成本”“材料成本差异”“发出商品”“存货跌价准备”等账户的借方余额之和与贷方余额之和的差额计算填列。

（三）根据明细账余额分析计算填列

当“应收账款”“应付账款”“预收账款”“预付账款”账户所属明细账出现反方

向余额时，有关项目应根据明细账余额按以下方法计算填列：

应收账款项目 = "应收账款" 明细账（借余）+"预收账款" 明细账（借余）

预付账款项目 = "预付账款" 明细账（借余）+"应付账款" 明细账（借余）

应付账款项目 = "应付账款" 明细账（贷余）+"预付账款" 明细账（贷余）

预收账款项目 = "预收账款" 明细账（贷余）+"应收账款" 明细账（贷余）

（四）根据总账和明细账余额分析计算填列

资产负债表上某些项目需要根据总账和明细账余额分析计算填列。具体项目有：

"一年内到期的非流动资产" 应根据 "持有到期投资" 账户的期末余额减去所属明细账户将于 1 年内（含 1 年）到期的非流动资产后的金额填列。

"长期应收款" 项目应根据 "长期应收款" 总账的期末余额，减去 "未实现融资收益" 总账的期末余额，再减去所属明细账中将于一年内到期部分的金额分析计算填列。

"长期借款" 项目应根据 "长期借款" 总账的期末余额减去所属明细账中将于一年内到期部分的金额分析计算填列。

"应付债券" 项目应根据 "应付债券" 总账的期末余额减去所属明细账中将于一年内到期部分的金额分析计算填列。

"长期应付款" 项目应根据 "长期应付款" 总账的期末余额，减去 "未实现融资费用" 总账的期末余额，再减去所属明细账中将于一年内到期部分的金额分析计算填列。

（五）根据账户余额减去其备抵项目后的净额填列

由于在资产负债表上，对于计提资产减值准备的资产项目应反映其可收回的金额，所以一般应根据这些资产账户的余额减去其备抵账户余额后的净额填列。

具体项目有："持有至到期投资" "长期股权投资" "固定资产" "在建工程" "无形资产" 等，其中固定资产和无形资产还应分别减去 "累计折旧" 与 "累计摊销" 账户后的余额填列。

五、资产负债表编制实例

【例 10－1】下面我们以柳林股份有限公司的相关资料为例，来说明资产负债表的编制方法。

（一）资料

柳林股份有限公司系增值税一般纳税人，增值税率为 17%，所得税税率为 25%。本公司材料按计划成本计价；投资性房地产采用公允价值模式；假设 2016 年柳林股份有限公司除存货和固定资产计提减值准备导致其账面价值与计税基础存在可抵扣暂时性差异外，其他资产和负债项目的账面价值与计税基础相等。

2016 年 1 月 1 日有关总分类账户期末余额如表 10－1 所示；明细分类账户的期末余额如表 10－2 所示。

表 10－1　　**柳林股份有限公司总分类账户余额表**

2016 年 1 月 1 日　　单位：元

账户名称	借方余额	账户名称	贷方余额
库存现金	6 000	短期借款	1 000 000
银行存款	3 276 000	应付票据	500 000
其他货币资金	336 000	应付账款	1 520 000
交易性金融资产	293 600	应付职工薪酬	102 000
应收票据	160 000	应交税费	81 600
应收账款	800 000	应付利息	24 000
坏账准备	－16 000	其他应付款	130 000
其他应收款	9 000	长期借款	3 616 000
预付账款	130 000	其中：1 年内到期的非流动负债	1 700 000
材料采购	240 000		
原材料	182 400	股本	10 000 000
周转材料	160 000	资本公积	466 400
库存商品	107 000	盈余公积	300 000
材料成本差异	7 000	利润分配（未分配利润）	180 000
长期股权投资	591 000		
投资性房地产	1 600 000		
固定资产	6 198 000		
累计折旧	－1 580 000		
在建工程	3 200 000		
无形资产	2 400 000		
累计摊销	－480 000		
长期待摊费用	300 000		
合计	17 920 000	合计	17 920 000

表 10－2　　**柳林股份有限公司有关明细分类账户余额**

2016 年 1 月 1 日　　单位：元

总账名称	明细账名称	借方余额	贷方余额
应收账款	甲单位	720 000	
	乙单位	270 000	
	丙单位	10 000	
	丁单位		200 000
应付账款	M 单位		170 000
	N 单位		1 850 000
	W 单位	500 000	

根据表10－1、表10－2的资料，编制资产负债表如表10－5所示。

柳林股份有限公司2016年发生的经济业务如下：

（1）购入原材料一批，增值税专用发票列明：价款400 000元，增值税68 000元，共计468 000元，已预付材料款130 000元，余款338 000元，已开出转账支票支付，材料尚未到达。

（2）收到原材料一批，实际成本240 000元，计划成本230 000元，材料已验收入库，货款已于上月支付。

（3）购入不需要安装的设备一台，价款180 000元，增值税30 600元，包装费和运费2 200元。上述款项总计212 800元，均以银行存款支付，设备已交付使用。

（4）购入工程物资一批，价款260 000元，增值税44 200元，总计均已用银行存款支付。

（5）收到银行通知，已用银行存款支付到期的商业承兑汇票300 000元，偿还M单位应付账款170 000元。

（6）销售甲产品一批给甲单位，销售价款800 000元，增值税销项税额136 000元，产品已发出，款项尚未收到。

（7）从银行借入3年期借款1 000 000元，借款已存入银行，该项借款用于购置固定资产。

（8）应付在建工程工人工资820 000元。

（9）营业用房工程应予以资本化的长期借款利息320 000元。

（10）营业用房工程已完工，并交付使用，该项工程总额3 000 000元。

（11）销售乙产品一批，销售价款1 600 000元，增值税销项税额272 000元，总计1 872 000元，款项已由购货方开出转账支票付讫。

（12）公司出售一台不需用设备，收到价款800 000元，该项设备原价1 600 000元，已提折旧720 000元。

（13）收到长期股权投资分得的现金股利80 000元，存入银行，该项投资按成本法核算。

（14）归还短期借款本金400 000元，利息20 000元，共计420 000元，借款利息已计入应付利息账户。

（15）用银行存款支付购入材料款项，总计288 820元，其中价款246 000元，增值税41 820元，装卸费1 000元，材料已验收入库，该批材料的计划价格为247 600元。

（16）提取现金2 074 000元，准备发放工资。

（17）支付职工工资2 074 000元，其中包括支付给在建工程人员的工资820 000元。

（18）分配应支付的职工工资1 254 000元（不包括在建工程应负担的工资820 000元），其中，生产人员工资1 140 000元，车间管理人员工资22 800元，行政管理人员工资912 00元。

（19）用银行存款支付研发部门的新产品开发费40 000元，该项支出符合资本化条件。

(20) 用银行存款支付产品展览费231 00元，广告费26 000元。

(21) 根据发出材料汇总表，基本生产车间领用原材料，计划成本600 000元，领用低值易耗品（周转材料），计划成本120 000元，采用一次摊销法予以摊销。

(22) 结转领用原材料与低值易耗品（周转材料）的成本差异，材料成本差异率为2%。

(23) 公司销售产品一批，价款600 000元，增值税102 000，总计702 000元，收到购货方开出的承兑的商业汇票1张。

(24) 公司将上述商业承兑汇票向银行办理贴现，贴现利息为48 000元，同时将到期的一张面值为160 000元的无息银行承兑汇票，连同解讫通知和进账单交银行办理转账，收到银行盖章退回的进账单一联，款项银行已收妥。

(25) 本期应付借款利息65 000元，其中短期借款利息44 000元，长期借款利息21 000元。

(26) 计提固定资产折旧240 000元，其中应计入制造费用200 000元，管理费用40 000元。

(27) 本期应摊销无形资产160 000元。

(28) 本期应摊销租入固定资产改良工程费用150 000元。

(29) 以银行存款支付本年度财产保险费134 200元。

(30) 收到本年度出租办公楼的租金60 000元，已存入银行。

(31) 本期产品销售应交纳城市维护建设税31 500元，教育费附加13 500元，租金收入应交纳营业税3 000元。

(32) 假定用银行存款缴纳本期增值税350 000元，城市维护建设税31 500元，教育费附加13 500元，同时转出未交增值税56 980元。

(33) 年末交易性金融资产的公允价值为255 600元，应确认公允价值变动损失38 000元；投资性房地产公允价值为1 650 000元，应确认公允价值变动收益为50 000元。

(34) 计算并结转本期完工产品应负担的制造费用345 200元；计算并结转本期完工产品成本2 097 200元。无期初在产品，本期生产的产品全部完工，并验收入库。

(35) 结转本期已售产品销售成本1 800 000元。

(36) 基本生产车间盘亏一台设备，原价560 000元，已提折旧500 000元。

(37) 偿还长期借款本金1 700 000元。

(38) 收回甲单位上期的应收账款720 000元，存入银行。

(39) 应收丙客户的账款10 000元，已确定不能收回。

(40) 按应收账款余额的2%计提坏账准备。

(41) 收到某基金会转来的捐赠现金，48 000元。

(42) 计提存货跌价准备22 380元，固定资产减值准备40 000元。

(43) 本期计提的减值准备形成可抵扣暂时性差异，应确认递延所得税资产15 595元。

（44）经批准，将盘亏的固定资产60 000元，按规定损失转为营业外支出。

（45）计算本期应交所得税99 500元。

（46）假定当期即用银行存款缴纳所得税99 500元。

（47）结转各收入、费用账户，确定净利润314 095元。

（48）提取盈余公积32 000元；分配普通股现金股利100 000元。

（49）将利润分配各明细账户的余额转入“未分配利润”明细账户，结转本年利润。

（50）2016年末将于1年内到期的非流动负债为800 000元。

（二）根据以上资料编制会计分录

1. 编制会计分录

（1）借：材料采购　400 000
　　　　应交税费——应交增值税（进项税额）　68 000
　　贷：银行存款　338 000
　　　　预付账款　130 000

（2）借：原材料　230 000
　　　　材料成本差异　10 000
　　贷：材料采购　240 000

（3）借：固定资产　182 200
　　　　应交税费——应交增值税（进项税额）　30 600
　　贷：银行存款　212 800

（4）借：工程物资　260 000
　　　　应交税费——应交增值税（进项税额）　44 200
　　贷：银行存款　304 200

（5）借：应付票据　300 000
　　　　应付账款　170 000
　　贷：银行存款　470 000

（6）借：应收账款　936 000
　　贷：主营业务收入　800 000
　　　　应交税费——应交增值税（销项税额）　136 000

（7）借：银行存款　1 000 000
　　贷：长期借款　1 000 000

（8）借：在建工程　820 000
　　贷：应付职工薪酬　820 000

（9）借：在建工程　320 000
　　贷：长期借款——应付利息　320 000

（10）借：固定资产　3 000 000
　　贷：在建工程　3 000 000

（11）借：银行存款　　1 872 000
　　贷：主营业务收入　　1 600 000
　　　　应交税费——应交增值税（销项税额）　　272 000
（12）借：固定资产清理　　880 000
　　　　累计折旧　　720 000
　　贷：固定资产　　1 600 000
　　借：银行存款　　800 000
　　贷：固定资产清理　　800 000
　　借：营业外支出——处置固定资产净损失　　80 000
　　贷：固定资产清理　　80 000
（13）借：银行存款　　80 000
　　贷：投资收益　　80 000
（14）借：短期借款　　400 000
　　　　应付利息　　20 000
　　贷：银行存款　　420 000
（15）借：材料采购　　247 000
　　　　应交税费——应交增值税（进项税额）　　41 820
　　贷：银行存款　　288 820
　　借：原材料　　247 600
　　贷：材料采购　　247 000
　　　　材料成本差异　　600
（16）借：库存现金　　2 074 000
　　贷：银行存款　　2 074 000
（17）借：应付职工薪酬　　2 074 000
　　贷：库存现金　　2 074 000
（18）借：生产成本　　1 140 000
　　　　制造费用　　22 800
　　　　管理费用　　91 200
　　贷：应付职工薪酬　　1 254 000
（19）借：开发支出——资本性支出　　40 000
　　贷：银行存款　　40 000
（20）借：销售费用——展览费　　23 100
　　　　　　　　——广告费　　26 000
　　贷：银行存款　　49 100
（21）借：生产成本　　600 000
　　贷：原材料　　600 000
　　借：制造费用　　120 000
　　贷：周转材料　　120 000

（22）原材料应负担成本差异：600 000×2% ＝ 12 000（元）

低值易耗品应负担成本差异：120 000×2 % =2 400（元）

借：生产成本	12 000	
制造费用	2 400	
贷：材料成本差异		14 400
（23）借：应收票据	702 000	
贷：主营业务收入		600 000
应交税费——应交增值税（销项税额）		102 000
（24）借：银行存款	654 000	
财务费用	48 000	
贷：应收票据		702 000
借：银行存款	160 000	
贷：应收票据		160 000
（25）借：财务费用	65 000	
贷：应付利息		44 000
长期借款——应付利息		21 000
（26）借：制造费用——折旧费	200 000	
管理费用——折旧费	40 000	
贷：累计折旧		240 000
（27）借：管理费用——无形资产摊销	160 000	
贷：累计摊销		160 000
（28）借：管理费用——租入固定资产改良支出	150 000	
贷：长期待摊费用		150 000
（29）借：管理费用——财产保险费	134 200	
贷：银行存款		134 200
（30）借：银行存款	60 000	
贷：其他业务收入		60 000
（31）借：营业税金及附加	45 000	
贷：应交税费——应交城市维护建设税		31 500
——应交教育费附加		13 500
借：其他业务成本	3 000	
贷：应交税费——应交营业税		3 000
（32）借：应交税费——应交增值税（已交税金）	350 000	
——应交城市维护建设税	31 500	
——应交教育费附加	13 500	
——应交营业税	3 000	
贷：银行存款		498 000
借：应交税费——应交增值税	31 780	

贷：应交税费——未交增值税 31 780

（33）借：公允价值变动损益 38 000

贷：交易性金融资产——公允价值变动 38 000

借：投资性房地产——公允价值变动 50 000

贷：公允价值变动损益 50 000

（34）借：生产成本 345 200

贷：制造费用 345 200

借：库存商品 2 097 200

贷：生产成本 2 097 200

（35）借：主营业务成本 1 800 000

贷：库存商品 1 800 000

（36）借：待处理财产损溢 60 000

累计折旧 500 000

贷：固定资产 560 000

（37）借：长期借款 1 700 000

贷：银行存款 1 700 000

（38）借：银行存款 720 000

贷：应收账款 720 000

（39）借：坏账准备 10 000

贷：应收账款 10 000

（40）应补提坏账准备 $=1\ 006\ 000\times 2\%-6\ 000=14\ 120$（元）

借：资产减值损失——计提的坏账准备 14 120

贷：坏账准备 14 120

（41）借：现金 48 000

贷：营业外收入 48 000

（42）借：资产减值损失——计提的存货跌价准备 22 380

贷：存货跌价准备 22 380

借：资产减值损失——计提的固定资产减值准备 40 000

贷：固定资产减值准备 40 000

（43）借：递延所得税资产 15 595

贷：所得税费用 15 595

（44）借：营业外支出——固定资产盘亏 60 000

贷：待处理财产损溢——待处理固定资产损溢 60 000

（45）借：所得税费用 99 500

贷：应交税费——应交所得税 99 500

（46）借：应交税费——应交所得税 99 500

贷：银行存款 99 500

（47）①借：主营业务收入 3 000 000

其他业务收入 60 000
投资收益 80 000
公允价值变动损益 12 000
营业外收入 48 000
贷：本年利润 3 200 000
②借：本年利润 2 885 905
贷：主营业务成本 1 800 000
营业税金及附加 45 000
其他业务成本 3 000
销售费用 49 100
管理费用 575 400
财务费用 113 000
资产减值损失 76 500
营业外支出 140 000
所得税费用 83 905
（48）①借：利润分配——提取盈余公积 32 000
贷：盈余公积 32 000
②借：利润分配——应付普通股股利 100 000
贷：应付股利 100 000
（49）①借：本年利润 314 095
贷：利润分配——未分配利润 314 095
②借：利润分配——未分配利润 132 000
贷：利润分配——提取盈余公积 32 000
——应付普通股股利 100 000

2. 总分类账户余额

2016 年 12 月 31 日的总分类账户余额表如表 10 - 3 所示，明细分类账户余额如表 10 - 4 所示。

表 10 - 3　　柳林股份有限公司总分类账户余额表

2016 年 12 月 31 日　　单位：元

账户名称	借方余额	账户名称	贷方余额
库存现金	54 000	短期借款	600 000
银行存款	2 093 380	应付票据	200 000
其他货币资金	336 000	应付账款	1 350 000
交易性金融资产	255 600	应付职工薪酬	102 000
应收票据	0	应交税费	56 980
应收账款	1 006 000	应付利息	48 000

表 10－3（续）

账户名称	借方余额	账户名称	贷方余额
		应付股利	100 000
坏账准备	－20 12 0	其他应付款	130 000
其他应收款	9 000	长期借款	3 257 000
预付账款	0	其中：1 年内到期的非流动负债	800 000
材料采购	400 000	递延所得税负债	
原材料	60 000	股本	10 000 000
周转材料	40 000	资本公积	466 400
库存商品	404 200	盈余公积	332 000
材料成本差异	2 000	利润分配（未分配利润）	362 095
存货跌价准备	－22 380		
长期股权投资	591 000		
投资性房地产	1 650 000		
固定资产	7 220 200		
累计折旧	－600 000		
固定资产减值准备	－40 000		
工程物资	260 000		
在建工程	1 340 000		
无形资产	2 400 000		
累计摊销	－640 000		
开发支出	40 000		
长期待摊费用	150 000		
递延所得税资产	15 595		
合计	17 004 475	合计	17 004 475

表 10－4　**柳林股份有限公司有关明细分类账户余额**

2016 年 12 月 31 日　　单位：元

总账名称	明细账名称	借方余额	贷方余额
应收账款	甲单位	936 000	
	乙单位	270 000	
	丁单位		200 000
应付账款	N 单位		1 850 000
	W 单位	500 000	

3. 编制资产负债表

编制柳林股份有限公司2016年12月31日资产负债表，如表10－5所示：

表10－5　　　　资产负债表　　　　会企01表

编制单位：柳林股份有限公司　　　　2016年12月31日　　　　单位：元

资产	期末余额	年初余额	负债和所有者权益	期末余额	年初余额
流动资产：			流动负债：		
货币资金	2 483 380	3 618 000	短期借款	600 000	1 000 000
交易性金融资产	255 600	293 600	应付票据	200 000	500 000
应收票据	0	160 000	应付账款	1 850 000	2 020 000
应收账款	1 185 880	984 000	预收账款	200 000	200 000
预付账款	500 000	630 000	应付职工薪酬	102 000	102 000
应收股利	0	0	应交税费	56 980	81 600
应收利息	0	0	应付利息	48 000	24 000
其他应收款	9 000	9 000	应付股利	100 000	0
存货	883 820	696 400	其他应付款	130 000	130 000
			其他流动负债		
一年内到期的非流动资产	0	0	一年内到期的非流动负债	800 000	1 700 000
流动资产合计	5 317 680	6 391 000	流动负债合计	4 086 980	5 757 600
非流动资产：			非流动负债：		
持有至到期投资	0	0	长期借款	2 457 000	1 916 000
长期股权投资	591 000	591 000	应付债券		
投资性房地产	1 650 000	1 600 000	长期应付款		
固定资产	6 580 200	4 618 000	专项应付款		
在建工程	1 340 000	3 200 000	非流动负债合计	2 457 000	1 916 000
工程物资	260 000		所有者权益		
固定资产清理	0	0	实收资本（或股本）	10 000 000	10 000 000
无形资产	1 760 000	1 920 000	资本公积	466 400	466 400
开发支出	40 000		盈余公积	332 000	300 000
长期待摊费用	150 000	300 000	未分配利润	362 095	180 000
递延所得税资产	15 595	0			
非流动资产合计	12 386 795	12 229 000	所有者权益合计	11 160 495	10 946 400
资产总计	17 704 475	18 620 000	负债和所有者权益合计	17 704 475	18 620 000

第三节　利润表

一、利润表的性质

利润表是反映企业在一定会计期间经营成果的报表。企业在一定会计期间取得的利润，是在该会计期间取得的收入减去与获得该收入相配比的费用后的余额。

利润表是根据“收入－费用＝利润”这一会计等式所体现的动态要素之间的内在联系来设计和编制的。它提供企业收入、费用的构成情况，揭示企业盈利能力等信息。这些信息是会计用户最关心的信息，是他们进行经济决策的重要依据和参考资料。通过利润表可以评价和考核企业管理人员的经营业绩，评价、预测企业的盈利能力和偿债能力。

二、利润表的基本内容

利润表的内容主要由以下项目构成：

1. “营业收入”项目，指企业经营主要业务和其他业务所取得的收入总额。

2. “营业成本”项目，指企业经营主要业务和其他业务发生的实际成本。

3. “营业税金及附加”项目，指企业经营主要业务应负担的营业税、消费税、城市维护建设税、资源税、土地增值税和教育费附加等。

4. “销售费用”项目，指企业在销售商品过程中发生的费用。

5. “管理费用”项目，指企业为组织和管理生产发生的费用。

6. “财务费用”项目，指企业筹集和调度资金等财务活动中发生的费用。

7. “资产减值损失”项目，指企业计提各项资产减值准备所形成的损失。

8. “公允价值变动收益”项目，指企业交易性金融资产、交易性金融负债，以及采用公允价值模式计量的投资性房地产、衍生工具、套期保值业务中公允价值变动形成的应计入当期损益的利得（如为损失以“－”号填列）。

9. “投资收益”项目，指企业以各种方式对外投资所取得的收益（如为投资损失以“－”号填列）。

10. “营业外收入”项目和“营业外支出”项目，指企业发生的与其生产经营活动无直接关系的各项收入和支出。

11. “利润总额”项目，指企业实现的利润总额（如亏损以“－”号填列）。

12. “所得税费用”项目，指企业根据所得税准则确认的应从当期利润总额中扣除的所得税费用。

13. “净利润”项目，指企业利润总额减去应交的所得税后的余额（如为净亏损以“－”号填列）。

14. “综合收益”项目，包括其他综合收益和综合收益总额。其中，其他综合收益反映企业根据企业会计准则规定未在损益中确认的各项利得和损失扣除所得税影响后的净额；综合收益总额是企业净利润与其他综合收益的合计金额。

15. “每股收益”项目，指企业（主要适用于普通股或潜在普通股已公开交易的企业，以及正处于公开发行普通股或潜在普通股过程中的企业）每股所获取的收益，包括基本每股收益和稀释每股收益两项指标。

三、利润表的编制方法

利润表内的项目，设置“本期金额”和“上期金额”两栏。“本期金额”栏，反映各项目的本期实际发生数；“上期金额”栏，应根据上期利润表栏内所列数字填列。

如果上年利润表与本年度利润表项目的名称和内容不一致，应对上年度利润表项目的名称和数字按本年度的规定进行调整，填入“上期金额”栏。

由于利润表是反映企业一定期间内经营成果的动态报表，因此利润表中的各项目，一般应根据收入、费用账户的本期发生额分析填列。具体填列方法如下：

（1）根据有关账户的发生额直接填列。利润表中大部分项目的“本月数”可以根据收入、费用账户的发生额直接填列。如营业税金及附加、销售费用、管理费用、财务费用、投资收益、营业外收入、营业外支出、所得税费用等。

（2）根据有关账户的发生额计算填列。如“营业收入”“营业成本”项目，应分别根据“主营业务收入”“其他业务收入”和“主营业务成本”“其他业务成本”账户的发生额计算填列。

（3）根据表内各项目的关系计算填列。表内没有对应账户的项目如“营业利润”“利润总额”和“净利润”等都是根据表内各项目的关系，按照一定的计算公式计算后填列的。

四、利润表编制实例

【例10－2】下面，我们以柳林股份有限公司的相关资料为例来说明利润表的编制。

柳林股份有限公司本期损益类账户的发生额资料如表10－6所示：

表10－6

账户名称	借方发生额	贷方发生额
主营业务收入		3 000 000
其他业务收入		60 000
投资收益		80 000
营业外收入		48 000
公允价值变动损益		12 000
主营业务成本	1 800 000	
营业税金及附加	45 000	
其他业务成本	3 000	

表10－6(续)

账户名称	借方发生额	贷方发生额
销售费用	49 100	
管理费用	575 400	
财务费用	113 000	
营业外支出	140 000	
资产减值损失	76 500	
所得税费用	99 500	15 595

根据以上资料，编制柳林股份有限公司利润表如表10－7所示。

表10－7　　　　利润表（多步式）　　　　会企02表

编制单位：柳林股份有限公司　　　　2016年12月　　　　单位：元

项　目	本期金额	上期金额
一、营业收入	3 060 000	
减：营业成本	1 803 000	
营业税金及附加	45 000	
销售费用	49 100	
管理费用	575 400	
财务费用	113 000	
资产减值损失	76 500	
加：公允价值变动收益（损失以“－”填列）	12 000	
投资收益（损失以“－”填列）	80 000	
二、营业利润（亏损以“－”填列）	490 000	
加：营业外收入	48 000	
减：营业外支出	140 000	
三、利润总额（亏损总额以“－”填列）	398 000	
减：所得税费用	83 905	
四、净利润（净亏损以“－”填列）	314 095	
五、其他综合收益的税后净额		
（一）以后不能重分类进损益的其他综合收益		
（二）以后将重分类进损益的其他综合收益		
六、综合收益总额		
七、每股收益：	0.031	
（一）基本每股收益		
（二）稀释每股收益		

第四节　现金流量表

一、现金流量表概述

现金流量表是反映企业在一定会计期间现金和现金等价物（以下简称现金）流入和流出的报表。它是在资产负债表和利润表反映企业财务状况和经营成果的基础上，通过经营活动、投资活动和筹资活动的现金流入、流出量和现金净流量来反映企业财务状况变动情况及其原因的报表。

由于在市场经济条件下，企业现金的流转情况在很大程度上影响着企业的生存和发展。因此，现金流量无疑是现代企业至关重要的会计信息。现金流量表可以准确地反映企业的偿债能力、支付能力，有助于正确分析和评价企业的收益质量和影响现金净流量的因素，提高报表的可比性，并加强现金管理，比较准确地编制现金预算，分析、评价和预测企业未来的现金流量。

二、现金流量表的分类

企业一定时期内的现金流入和流出是由各种因素引起的，现金流量表首先要对企业各项经济业务发生的现金流量进行合理分类。根据我国会计准则的规定，按照企业经营业务发生的性质，企业在一定会计期间产生的现金流量，分为经营活动的现金流量、投资活动的现金流量和筹资活动的现金流量三大类。

三、现金流量表的基本结构

我国现金流量表采用报告式结构，分类反映经营活动产生的现金流量、投资活动产生的现金流量和筹资活动的现金流量，最后汇总反映企业某一期间现金及现金等价物的净增加额。我国现金流量表的格式如表 10－8 所示。

表 10－8　　现金流量表　　会企 03 表

编制单位：柳林股份有限公司　　2016 年　　单位：元

项　　目	本期金额	上期金额
一、经营活动产生的现金流量：		
销售商品、提供劳务收到的现金	3 466 000	
收到的税费返还		
收到的其他与经营活动有关的现金		
经营活动现金流入小计	3 466 000	
购买商品、接受劳务支付的现金	1 099 820	
支付给职工以及为职工支付的现金	1 254 000	
支付的各项税费	497 500	

表10－8(续)

项 目	本期金额	上期金额
支付的其他与经营活动有关的现金	345 800	
经营活动现金流出小计	3 197 120	
经营活动产生的现金流量净额	334 380	
二、投资活动产生的现金流量：		
收回投资所收到的现金	80 000	
取得投资收益所收到的现金		
处置固定资产、无形资产和其他长期资产而收回的现金净额	800 000	
处置子公司及其他营业单位收到的现金净额		
收到的其他与投资活动有关的现金		
投资活动现金流入小计	880 000	
购建固定资产、无形资产和其他长期资产所支付的现金	1 337 000	
投资所支付的现金		
取得子公司及其他营业单位支付的现金净额		
支付的其他与投资活动有关的现金	40 000	
投资活动现金流出小计	1 377 000	
投资活动产生的现金流量净额	－497 000	
三、筹资活动产生的现金流量：		
吸收投资所收到的现金		
取得借款所收到的现金	1 000 000	
收到的其他与筹资活动有关的现金	48 000	
筹资活动现金流入小计	1 048 000	
偿还债务所支付的现金	2 100 000	
分配股利、利润和偿付利息所支付的现金	20 000	
支付的其他与筹资活动有关的现金		
筹资活动现金流出小计	2 120 000	
筹资活动产生的现金流量净额	－1 072 000	
四、汇率变动对现金的影响		
五、现金及现金等价物净增加额	－1 234 620	
加：期初现金及现金等价物余额	3 618 000	
六、期末现金及现金等价物余额	2 383 380	

四、现金流量表的内容和填列方法

现金流量表主表各项目采用分段列示的方式，分别揭示经营活动的现金流量、投资活动的现金流量和筹资活动的现金流量。

(一) 经营活动产生的现金流量各项目的内容及编制方法

经营活动现金流量各项目的内容及填列方法如下：

(1)“销售商品、提供劳务收到的现金”项目，反映企业销售商品、提供劳务实际收到的现金（含销售收入和应向购买者收取的增值税额），包括本期销售商品、提供劳务收到的现金，以及前期销售和前期提供劳务本期收到的现金和本期预收的款项，减去本期退回本期销售的商品和前期销售本期退回的商品支付的现金。企业销售材料和代购代销业务收到的现金，也在本项目反映。本项目可以根据“库存现金”“银行存款”“应收账款”“应收票据”“预收账款”“主营业务收入”“其他业务收入”等账户的记录分析填列。

(2)“收到的税费返还”项目，反映企业收到返还的所得税、增值税、营业税、消费税、关税和教育费附加等各种税费返还款。本项目可以根据“库存现金”“银行存款”“营业税金及附加”“营业外收入”等账户的记录分析填列。

(3)“收到的其他与经营活动有关的现金”项目，反映企业除了上述各项目外，收到的其他与经营活动有关的现金流入，如罚款收入、流动资产损失中由个人赔偿的现金收入等。其他现金流入若价值较大的，则应单列项目反映。本项目可以根据“库存现金”“银行存款”“营业外收入”等账户的记录分析填列。

(4)“购买商品、接受劳务支付的现金”项目，反映企业购买材料、商品、接受劳务支付的现金，包括本期购入材料、商品、接受劳务支付的现金（包括增值税进项税额）以及本期支付前期购入商品、接受劳务的未付款项和本期预付款项。本期发生的购货退回收到的现金应从本项目内减去。本项目可以根据“库存现金”“银行存款”“应付账款”“应付票据”“主营业务成本”“其他业务成本”等账户的记录分析填列。

(5)“支付给职工以及为职工支付的现金”项目，反映企业实际支付给职工，以及为职工支付的现金，包括本期实际支付给职工的工资、奖金、各种津贴和补贴等职工薪酬（包括代扣代缴的职工个人所得税）以及为职工支付的其他费用。不包括支付的离退休人员的各项费用和支付给在建工程人员的工资等。企业支付给离退休人员的各项费用，包括支付的统筹退休金以及未参加统筹的退休人员的费用，在“支付的其他与经营活动有关的现金”项目中反映；支付在建工程人员的工资，在“购建固定资产、无形资产和其他长期资产所支付的现金”项目反映。本项目可以根据“应付职工薪酬”“库存现金”“银行存款”等账户的记录分析填列。

企业为职工支付的养老、失业等社会保险基金、补充养老保险、住房公积金、支付给职工的住房困难补助，以及企业支付给职工或为职工支付的其他福利费用等，应按职工的工作性质和服务对象，分别在本项目和在“购建固定资产、无形资产和其他长期资产所支付的现金”项目反映。

(6)“支付的各项税费”项目，反映企业按规定支付的各种税费，包括本期发生并支付的税费，以及本期支付以前各期发生的税费和预交的税金，如支付的教育费附加、矿产资源补偿费、印花税、房产税、土地增值税、车船使用税、预交的营业税等。不包括计入固定资产价值、实际支付的耕地占用税等，也不包括本期退回的增值税、所得税。本期退回的增值税、所得税在“收到的税费返还”项目反映。本项目可以根据“应交税费”“库存现金”“银行存款”等账户的记录分析填列。

（7）“支付其他与经营活动有关的现金”项目，反映企业除上述各项目外，支付的其他与经营活动有关的现金流出，如经营租赁支付的租金、支付的差旅费、业务招待费、保险费、罚款支出等其他与经营活动有关的现金流出，其他现金流出若价值较大的，则应单列项目反映。本项目可以根据有关账户的记录分析填列。

（二）投资活动产生的现金流量各项目的内容及编制方法

（1）“收回投资收到的现金”项目，反映企业出售、转让或到期收回除现金等价物以外的对其他企业的权益工具、债务工具和合营中的权益，以及收回长期股权投资本金而收到的现金。不包括持有至到期投资收回的利息①，以及收回的非现金资产。本项目可以根据“交易性金融资产”“长期股权投资”“库存现金”“银行存款”等账户的记录分析填列。

（2）“取得投资收益收到的现金”项目，反映企业除现金等价物以外的对其他企业的权益工具、债务工具和合营中的权益投资分回的现金股利和利息等，不包括股票股利。本项目可以根据“库存现金”“银行存款”“投资收益”等账户的记录分析填列。

（3）“处置固定资产、无形资产和其他长期资产收回的现金净额”项目，反映企业出售、报废固定资产、无形资产和其他长期资产所取得的现金（包括因资产毁损而收到的保险赔偿收入），减去为处置这些资产而支付的有关费用后的净额。由于自然灾害所造成的固定资产等长期资产损失而收到的保险赔偿收入，也在本项目反映。本项目可以根据“固定资产清理”“库存现金”“银行存款”等账户的记录分析填列。

（4）“处置子公司及其他营业单位收到的现金净额”项目，反映企业处置子公司及其他营业单位所取得的现金减去相关处置费用，以及子公司及其他营业单位持有的现金和现金等价物后的净额。本项目可以根据“库存现金”“银行存款”“投资收益”“长期股权投资”等账户的记录分析填列。

（5）“收到的其他与投资活动有关的现金”项目，反映企业除了上述各项以外，收到的其他与投资活动有关的现金流入。其他现金流入若价值较大的，则应单列项目反映。本项目可以根据“库存现金”“银行存款”“应收股利”“长期股权投资”等账户的记录分析填列。

（6）“购建固定资产、无形资产和其他长期资产支付的现金”项目，反映企业购买、建造固定资产、取得无形资产和其他长期资产所支付的现金（含增值税款等②），以及用现金支付的应由在建工程和无形资产负担的职工薪酬。不包括为购建固定资产而发生的借款利息资本化的部分，以及融资租入固定资产支付的租赁费。借款利息和融资租入固定资产支付的租赁费，在筹资活动产生的现金流量中单独反映。企业以分期付款方式购建的固定资产，其首次付款支付的现金作为投资活动的现金流出，以后

① 持有至到期投资收回的利息在“取得投资收益收到的现金”项目列示。

② 修改后的增值税法，虽然购进固定资产支付的进项税不计入成本，但仍属于投资活动支付的现金，故应在“支付其他与投资活动有关的现金”项目中列示。

各期支付的现金作为筹资活动的现金流出。本项目可以根据“固定资产”“在建工程”“无形资产”“库存现金”“银行存款”等账户的记录分析填列。

（7）“投资支付的现金”项目，反映企业取得除现金等价物以外的对其他企业的权益工具、债务工具和合营中的权益所支付的现金以及支付的佣金、手续费等附加费用。本项目可以根据“长期股权投资”“持有至到期投资”“交易性金融资产”“库存现金”“银行存款”等账户的记录分析填列。

（8）“取得子公司及其他营业单位支付的现金净额”项目，反映企业购买子公司及其他营业单位购买出价中以现金支付的部分减去子公司及其他营业单位持有的现金和现金等价物后的净额。购买和处置子公司及其他营业单位是企业一项重大的投资活动，对企业当期和以后各期的现金流量都会发生影响。为了反映这类活动对当期现金流量的影响，并预测企业未来的现金流量，《企业会计准则第31号——现金流量表》规定，将这一项目单独列示。

（9）“收到其他与投资活动有关的现金”“支付其他与投资活动有关的现金”项目，反映企业除上述（1）至（8）项目外收到或支付的其他与投资活动有关的现金流入或流出，若金额较大则应当单独列示。企业购买股票和债券时，实际支付的价款中包含的已宣告但尚未领取的现金股利或已到付息期但尚未领取的债券的利息，若在年末尚未收回则应在投资活动的“支付的其他与投资活动有关的现金”项目反映；若在年末已收回，则应在投资活动的“收到的其他与投资活动有关的现金”项目反映。本项目可以根据“长期股权投资”“持有至到期投资”“应收股利”“应收利息”“库存现金”“银行存款”等账户的记录分析填列。

（三）筹资活动产生的现金流量各项目的内容及编制方法

（1）“吸收投资收到的现金”项目，反映企业以发行股票、债券等方式筹集资金实际收到的款项，减去直接支付给金融企业的佣金、手续费、宣传费、咨询费、印刷费等发行费用后的净额。以发行股票、债券等方式筹集资金而由企业直接支付的审计、咨询等费用，在“支付的其他与筹集活动有关的现金”项目反映，不从本项目内减去。本项目可以根据“实收资本（或股本）”“库存现金”“银行存款”等账户的记录分析填列。

（2）“取得借款收到的现金”项目，反映企业举借各种短期、长期借款而收到的现金。本项目可以根据“短期借款”“长期借款”“库存现金”“银行存款”等账户的记录分析填列。

（3）“偿还债务支付的现金”项目，反映企业以现金偿还债务的本金等。企业偿还的借款利息、债券利息，在“分配股利、利润或偿付利息所支付的现金”项目反映，不包括在本项目内。本项目可以根据“短期借款”“长期借款”“库存现金”“银行存款”等账户的记录分析填列。

（4）“分配股利、利润或偿付利息支付的现金”项目，反映企业实际支付的现金股利、支付给其他投资单位的利润或用现金支付的借款利息、债券利息等。本项目可以根据“应付股利”“财务费用”“长期借款”等账户的记录分析填列。

(5)“收到其他与筹资活动有关的现金”“支付其他与筹资活动有关的现金”项目，反映企业除上述（1）至（4）项目外，收到或支付的其他与筹资活动有关的现金流入或流出，如接受现金捐赠、捐赠现金支出、融资租入固定资产支付的租赁费等。收到或支付的其他与筹资活动有关的现金流入如价值较大的，应单列项目反映。本项目可以根据有关账户的记录分析填列。

(四)“汇率变动对现金的影响”项目，反映下列项目之间的差额

(1) 企业外币现金流量折算为记账本位币时，所采用的现金流量发生日的即期汇率或按照系统合理的方法确定的、与现金流量发生日即期汇率近似的汇率折算的金额（编制合并现金流量表时还包括折算境外子公司的现金流量，应当比照处理）；

(2)“现金及现金等价物净增加额”中，外币现金净增加额按期末汇率折算的金额。

五、补充资料项目的内容及填列

补充资料各项目的内容如下：

(一)“将净利润调节为经营活动的现金流量”项目

将净利润调节为经营活动的现金流量实际上就是采用间接法编制经营活动的现金流量。以净利润为基础，采用间接法需加以调整的项目可以分为四大类：

(1) 减少了本期净利润但实际上并没有支付现金的费用或损失；

(2) 增加了本期利润但实际上并没有收到现金的收益；

(3) 不属于经营活动的损益；

(4) 存货和经营性应收应付项目的增减变动。

(二) 不涉及现金收支的重大投资和筹资活动

“不涉及现金收支的重大投资和筹资活动”项目，反映企业一定期间内影响资产或负债但不形成该期现金收支的所有投资和筹资活动的信息。

(1)“债务转为资本”项目，反映企业本期转为资本的债务金额。

(2)“一年内到期的可转换公司债券”项目，反映企业一年内到期的可转换公司债券的本息。

(3)“融资租入固定资产”项目，反映企业本期融资租入固定资产的最低租赁付款额扣除应分期计入利息费用的未确认融资费用的净额。

以上项目应根据有关账户的发生额计算填列。

(三) 现金及现金等价物净增加额

“现金及现金等价物净增加额”项目与现金流量表中的“现金及现金等价物净增加额”项目的金额应当相等。

六、工作底稿法编制现金流量表实例

现金流量表的编制方法主要有工作底稿法、T型账户法、多栏式货币资金日记账法

等，本书仅介绍采用工作底稿法编制现金流量表。

（一）工作底稿法的基本原理

采用工作底稿法编制现金流量表，就是将工作底稿作为编制现金流量表的一种过渡性手段，它是以利润表和资产负债表数据为基础对每一项目进行分析并编制调整分录，借助于工作底稿汇总有关调整会计分录，根据汇总结果编制出现金流量表。

在直接法下，整个工作底稿纵向分成三段，第一段是资产负债表项目，其中又分为借方项目和贷方项目两部分；第二段是利润表项目；第三段是现金流量表项目。

工作底稿横向分为五栏，在资产负债表部分，第一栏是项目栏，填列资产负债表各项目名称；第二栏是期初数，用来填列资产负债表项目的期初数；第三栏是调整分录的借方；第四栏是调整分录的贷方；第五栏是期末数，用来填列资产负债表项目的期末数。在利润表和现金流量表部分，第一栏也是项目栏，用来填列利润表和现金流量表项目名称；第二栏空置不填；第三、第四栏分别是调整分录的借方和贷方；第五栏是本期数，根据现金流量表部分这一栏的数字可直接编制正式的现金流量表。

（二）采用工作底稿法编制现金流量表的程序

采用工作底稿法编制现金流量表的基本步骤如下：

第一步，将资产负债表的期初数、期末数的有关数据过入工作底稿的期初数栏和期末数栏。

第二步，对当期业务进行分析并编制调整分录。

调整分录编制的基本原理是以“资产=负债+所有者权益”这一会计等式为出发点，说明企业年度（或中期）资产负债表“货币资金”或“现金和现金等价物净增加（减少）额”项目本期增减变动的原因，对其增减变动的金额分析可以通过编制调整分录的方式来完成。

由于现金流量表各项目的名称与会计账户的名称不相同，而现金流量表调整分录账户的名称不再是会计账户的名称，而是报表项目的名称；因此，在编制调整分录时应特别注意，一是将会计账户的名称替换为资产负债表的项目名称，如将“库存现金”“银行存款”等账户替换为“货币资金”，将“材料采购”“生产成本”“库存商品”“原材料”等账户替换为“存货”；二是调整分录中凡涉及“货币资金及现金等价物”的，应替换为现金流量表项目的“经营活动产生的现金流量”“投资活动产生的现金流量”和“筹资活动产生的现金流量”，并按现金流量表的项目列示明细项目。

第三步，将调整分录过入工作底稿中的相应部分。

调整分录不能过入账簿，只能过入工作底稿。

第四步，进行试算平衡。调整分录，借、贷合计应当相等，资产负债表项目期初数加减调整分录中的借、贷金额以后，应当等于期末数。

第五步，根据工作底稿中的现金流量表项目部分编制正式的现金流量表。

【例10-3】根据【例10-1】和【例10-2】所提供的资料，采用工作底稿法编制的现金流量表见表10-8。

七、现金流量表补充资料的编制实例

【例10－4】我们仍以柳林股份有限公司的【例10－1】和【例10－2】所提供的相关资料为例来说明现金流量表补充资料的编制。

1. 净利润

根据利润表的数额填列，本例为314 095元。

2. 剔除非经营活动的利润项目

本例应剔除非经营活动所产生的利润项目，包括：

(1) 处置固定资产、无形资产和其他长期资产的损失140 000元

(2) 公允价值变动收益－12 000元

(3) 财务费用113 000元

(4) 投资收益－80 000元

(5) 收到的捐赠现金48 000元，在其他项目中列示

3. 调整相关项目

本例中对经营活动中与利润有关但与现金无关的有关项目进行调整。

(1) 计提的资产减值准备	76 500
(2) 固定资产折旧	240 000
(3) 无形资产摊销	160 000
(4) 长期待摊费用摊销	150 000
(5) 递延所得税资产增加	15 595

4. 调整存货项目

在填列该项目时应注意，资产负债表上的"存货"项目，是扣除了"存货跌价准备"账户的期末余额，由于存货跌价准备的损失已在"资产减值准备"项目列示，在填列此项目时不应包括"存货跌价准备"账户的期末余额。

本例存货期末883 820元比期初696 400元增加了187 420元，加上扣除的存货跌价准备22 380元，当期存货增加为209 800元。

5. 调整经营性应收项目

在填列该项目时应注意：资产负债表上的"应收账款"项目是扣除了"坏账准备"账户的期末余额，由于坏账准备的损失已在"资产减值准备"项目列示，在填列此项目时不应包括"坏账准备"账户的期末余额。此外应收账款可能包括赊销固定资产、无形资产等长期资产而应收的款项，应予以扣除。

本例应收账款增加＝1 185 880－984 000＋14 120＝216 000（元）

在计算应收票据的增减变动时，应扣除因贴现而减少的部分。

本例应收票据减少＝160 000－48 000＝112 000（元）

本例预付账款减少＝630 000－500 000＝130 000（元）

本例经营性应收项目减少＝112 000＋130 000－216 000＝26 000（元）

6. 调整经营性应付项目

经营性应付项目中的应付票据、应付账款，可能包括赊购固定资产、无形资产、工程物资等应付的款项，在填列时也应予以扣除。“应付职工薪酬”可能包括应付在建工程人员的工资，也应予以扣除。

本例经营性应付项目 = 300 000 + 170 000 + 49 820 = 519 820（元）

本例现金流量表补充资料的填列如表 10 - 9 所示。

表 10 - 9　　现金流量表补充资料　　单位：元

补充资料	本期金额	上期金额
1. 将净利润调节为经营活动现金流量：		略
净利润	314 095	
加：计提的资产减值准备	76 500	
固定资产折旧	240 000	
无形资产摊销	160 000	
长期待摊费用摊销	150 000	
处置固定资产、无形资产和其他长期资产的损失（收益以“-”号填列）	140 000	
固定资产报废损失（收益以“-”号填列）		
公允价值变动损失（收益以“-”号填列）	-12 000	
财务费用（收益以“-”号填列）	113 000	
投资损失（收益以“-”号填列）	-80 000	
递延所得税资产减少（增加以“-”号填列）	-15 595	
递延所得税负债增加（减少以“-”号填列）		
存货的减少（增加以“-”号填列）	-209 800	
经营性应收项目的减少（增加以“-”号填列）	26 000	
经营性应付项目的增加（减少以“-”号填列）	-519 820	
其他	-48 000	
经营活动产生的现金流量净额	334 380	
2. 不涉及现金收支的重大投资和筹资活动：		
债务转为股本		
一年内到期的可转换公司债券		
融资租入固定资产		
3. 现金及现金等价物净变动情况：		
现金的期末余额	2 383 380	
减：现金的期初余额	3 618 000	
加：现金等价物的期末余额	0	
减：现金等价物的期初余额	0	
现金及等价物净增加额	-1 234 620	

第五节　所有者权益变动表

一、所有者权益变动表

所有者权益变动表是反映构成所有者权益的各组成部分当期的增减变动情况的报表。所有者权益变动表应当全面反映一定时期所有者权益变动的情况，不仅包括所有者权益总量的增减变动，还包括所有者权益增减变动的重要结构性信息，特别是要反映直接计入所有者权益的利得和损失，让报表使用者准确理解所有者权益增减变动的根源。在资本市场日趋完善的情况下，所有者权益报表所提供的相关信息愈来愈受到会计用户的关注，成为他们决策的重要依据。

二、所有者权益变动表的基本内容和填列方法

所有者权益变动表包括表首、正表两部分。其中，表首说明报表名称、编制单位、编制日期、报表编号、货币名称、计量单位等；正表是所有者权益增减变动表的主体，具体说明所有者权益增减变动表的各项内容，包括实收资本（股本）、资本公积、法定和任意盈余公积、未分配利润等。每个项目中，又分为年初余额、本年增加数、本年减少数、年末余额四小项，每个小项中，又分别具体情况列示其不同内容。所有者权益变动表的基本结构如表 10－10 所示。

表 10－10　　　　所有者权益（股东权益）变动表　　　　会企 04 表

编制单位：柳林股份有限公司　　　　2016 年度　　　　单位：万元

项　目	本年金额							上年金额						
	实收资本（或股本）	资本公积	减：库存股	其他综合收益	盈余公积	未分配利润	所有者权益合计	实收资本（或股本）	资本公积	减：库存股	其他综合收益	盈余公积	未分配利润	所有者权益合计
一、上年年末余额	1 000	46.64			30	18	1 094.64							
加：会计政策变更														
前期差错更正														
二、本年年初余额	1 000	46.64			30	18	1 094.64							
三、本年增减变动金额（减少以“－”号填列）					3.2	18.209 5	21.409 5							
（一）净利润						31.409 5	31.409 5							
（二）其他综合收益														
上述（一）和（二）小计						31.409 5	31.409 5							
（三）所有者投入和减少资本														
1. 所有者投入资本														
2. 股份支付计入所有者权益的金额														
3. 其他														
（四）利润分配						－13.20	－13.20							

表10－10(续)

项　目	本年金额							上年金额						
	实收资本（或股本）	资本公积	减：库存股	其他综合收益	盈余公积	未分配利润	所有者权益合计	实收资本（或股本）	资本公积	减：库存股	其他综合收益	盈余公积	未分配利润	所有者权益合计
1. 提取盈余公积					3.2	－3.2	0							
2. 对所有者（或股东）的分配						－10	－10							
3. 其他														
（五）所有者权益内部结转														
1. 资本公积转增资本（或股本）														
2. 盈余公积转增资本（或股本）														
3. 盈余公积弥补亏损														
4. 其他														
四、本年年末余额	1 000	46.64			33.2	36.209 5	1116.0495							

所有者权益变动表是由四部分内容构成，各部分内容分别按本年金额与上年金额反映所有者权益构成的具体内容。

（1）“上年年末余额”项目，反映企业上年资产负债表中实收资本（股本）、资本公积、库存股、其他综合收益、盈余公积、未分配利润的年末余额。

若企业有“会计政策变更”“前期差错更正”事项，应在“会计政策变更”“前期差错更正”项目中，分别反映企业采用追溯调整法处理的会计政策变更的累积影响金额和采用追溯重述法处理的会计差错更正的累积影响金额。

（2）“本年年初余额”项目，反映企业本年资产负债表中股本（实收资本）、资本公积、库存股、其他综合收益、盈余公积、未分配利润的年初余额。它是“上年年末余额”项目，加上由于会计政策变更和前期差错更正对所有者权益的影响。

（3）“本期增减变动金额”项目，本项目的内容是所有者权益变动表的核心，它按影响所有者权益变动的具体原因分别列示。

（4）“所有者权益年末余额”项目，反映企业年末资产负债表中实收资本（股本）、资本公积、库存股、其他综合收益、盈余公积、未分配利润的年末余额。

本年年末余额＝本年年初余额＋本年增加金额－本年减少金额

三、所有者权益变动表的编制实例

【例10－5】根据【例10－1】和【例10－2】的相关资料，编制柳林股份有限公司2016年的所有者权益变动表，如表10－10所示。

第六节 报表附注

一、企业报表附注的意义

附注是对资产负债表、利润表、现金流量表和所有者权益变动表等报表中列示项目，以文字或明细资料形式，以及对未能在报表中列示的项目的进一步说明、补充或解释。附注是财务报表的重要组成部分。财务报表附注，不但包括对有关报表项目的分解与解释，而且包括对企业编制财务报表所依据的会计政策、会计事项的不确定性与风险的说明，以及对编表日后所发生的重大事项的说明等。财务报表附注对于提高会计信息的质量，增强财务报表的真实性、准确性、完整性，使报表使用者（投资者和潜在的投资者、债权人、政府部门）对其所关心经济实体的财务状况和经营成果获得充分的了解、作出正确的判断等方面都具有重要意义。

二、报表附注的内容

附注应当按照一定的结构进行系统合理的排列和分类，以便于完整地、规范化地披露相关信息。按照具体会计准则要求，企业在附注中应披露下列内容：

（一）企业的基本情况

1. 企业注册地、组织形式和总部地址；
2. 企业的业务性质和主要经营活动；
3. 母公司以及集团最终母公司的名称；
4. 财务报表的批准报出者和财务报表批准报出日。

按照有关法律、行政法规等规定，企业所有者或其他方面有权对报出的财务报表进行修改的事实。

（二）财务报表的编制基础

说明企业的持续经营情况。

（三）遵循企业会计准则的声明

企业应当明确说明编制的财务报表符合企业会计准则体系的要求，真实、完整地反映了企业的财务状况、经营成果和现金流量等有关信息。

（四）重要会计政策和会计估计

企业应当披露重要的会计政策和会计估计，不重要的会计政策和会计估计可以不披露。在披露重要会计政策和会计估计时，应当披露重要会计政策的确定依据和财务报表项目的计量基础，以及会计估计中所采用的关键假设和不确定因素。

企业至少应当披露的重要会计政策包括存货、长期股权投资、投资性房地产、固定资产、生物资产、无形资产、非货币性资产交换、资产减值、职工薪酬、企业年金基金、股份支付、债务重组、或有事项、收入、建造合同、政府补助、借款费用、所得税、外币折算、企业合并、租赁、金融工具确认和计量、金融资产转移、套期保值、石油天然气开采、合并财务报表、每股收益、分部报告、金融工具列报等。

（五）会计政策和会计估计变更以及差错更正的说明

企业应当按照《企业会计准则第28号——会计政策、会计估计变更和前期差错更正》及其应用指南的规定进行披露。

（六）重要报表项目的说明

企业应当尽可能以列表形式披露重要报表项目的构成或当期增减变动情况。对重要报表项目的明细说明，应当按照资产负债表、利润表、现金流量表、所有者权益变动表的顺序以及报表项目列示的顺序进行披露，采用文字和数字描述相结合进行披露，并与报表项目相互衔接。

本章小结

本章从财务报表的意义出发，分别阐述了资产负债表、利润表、现金流量表和股东权益变动表的基本内容、原理以及编制方法。主要内容包括：

财务报表是以日常核算资料为依据，定期编制的、反映企业某一特定日期财务状况、某一会计期间经营成果、现金流量和所有者权益变动等会计信息的文件，至少应当包括资产负债表、利润表、所有者权益（或股东权益，下同）变动表、现金流量表、附注。

资产负债表是反映企业在某一特定日期财务状况的报表，是以“资产 = 负债 + 所有者权益”这一会计等式所体现的静态要素之间的内在联系为依据来设计和编制的。利润表是反映企业在一定会计期间经营成果的报表，根据“收入 - 费用 = 利润”这一会计等式所体现的动态要素之间的内在联系来设计和编制。

现金流量表是反映企业在一定会计期间现金和现金等价物（以下简称现金）流入和流出的报表。它是在资产负债表和利润表反映企业财务状况和经营成果的基础上，通过经营活动、投资活动和筹资活动的现金流入、流出量和现金净流量来反映企业财务状况变动情况及其原因的报表。

所有者权益变动表是反映构成所有者权益的各组成部分当期的增减变动情况的报表。

附注是对资产负债表、利润表、现金流量表和所有者权益变动表等报表中列示项目，以文字或明细资料形式，以及对未能在报表中列示的项目的进一步说明、补充或解释。

关键词

财务报表　会计信息的用户　中期财务报表　年报　个别报表　合并报表　外部报表　内部报表　静态报表和动态报表　资产负债表　利润表　现金流量表　工作底稿法　附注

本章思考题

1. 财务报表包括哪些内容?
2. 简述资产负债表中各项目的填列方法。
3. 简述利润表编制各项目的编制方法。
4. 现金流量分为哪几类? 各项目具体的填列方法。

图书在版编目(CIP)数据

财务会计/余海宗主编．—3 版．—成都：西南财经大学出版社，2017.5

ISBN 978-7-5504-2976-5

Ⅰ.①财… Ⅱ.①余… Ⅲ.①财务会计—高等学校—教材 Ⅳ.①F234.4

中国版本图书馆 CIP 数据核字(2017)第 104773 号

财务会计(第三版)

余海宗 主编

责任编辑：向小英
封面设计：穆志坚
责任印制：封俊川

出版发行	西南财经大学出版社(四川省成都市光华村街 55 号)
网 址	http://www.bookcj.com
电子邮件	bookcj@foxmail.com
邮政编码	610074
电 话	028-87353785 87352368
照 排	四川胜翔数码印务设计有限公司
印 刷	郫县犀浦印刷厂
成品尺寸	185mm×260mm
印 张	14.75
字 数	330 千字
版 次	2017 年 5 月第 3 版
印 次	2017 年 5 月第 1 次印刷
印 数	1—3000 册
书 号	ISBN 978-7-5504-2976-5
定 价	29.80 元